Excel 在财务会计与
管理会计中的应用
（第 2 版）

吴 辉 任晨煜 编著

清华大学出版社
北 京

内 容 简 介

本书主要介绍功能强大、易学易用、应用广泛的 Excel 在财务会计与管理会计中的应用，主要内容包括账务处理系统、会计报表的编制、工资管理、固定资产管理、进销存管理、货币时间价值的计算、财务预测及全面预算的编制。书中的实例源文件可通过 http://www.tupwk.com.cn/downpage/index.asp 下载。

本书内容实用，可操作性强，不仅适合作为高等院校会计类专业的教材，也适合企业的财务与会计人员参考。

本书封面贴有清华大学出版社防伪标签，无标签者不得销售。
版权所有，侵权必究。举报：010-62782989，beiqinquan@tup.tsinghua.edu.cn。

图书在版编目(CIP)数据核字

Excel 在财务会计与管理会计中的应用(第 2 版) / 吴辉，任晨煜 编著. —北京：清华大学出版社，2012.1（2023.9重印）
ISBN 978-7-302-27117-8

Ⅰ. E… Ⅱ. ①吴… ②任… Ⅲ. ①表处理软件，Excel—应用—财务会计 ②表处理软件，Excel—应用—管理会计 Ⅳ. F234-39

中国版本图书馆 CIP 数据核字(2011)第 211685 号

责任编辑：刘金喜
封面设计：久久度文化
版式设计：康 博
责任校对：邱晓玉
责任印制：沈 露

出版发行：清华大学出版社
网　　址：http://www.tup.com.cn，http://www.wqbook.com
地　　址：北京清华大学学研大厦 A 座　　邮　编：100084
社 总 机：010-83470000　　邮　购：010-62786544
投稿与读者服务：010-62776969，c-service@tup.tsinghua.edu.cn
质量反馈：010-62772015，zhiliang@tup.tsinghua.edu.cn
课件下载：http://www.tup.com.cn，010-62794504

印 装 者：三河市龙大印装有限公司
经　　销：全国新华书店
开　　本：185mm×260mm　　印　张：17　　字　数：414 千字
版　　次：2012 年 1 月第 2 版　　印　次：2023 年 9 月第 12 次印刷
定　　价：55.00 元

产品编号：045005-03

前　　言

　　Excel 是一个应用广泛的电子表格软件。尽管人们认识与使用它已有十多年的历史，但就作者对众多使用者的了解，认识与使用它的深度与广度尚待提高。目前市场上介绍 Excel 使用方法的图书相当多，介绍 Excel 在财务会计与管理会计中应用的图书也不少，相比之下，本书的优点是：

　　第一，本书为中小企业的账务处理、工资管理、固定资产管理等提供一个从数据输入、数据查询到数据分析的全面、系统的解决方案；

　　第二，本书介绍的内容具有一定的深度，但并不难学。

　　中小企业的账务处理、工资管理、固定资产管理等都有现成的管理软件，为什么还要用 Excel 去解决这些问题？现成的管理软件尽管操作比较简单，但它能解决的问题是有限的，解决问题的模式是固定的。而用 Excel 解决这些问题恰恰能够弥补这些缺点，用户可以根据自身的需要决定解决哪些问题、怎样解决问题，这就是使用 Excel 的好处。

　　本书分为 8 章。第 1 章介绍如何用 Excel 进行账务处理，包括凭证输入、凭证查询、明细账和总账的形成；第 2 章介绍如何用 Excel 编制报表、分析报表和编制合并报表；第 3 章介绍如何用 Excel 进行工资管理，包括基本工资数据的输入、工资项目的设置、工资数据的查询和汇总分析；第 4 章介绍如何用 Excel 进行固定资产管理，包括固定资产卡片数据的输入、各种固定资产业务的处理、折旧的计提、折旧数据的汇总分析；第 5 章介绍如何用 Excel 进行进销存管理，包括进销存业务数据的输入、处理及输出；第 6 章介绍如何用 Excel 解决货币时间价值的问题，包括现值、终值、内涵报酬率等的计算；第 7 章介绍如何用 Excel 进行财务预测；第 8 章介绍如何用 Excel 编制全面预算。本书的第 1～5 章由吴辉编写，第 6～8 章由任晨煜编写。

　　为了使读者能更快地学会相关操作，更好地理解相关概念，我们在写作时采用了图解的方式，力图使读者轻轻松松地学会使用 Excel，快速地应用于实践。书中的实例源文件读者可通过 http://www.tupwk.com.cn/downpage/index.asp 下载。

　　由于作者水平有限，加之创作时间仓促，本书疏漏之处在所难免，欢迎广大读者批评指正。作者的邮箱是 wuhui@th.btbu.edu.com.cn。

作　者

目 录

第 1 章 账务处理系统 ... 1
1.1 会计科目代码与会计科目名称 ... 3
1.2 凭证输入 ... 5
1.2.1 相关知识介绍 ... 5
1.2.2 科目信息的建立 ... 7
1.2.3 凭证信息的输入 ... 8
1.3 凭证查询 ... 13
1.4 明细账与总账的形成 ... 19
1.4.1 SUMIF()函数简介 ... 19
1.4.2 利用SUMIF()函数计算明细科目的发生额与余额 ... 20
1.4.3 利用SUMIF()函数计算按部门或项目明细核算科目的发生额 ... 23
1.4.4 利用SUMIF()函数计算总账科目的发生额与余额 ... 27
1.4.5 利用分类汇总功能计算明细科目的余额与发生额 ... 29
1.4.6 利用分类汇总功能计算总账科目的余额与发生额 ... 34
1.4.7 利用分类汇总功能计算资产、负债、所有者权益及未结利润 ... 36
1.4.8 利用数据透视表功能计算与分析管理费用某部门或某项目的发生额、余额 ... 37
1.4.9 期末损益结转 ... 42
1.4.10 下月账簿的建立 ... 43
1.5 会计数据保护措施 ... 45
1.5.1 对工作簿进行保护与撤销保护 ... 46
1.5.2 对工作表的保护与撤销保护 ... 48
1.6 银行存款余额调节表的编制 ... 49

第 2 章 会计报表的编制 ... 53
2.1 资产负债表的编制 ... 55
2.2 损益表的编制 ... 62
2.3 现金流量表的编制 ... 66
2.3.1 编制现金流量表前的准备 ... 66

        2.3.2　现金流量表的编制 ………………………………………………… 68
    2.4　合并报表的编制 …………………………………………………………… 72
    2.5　财务报表分析 ……………………………………………………………… 76
        2.5.1　趋势分析 …………………………………………………………… 76
        2.5.2　结构变化分析 ……………………………………………………… 83
        2.5.3　结构分析 …………………………………………………………… 86

第 3 章　工资管理 ………………………………………………………………………… 90
    3.1　基本工资数据的输入 ……………………………………………………… 92
    3.2　基本工资项目的设置 ……………………………………………………… 95
        3.2.1　IF 函数简介 ………………………………………………………… 95
        3.2.2　"岗位工资"项目的设置 ………………………………………… 95
        3.2.3　"福利费"项目的设置 …………………………………………… 97
        3.2.4　"副食补贴"项目的设置 ………………………………………… 98
        3.2.5　"奖金"项目的设置 ……………………………………………… 99
        3.2.6　"应发合计"项目的设置 ………………………………………… 100
        3.2.7　"事假扣款"项目的设置 ………………………………………… 100
        3.2.8　"病假扣款"项目的设置 ………………………………………… 101
        3.2.9　"扣款合计"项目的设置 ………………………………………… 102
        3.2.10　"应发工资"项目的设置 ……………………………………… 103
        3.2.11　"所得税"项目的设置 ………………………………………… 104
        3.2.12　"实发工资"项目的设置 ……………………………………… 105
    3.3　工资数据的查询 …………………………………………………………… 105
        3.3.1　利用筛选功能进行工资数据的查询 ……………………………… 105
        3.3.2　利用 VLOOKUP 函数进行工资数据的查询 …………………… 108
    3.4　工资数据的汇总分析 ……………………………………………………… 111
        3.4.1　依据部门和职工类别的统计分析 ………………………………… 112
        3.4.2　依据性别的统计分析 ……………………………………………… 118
        3.4.3　依据年龄段或基本工资段的统计分析 …………………………… 119
        3.4.4　以月份为依据的统计分析 ………………………………………… 123

第 4 章　固定资产管理 ………………………………………………………………… 125
    4.1　固定资产初始卡片的录入 ………………………………………………… 126
    4.2　固定资产新增 ……………………………………………………………… 131
    4.3　固定资产部门调拨 ………………………………………………………… 132
    4.4　固定资产减少 ……………………………………………………………… 133
    4.5　固定资产折旧的计提 ……………………………………………………… 134

		4.5.1 固定资产折旧函数介绍	134
		4.5.2 固定资产折旧计提前准备	139
		4.5.3 固定资产折旧计提	141
	4.6	固定资产查询	146
		4.6.1 查询新增的固定资产	146
		4.6.2 查询减少的固定资产	147
		4.6.3 按部门查询固定资产	148
		4.6.4 按"原值"和"已使用年限"查询固定资产	149
		4.6.5 按月折旧额大小查询固定资产	150
	4.7	固定资产折旧数据的汇总分析	151

第 5 章 进销存管理 … 157

	5.1	业务信息初始设置	158
		5.1.1 付款业务信息初始设置	158
		5.1.2 采购业务信息初始设置	158
		5.1.3 销售业务信息初始设置	159
		5.1.4 收款业务信息初始设置	160
	5.2	输出信息公式设置	160
	5.3	业务信息输入及输出	164
	5.4	各种业务明细账的输出	166
		5.4.1 采购明细账的形成	166
		5.4.2 销售明细账的形成	171
		5.4.3 应付账款明细账的形成	172
		5.4.4 应收账款明细账的形成	174
	5.5	汇总分析	174
		5.5.1 销售收入按月的汇总分析	174
		5.5.2 销售收入按品牌的汇总分析	179
		5.5.3 毛利的汇总分析	180

第 6 章 货币时间价值的计算 … 189

	6.1	利用 PV 函数计算现值	190
		6.1.1 利用 PV 函数计算复利现值	190
		6.1.2 利用 PV 函数计算年金现值	192
	6.2	利用 NPV 函数计算各期金额不等时的现值之和	192
	6.3	利用 NPV 函数计算投资项目净现值	195
	6.4	利用 FV 函数计算复利终值	197
	6.5	利用 FV 函数计算年金终值	199

6.6	利用 PMT 函数计算年金	200
6.7	用单变量模拟运算表进行年金方案决策	203
6.8	双变量模拟运算表的使用	205
	6.8.1 利用双变量模拟运算表进行年金方案决策	206
	6.8.2 利用双变量模拟运算表编制年金现值系数表	208
6.9	利用 IRR 函数计算内涵报酬率	210
6.10	利用单变量求解货币时间价值	211
6.11	货币时间价值在新会计准则中的应用	214

第 7 章 财务预测 216

7.1	利用 CORREL 函数显示销售净额与报表项目的相关程度	218
7.2	利用 Excel 的图表功能预测销售净额与报表项目的相关程度	220
7.3	利用 Excel 的图表功能预测 2004 年的销售净额	222
7.4	预测 2004 年的销售净额	225
7.5	利用 SLOPE 函数确定销售净额与报表项目的关系	227
7.6	利用销售百分比法确定销售净额与报表项目的关系、计算外部融资需要量	228
7.7	模拟财务报表，编制财务计划	231
7.8	利用 Excel 的人工重算功能计算利息费用并编制预测报表	232

第 8 章 全面预算的编制 234

8.1	销售预算及销售现金收入预算的编制	237
8.2	生产预算的编制	243
8.3	直接材料预算及采购过程现金支出计划的编制	243
8.4	直接人工预算的编制	245
8.5	制造费用预算的编制	245
8.6	年末产成品存货预算的编制	246
8.7	销售及管理费用预算和销售及管理费用现金支出计划的编制	247
8.8	资本支出预算的编制	248
8.9	现金预算表的编制	248
8.10	预计利润表(变动成本法下)的编制	251
8.11	预算会计分录的编制及预计资产负债表的编制	251

第 1 章
账务处理系统

背景资料

A 公司是一家经营小型家电的销售商，公司规模不大，正式职工有二十几个；业务种类不多，主要是采购与销售业务，年销售额几千万元。公司有会计部、人力资源部和办公室等几个部门。公司没有固定资产，办公室、库房和电脑等都是租用的。对于这样规模不大的小型公司，适合用 Excel 进行账务处理。本章将以这家公司简化的业务为例，详细讲解如何建立会计账簿，如何输入凭证，如何生成总账、明细账，如何进行期末结转。

A 公司 2003 年 1 月 1 日，各科目的余额如表 1-1 所示。

表 1-1 A 公司 2003 年 1 月 1 日各科目的余额

科目代码	科目名称	借	贷
1001	库存现金	105 000	
100201	工商银行存款	50 000	
100202	建设银行存款	50 000	
1122	应收账款		
1405	库存商品	100 000	
1601	固定资产		
2001	短期借款		
2201	应付账款		5 000
2203	预收账款		
2501	长期借款		100 000
4001	实收资本		200 000
4103	本年利润		
4104	利润分配		
410401	未分配利润		
6001	主营业务收入		
6401	产品销售成本		
6602	管理费用		

其中库存商品是 1 000 台电风扇，进价为 100 元。

A 公司 2003 年 1 月发生的业务如下：

(1) 2003 年 1 月 3 日从工商银行提取现金 1 000 元。

  借：库存现金(1001)   1 000
    贷：银行存款(100201)   1 000
      └── 工商

(2) 2003 年 1 月 10 日采购 100 台电风扇，单价 100 元，已入库，用工商银行存款支付。假设无增值税。

  借：库存商品(1405)   10 000
    贷：银行存款(100201)   10 000
      └── 工商

(3) 2003 年 1 月 13 日向长安商场销售电风扇 50 台，售价为 120 元，款项未付。假设无增值税。

  借：应收账款(1122)   6 000
    └── 长安
    贷：主营业务收入(6001)   6 000

(4) 2003 年 1 月 15 日向某客户销售电风扇 30 台，售价为 120 元，客户用建行支票支付款项。假设无增值税。

  借：银行存款(100202)   3 600
    └── 建行
    贷：主营业务收入(6001)   3 600

(5) 2003 年 1 月 27 日结转上两笔销售的产品销售成本，电风扇的进价为 100 元。

  借：主营业务成本(6401)   8 000
    贷：库存商品(1405)   8 000

(6) 2003 年 1 月 28 日分别为人力资源部、会计部及办公室报销办公费 700 元、600 元、500 元，分别为会计部、人力资源部及办公室人员发放奖金 500 元、400 元和 300 元，款项全部用工商银行的支票支付。

  借：管理费用 (6602)   700
      └── 人力资源

    管理费用 (6602)   600
      └── 会计部

    管理费用 (6602)   500
      └── 办公室

    管理费用 (6602)   500
      └── 人力资源

管理费用（6602）　　　　　　　400
　　　　└──会计部
　　　管理费用（6602）　　　　　　　300
　　　　└──办公室
　　贷：银行存款（100201）　　　　3 000
　　　　└──工商

(7) 2003年1月28日分别为人力资源部、会计部及办公室发放工资3 000元、4 000元、5 000元，款项用建行的支票支付。

　　借：管理费用（6602）　　　　　3 000
　　　　　└──人力资源
　　　管理费用（6602）　　　　　　4 000
　　　　└──会计部
　　　管理费用（6602）　　　　　　5 000
　　　　└──办公室
　　贷：银行存款（100202）　　　　12 000
　　　　　└──建行

(8) 2003年1月28日向外地某一客户销售电风扇1000台，售价为200元，款项未付。

　　借：应收账款（1122）　　　　200 000
　　　　　└──外地
　　贷：主营业务收入（6001）　　200 000

(9) 2003年1月28日结转产品销售成本，电风扇进价为100元。

　　借：主营业务成本（6401）　　100 000
　　贷：库存商品（1405）　　　　100 000

本章主要内容

- 会计科目代码与会计科目名称
- 凭证输入
- 凭证查询
- 明细账与总账的形成
- 会计数据保护措施

1.1　会计科目代码与会计科目名称

在用手工方式进行会计信息处理时，会计科目名称是会计科目的唯一标记。但如果用计算机处理会计信息,会计科目代码将取代会计科目名称的位置,它将成为代表会计科目的唯一标记,这是在用计算机处理会计信息时,必须记住的一条。除了科目代码以外,在后面的章节里,还会遇到职工代码、固定资产代码和商品代码,在计算机处理信息时,它们同样取代了职工名称、固定资产名称、商品名称的位置,成为唯一的代表。

根据我国现行的会计制度,为保证会计数据的口径一致,财政部对一级会计科目和名称做了统一的规定。表 1-2 是工业企业常用的一级会计科目和名称的对照表。

表 1-2 工业企业一级会计科目和名称对照表

资 产 类	负 债 类	成 本 类
1001 库存现金	2001 短期借款	5001 生产成本
1002 银行存款	2201 应付票据	5101 制造费用
1121 应收票据	2202 应付账款	**损益类**
1122 应收账款	2205 预收账款	6001 主营业务收入
1123 预付账款	2211 应付职工薪酬	6111 投资收益
1221 其他应收款	2221 应交税费	6301 营业外收入
1231 坏账准备	2241 其他应付款	6401 主营业务成本
1401 材料采购	2601 长期借款	6601 销售费用
1402 在途物资	2801 长期应付款	6602 管理费用
1406 库存商品	**所有者权益类**	6603 财务费用
1601 固定资产	4001 实收资本	6711 营业外支出
1602 累计折旧	4002 资本公积	6801 所得税费用
1604 在建工程	4101 盈余公积	
1606 固定资产清理	4103 本年利润	
1701 无形资产	4104 利润分配	
1702 累计摊销		

从此对照表中,可以看出一级科目代码位数为 4 位,资产类科目代码的第一位为"1",负债类为"2",所有者权益类为"4",成本类为"5",损益类为"6"。科目代码的不同位代表不同的含义。各企业可以根据本企业会计核算的需要,加各级明细科目及各级明细科目代码。例如,企业分别在工商银行和建行开设账户,可设如下的明细科目与科目代码:

1002　　银行存款　　　　　(一级科目)
100201　工商银行　　　　　(二级明细科目)代表"银行存款"下的工商银行存款
100202　建设银行　　　　　(二级明细科目)代表"银行存款"下的建设银行存款

第1章 账务处理系统

1.2 凭证输入

1.2.1 相关知识介绍

1. LOOKUP()函数简介

此函数的格式为：

　　LOOKUP(lookup_value, lookup_vector, result_vector)

下面对函数的选项作说明。

- lookup_value：要查找的数值，可以为数字、文本、逻辑值或包含数值的名称或引用。
- lookup_vector：只为一行或一列的区域。计算机将在此区域寻找 lookup_value 的值，找到后，返回在 result_vector 区域中对应单元的数值。此区域中的数值必须按升序排序。
- result_vector：只为一行或一列的区域，其大小必须与 lookup_vector 区域相同。

此函数的功能为：首先在 lookup_vector 区域中寻找 lookup_value，找到相匹配的单元后，将此单元在 result_vector 区域对应单元的值返回。

例如，LOOKUP("02",A1:A4,B1:B4)，首先在 A1:A4 区域找到值为 02 的单元 A2，然后将 A2 在 B1:B4 区域中对应单元 B2 的值返回，如图 1-1 所示。

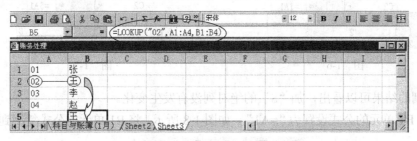

图 1-1

2. 绝对地址、相对地址和混合地址

绝对地址的表示方法为"$列号$行号"、"$列号行号"、"列号$行号"，例如$A$1。
相对地址的表示方法为"列号行号"，例如 A1。
混合地址的表示方法为"$列号行号"或"列号$行号"，例如 A$1、$A1。
它们的区别主要在单元公式复制时体现。加"$"的绝对行与列在单元公式复制时是不变的，而未加"$"的相对行与列在单元公式复制时是变化的。看下面的例子。

例1 A2 单元的公式设置为"=A1"，如图 1-2 所示。将 A2 的公式复制到 B2、C2 单元。

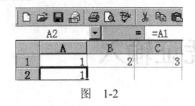

图 1-2

复制的结果如图 1-3、图 1-4 所示。

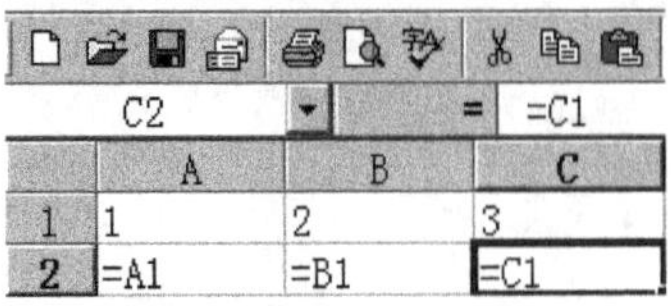

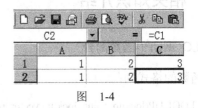

图 1-3　　　　　　　　　　　图 1-4

从复制的结果可以看出，因为复制的单元都在同一行，复制后，行号不变。而列号发生了相应的变化。

例 2　A2 单元的公式设置为"=$A1"，如图 1-5 所示。将 A2 的公式复制到 B2、C2 单元。

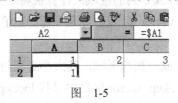

图 1-5

复制的结果如图 1-6、图 1-7 所示。

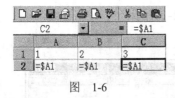 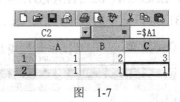

图 1-6　　　　　　　　　　　图 1-7

从复制的结果可以看出，加"$"的绝对列没有发生变化。

例 3　B1 单元的公式设置为"=A1"，如图 1-8 所示。将 B1 单元的公式复制到 B2、C2。

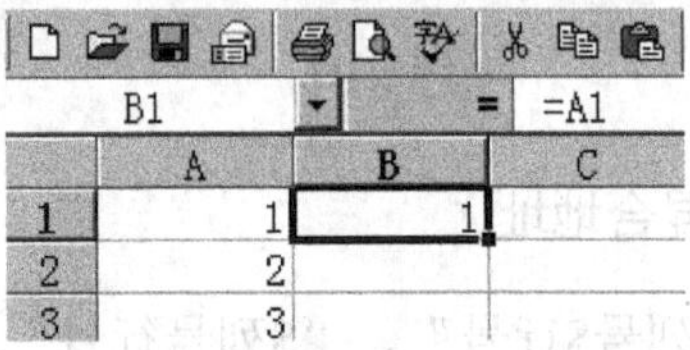

图 1-8

复制的结果如图 1-9、图 1-10 所示。

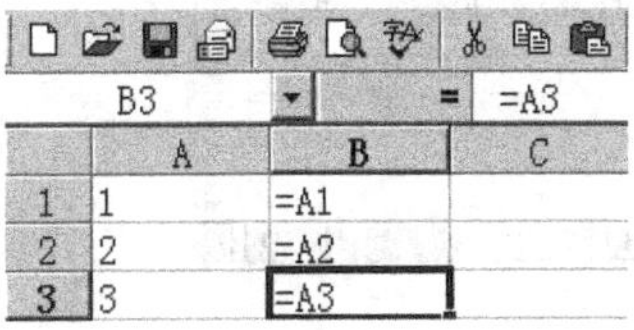

第1章 账务处理系统

图 1-9 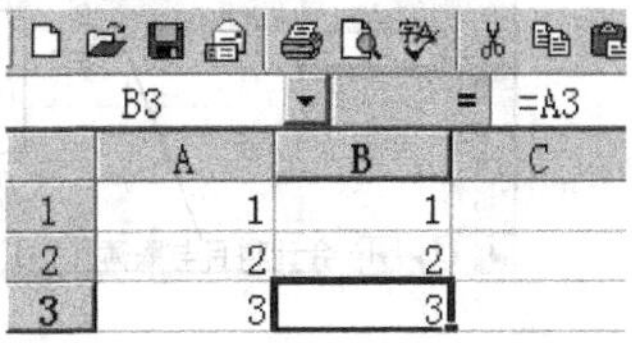　　　　　　　　　　图 1-10

从复制的结果可以看出，因为复制的单元都在同一列，复制后，列号不变，而行号发生了相应的变化。

例4　B1 单元的公式设置为"=A$1"，如图 1-11 所示。将 B1 单元的公式复制到 B2、B3 单元。

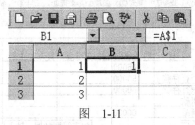

图　1-11

复制的结果如图 1-12、图 1-13 所示。

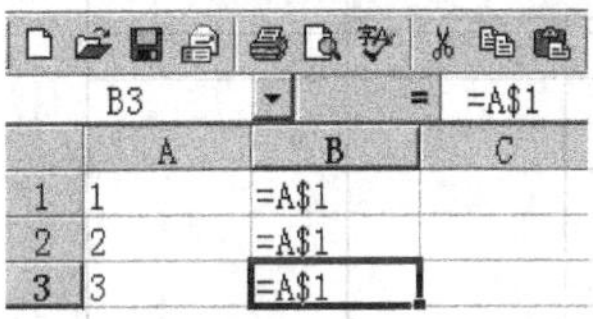

图　1-12　　　　　　　　　　图　1-13

从复制的结果可以看出，加"$"的绝对行没有发生变化。

3. 有效性功能简介

此功能可以通过选择"数据"|"有效性"命令来实现。它的作用是对输入的无效数据进行控制，有效条件可以预先设置，例如，输入的数必须大于或小于某数，或必须在某个区间，或必须是某些字符。如果输入的数据不满足预先设定的有效条件，计算机将给予提示，或不允许输入此数据。利用此功能第一可以控制输入数据出错，第二可以方便输入。

1.2.2　科目信息的建立

下面建立科目信息。

第一步：启动 Excel 后，双击第一工作表的表名处，将此工作表改名为"科目与账簿(1月)"，如图 1-14 所示。

图 1-14

第二步：在此工作表中，输入各科目代码与科目名称的对应关系及期初余额，借方余额为正数，贷方余额为负数，如图1-15所示。科目代码是字符型数据，输入时先输入"'"，再输入后面的科目代码，如A2单元应输入"'1001"。另外，为了后面的操作，科目代码要按从小到大的顺序输入。

科目代码	科目名称	期初余额	借方发生额	贷方发生额	期末余额
1001	库存现金	105000			
100201	工商银行存款	50000			
100202	建设银行存款	50000			
1122	应收账款				
1405	库存商品	100000			
1601	固定资产				
2001	短期借款				
2201	应付账款	-5000			
2203	预收账款				
2501	长期借款	-100000			
4001	实收资本	-200000			
4103	本年利润				
4104	利润分配				
410401	未分配利润				
6001	主营业务收入				
6401	产品销售成本				
6602	管理费用				

图 1-15

1.2.3 凭证信息的输入

下面输入凭证信息。

第一步：输入凭证的各项信息的标题，如图1-16所示。科目代码列将输入凭证最明细一级的科目代码。对于应收或预收账款、应付或预付账款，将不必按客户或供应商设明细科目，明细信息可通过"客户或供应商"列加以反映。同理，对于管理费用也将不分明细，例如，管理费用需要按部门(会计部、人力资源部、办公室)、项目(工资、办公费)分别核算，明细信息将通过"部门"和"项目"列加以反映。

第1章 账务处理系统

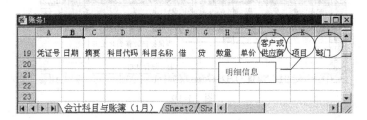

图 1-16

第二步：给"科目代码"列加有效性控制。加此控制的目的是为了在输入凭证时，输入科目代码有提示，并防止无效科目代码的输入。

(1) 光标在 D20 单元处，选择"数据"|"有效性"命令，打开"数据有效性"对话框，在"设置"选项卡的"允许"下拉列表框中选择"序列"，如图 1-17 所示。

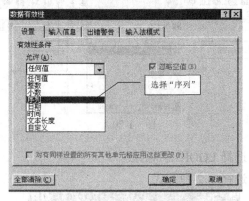

图 1-17

(2) 输入预先输入的"科目代码"所在的区域 A2:A18，如图 1-18 所示。这样将来输入凭证中的科目代码时，计算机会给出提示，并且输入的科目代码只能是 A2:A18 区中已设的科目代码，如果不是，计算机不允许输入。

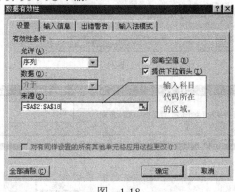

图 1-18

(3) 将 D20 单元的有效性控制复制到 D 列其他单元，如可复制到 D21:D1000 单元，如图 1-19 所示。

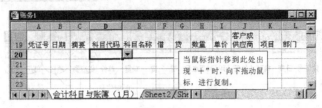

图 1-19

第三步:"科目名称"列加 LOOKUP()函数。这是为了在输入凭证时,输入科目代码后,科目名称自动显示。

(1) 光标在 E2 单元处,选择"插入"|"函数"命令或单击"粘贴函数"按钮,如图 1-20 所示。

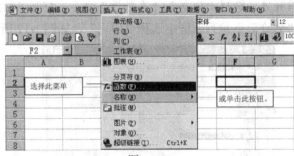

图 1-20

(2) 如图 1-21 所示,选择 LOOKUP()函数。
(3) 如图 1-22 所示,选择第 2 种方式。

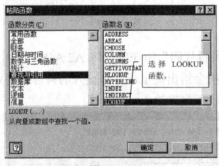

图 1-21

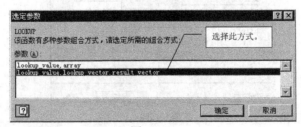

图 1-22

(4) 输入 LOOKUP()函数中的各参数，如图 1-23 所示。D20 为凭证中输入的"科目代码"；A2:A18 为预先设置的科目代码区；B2:B18 为预先设置的科目名称区。

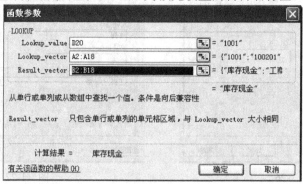

图 1-23

(5) 将相对地址变为绝对地址，如图 1-24 所示。因为只有这样才能在将此单元的公式复制到本列的其他单元时，这两个区域始终不变。因为始终要在这两个区域中，寻找"科目代码"与"科目名称"的对应关系。

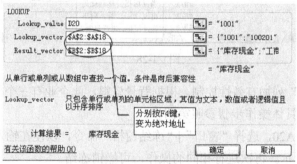

图 1-24

(6) 将 E20 单元的公式复制到 E 列的其他单元，如图 1-25 所示，复制到 E21:E1000。

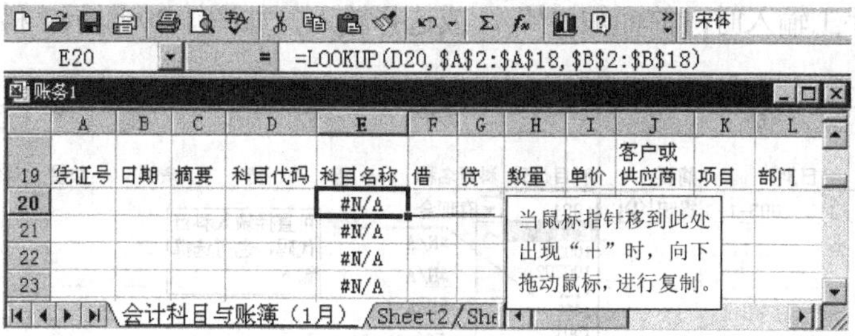

图 1-25

第四步："项目"列加有效性控制。为了在输入凭证时，输入"项目"信息后，计算机能给予提示并防止出错。

(1) 光标在 K2 处，选择"数据"|"有效性"命令，并选择"允许"下拉列表框中的"序列"，如图 1-26 所示。

(2) 输入费用项目的种类：办公费、工资，如图 1-27 所示。

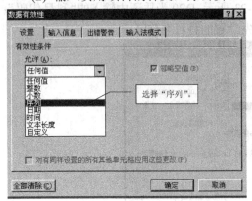

图 1-26

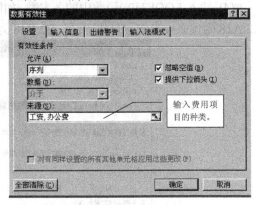

图 1-27

(3) 将 K20 单元的公式复制到 K 列的其他单元，如图 1-28 所示，复制到 K21：K1000。

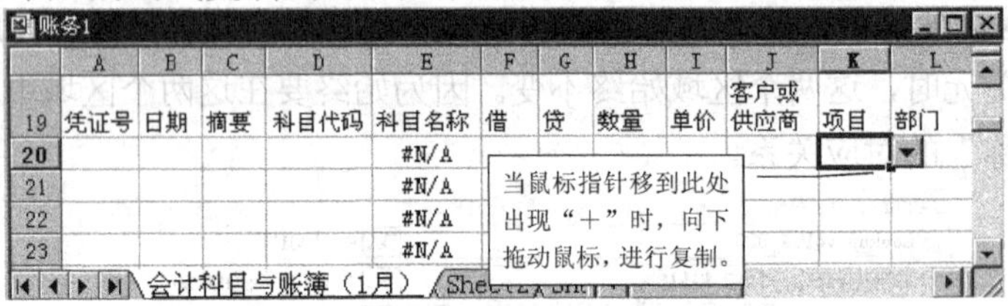

图 1-28

第五步："部门"列加有效性控制。根据背景资料，此企业有三个部门——会计部、人力资源部、办公室。具体操作步骤参照第四步。

第六步：光标在 A20，选择"窗口"|"冻结窗格"命令，以便在输入凭证时，冻结凭证标题行，如图 1-29 所示。再次进行相同的操作，可撤销冻结。

第七步：输入凭证时，凭证中的每一借方或贷方占一行数据，一张凭证至少占两行数据。

(1) 输入"凭证号"、"日期"、"摘要"、"科目代码"等凭证信息。注意"科目代码"为字符型数据，手工输入时，前面加"'"，或选择输入，如图 1-29 所示。科目名称不必输入可自动带出。

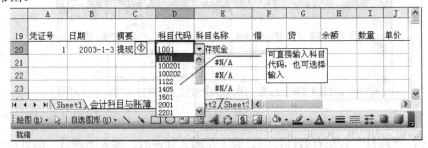

图 1-29

(2) 凭证中的第二行或第三行与第一行相同的部分，可进行复制，如图 1-30 所示。

第 1 章 账务处理系统

	A	B	C	D	E	F	G	H	I	J
19	凭证号	日期	摘要	科目代码	科目名称	借	贷	余额	数量	单价
20	1	2003-1-3	提现	1001	库存现金					
21	2	2003-1-3	提现	100201	工商					
22								#N/A		
23								#N/A		
24								#N/A		
25								#N/A		

数据相同，复制上行即可。

图 1-30

(3) 输入所有凭证，如图 1-31 所示。

	A	B	C	D	E	F	G	H	I	J	K	L	M
19	凭证号	日期	摘要	科目代码	科目名称	借	贷	余额	数量	单价	客户或供应商	项目	部门
20	1	2003-1-3	提现	1001	库存现金	1000		1000					
21	1	2003-1-3	提现	100201	工商		1000	-1000					
22	2	2003-1-10	采购产品	1122	应收账款	10000		10000	100	100			
23	2	2003-1-10	采购产品	100201	工商		10000	-10000					
24	3	2003-1-13	销售产品	1122	应收账款	6000		6000			长安商场		
25	3	2003-1-13	销售产品	6001	主营业务收入		6000	-6000					
26	4	2003-1-15	销售产品	100202	建行	3600		3600					
27	4	2003-1-15	销售产品	6001	主营业务收入		3600	-3600					
28	5	2003-1-27	结销售成本	6401	主营业务成本	8000		8000					
29	5	2003-1-27	结销售成本	1405	库存商品		8000	-8000	-80	100			
30	6	2003-1-28	报销办公费	6602	管理费用	700		700				办公费	人力资源
31	6	2003-1-28	报销办公费	6602	管理费用	600		600				办公费	会计部
32	6	2003-1-28	发奖金	6602	管理费用	500		500				工资	人力资源
33	6	2003-1-28	报销办公费	6602	管理费用	500		500				办公费	办公室
34	6	2003-1-28	发奖金	6602	管理费用	400		400				工资	会计部
35	6	2003-1-28	发奖金	6602	管理费用	300		300				工资	办公室
36	6	2003-1-28		100201	工商		3000	-3000					
37	7	2003-1-28	发工资	6602	管理费用	5000		5000				工资	办公室
38	7	2003-1-28	发工资	6602	管理费用	4000		4000				工资	会计部
39	7	2003-1-28	发工资	6602	管理费用	3000		3000				工资	人力资源
40	7	2003-1-28	发工资	100202	建行		12000	-12000					
41	8	2003-1-28	销售产品	1122	应收账款	200000		200000					
42	8	2003-1-28	销售产品	6001	主营业务收入		200000	-200000					
43	9	2003-1-28	结销售成本	6401	主营业务成本	100000		100000					
44	9	2003-1-28	结销售成本	1405	库存商品		100000	-100000					

图 1-31

1.3 凭证查询

凭证查询利用 Excel 的筛选功能。首先选择凭证标题行，然后选择"数据"|"筛选"|"自动筛选"命令，进入筛选状态，如图 1-32 所示。注意，凭证数据区一定要与上面的数据

13

区有一空行。如果要退出筛选状态，可重新再选择"数据"|"筛选"|"自动筛选"命令。

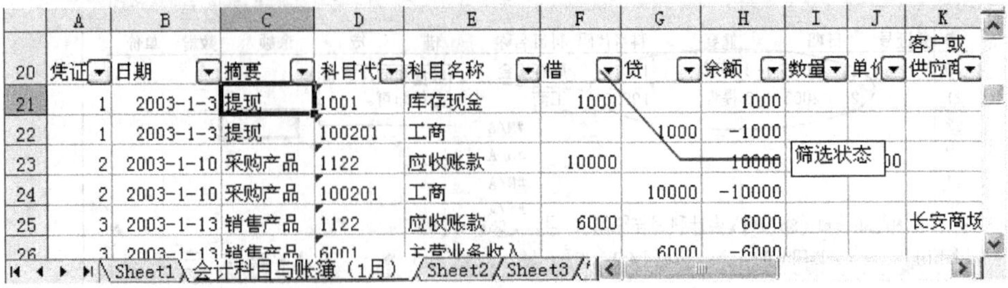

图 1-32

1. 按凭证号查询凭证

例如，查询凭证号为 3 的凭证。

单击"凭证号"列按钮，并选择"3"，如图 1-33 所示。查询结果如图 1-34 所示。

图 1-33

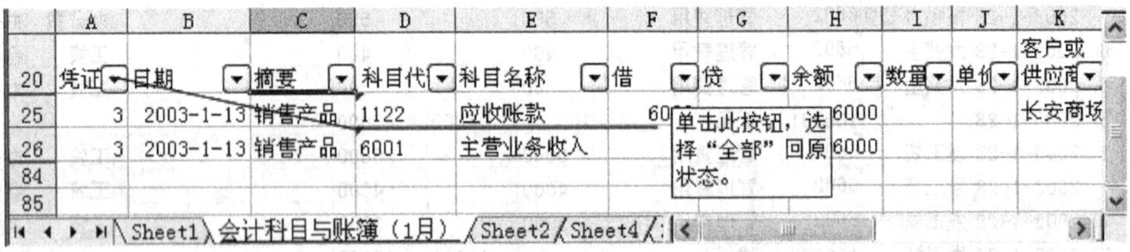

图 1-34

2. 按日期查询凭证

例如，查询 2003 年 1 月 1 日～2003 年 1 月 15 日的凭证。

第一步：单击"日期"列按钮并选择"自定义"，如图 1-35 所示。

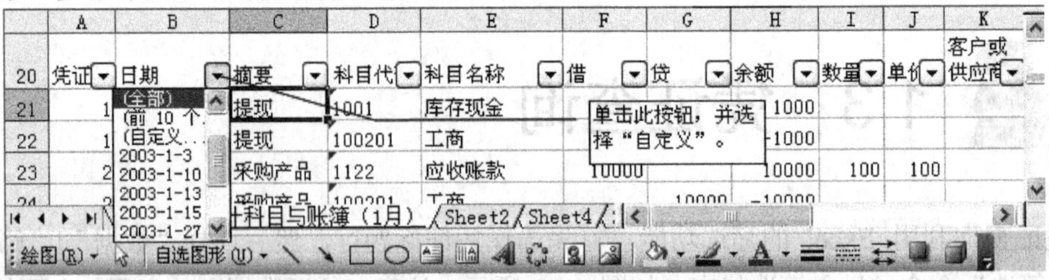

图 1-35

第 1 章 账务处理系统

第二步：输入筛选条件，如图 1-36 所示。查询结果如图 1-37 所示。

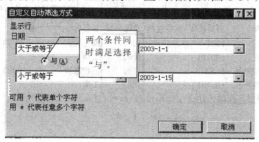

图 1-36

	A	B	C	D	E	F	G	H	I	J	K
20	凭证	日期	摘要	科目代	科目名称	借	贷	余额	数量	单价	客户或供应商
21	1	2003-1-3	提现	1001	库存现金	1000		1000			
22	1	2003-1-3	提现	100201	工商		1000	-1000			
23	2	2003-1-10	采购产品	1122	应收账款	10000		10000	100	100	
24	2	2003-1-10	采购产品	100201	工商						
25	3	2003-1-13	销售产品	1122	应收账款	6000		6000			长安商场
26	3	2003-1-13	销售产品	6001	主营业务收入		6000	-6000			
27	4	2003-1-15	销售产品	100202	建行	3600		3600			
28	4	2003-1-15	销售产品	6001	主营业务收入		3600	-3600			

图 1-37

3. 按科目查询凭证

为了能以总账科目及科目性质查询凭证，需要加入总账科目及科目性质的信息，加入的操作过程如下。再次选择"数据"|"筛选"|"自动筛选"命令，退出筛选状态。

第一步：光标在"科目名称"列，选择"插入"|"列"命令，在"科目名称"列左侧插入两列，如图 1-38 所示。

	A	B	C	D	E	F	G	H	I	J
20	凭证号	日期	摘要	科目代码	科目性质	总账科目	科目名称	借	贷	余额
21	1	2003-1-3	提现	1001			库存现金	1000		1000
22	1	2003-1-3	提现	100201			工商		1000	-1000
23	2	2003-1-10	采购产品	1122			应收账款	10000		10000
24	2	2003-1-10	采购产品	100201			工商		10000	-10000
25	3	2003-1-13	销售产品	1122			应收账款	6000		6000

图 1-38

第二步：将 F21 单元的公式设置为"=LEFT(D21,4)"，取"科目代码"的左四位，即为总账科目代码，如图 1-39 所示。

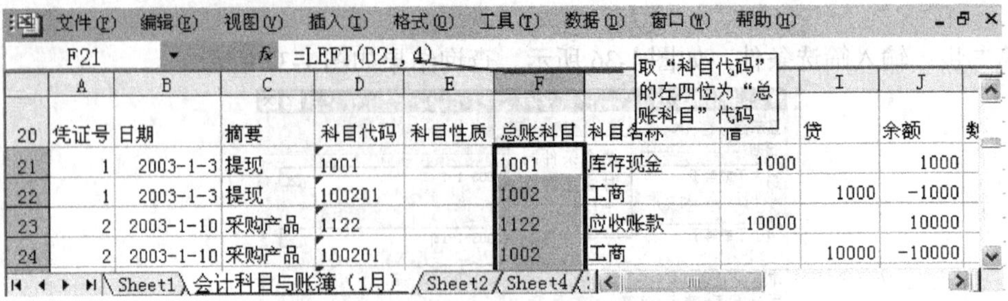

图 1-39

第三步：将 F21 单元的公式复制到 F 列的其他单元，如图 1-40 所示。

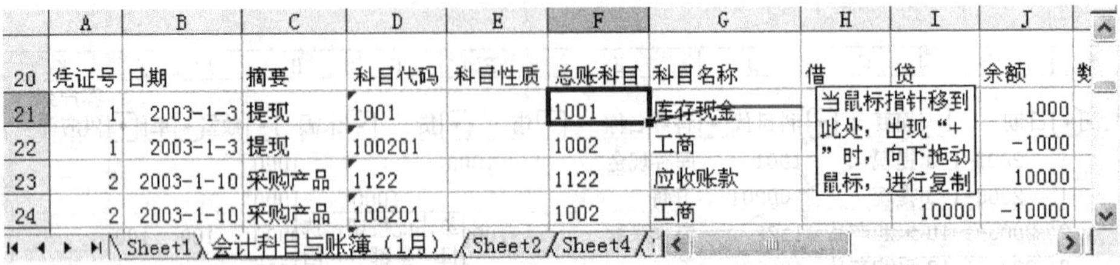

图 1-40

第四步：将 E21 单元的公式设置为"=LEFT(D21,1)"，取"科目代码"的左一位，即为科目性质代码，如图 1-41 所示。"1"代表资产类，"2"代表负债类，"4"代表所有者权益类，"5"代表成本类，"6"代表损益类。

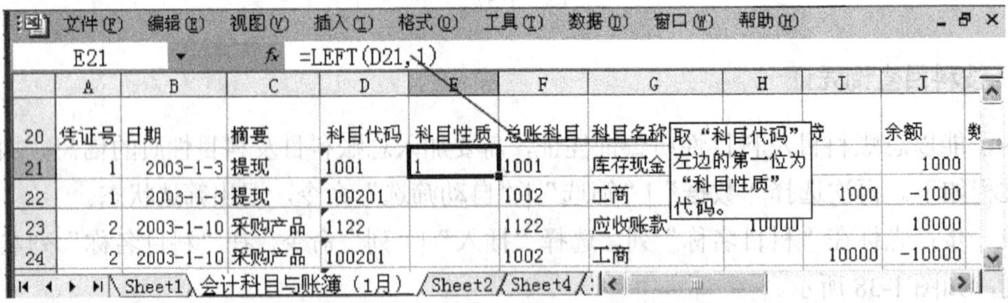

图 1-41

第五步：将 E21 单元的公式复制到 E 列的其他单元，如图 1-42 所示。

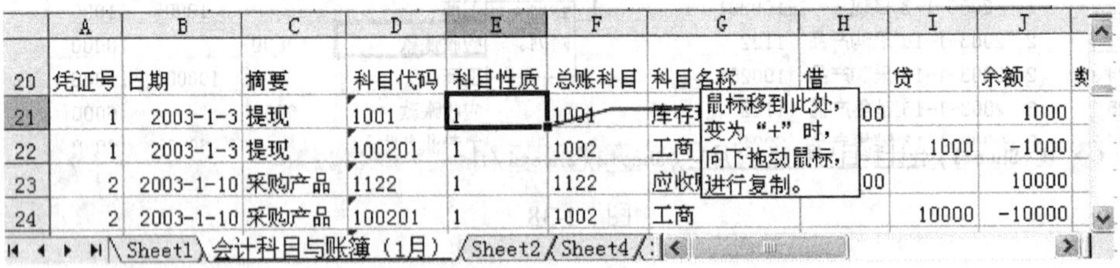

图 1-42

总账科目及科目性质的信息加入完毕后，即可按总账科目与科目性质进行凭证查询。

例如：查询总账科目为“银行存款”的凭证。

第一步：选择凭证标题行，然后选择“数据”|“筛选”|“自动筛选”命令，进入筛选状态，如图 1-43 所示。

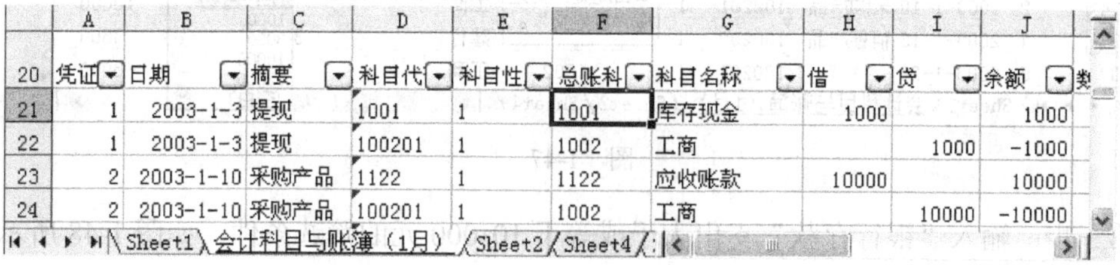

20	凭证	日期	摘要	科目代	科目性	总账科	科目名称	借	贷	余额
21	1	2003-1-3	提现	1001	1	1001	库存现金	1000		1000
22	1	2003-1-3	提现	100201	1	1002	工商		1000	-1000
23	2	2003-1-10	采购产品	1122	1	1122	应收账款	10000		10000
24	2	2003-1-10	采购产品	100201	1	1002	工商		10000	-10000

图　1-43

第二步：单击“总账科目”列按钮，并选择“银行存款”科目代码“1002”，如图 1-44 所示。查询结果如图 1-45 所示。

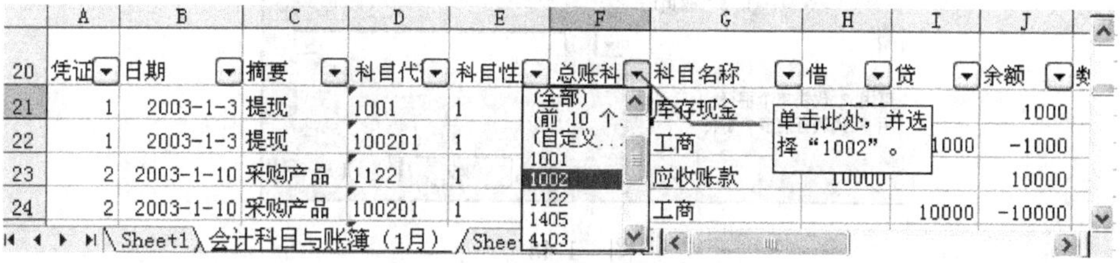

图　1-44

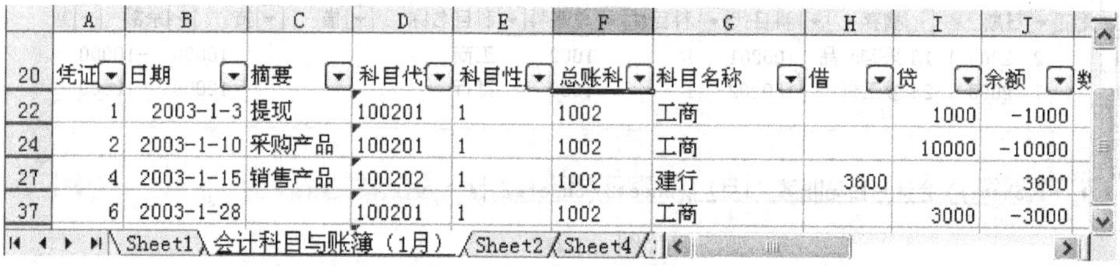

20	凭证	日期	摘要	科目代	科目性	总账科	科目名称	借	贷	余额
22	1	2003-1-3	提现	100201	1	1002	工商		1000	-1000
24	2	2003-1-10	采购产品	100201	1	1002	工商		10000	-10000
27	4	2003-1-15	销售产品	100202	1	1002	建行	3600		3600
37	6	2003-1-28		100201	1	1002	工商		3000	-3000

图　1-45

4. 按金额查询凭证

例如：查询银行存款支出大于 10 000 元的凭证(在上面查询结果上继续)。

第一步：银行存款支出在贷方，借方为“空白”，所以单击“借”列按钮，并选择“空白”，如图 1-46 所示。

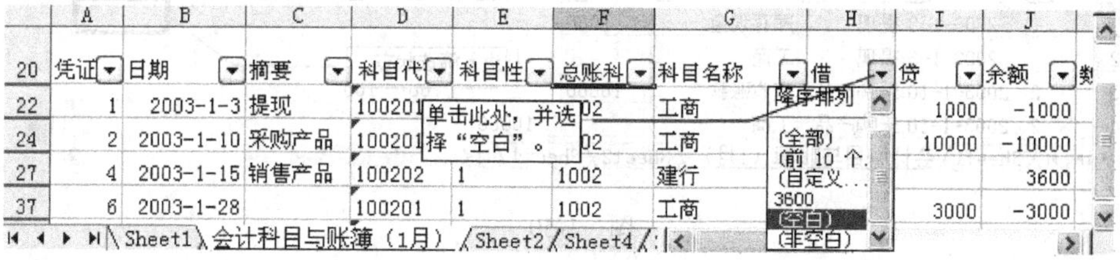

图　1-46

第二步：单击"贷"列按钮，并选择"自定义"，如图 1-47 所示。

图　1-47

第三步：输入"银行存款"支出大于或等于 10 000 元的筛选条件，如图 1-48 所示。查询结果如图 1-49 所示。

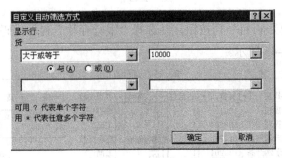

图　1-48

图　1-49

5. 按部门或项目查询凭证

查询"会计部"的各项费用支出。

第一步：首先进入筛选状态，如图 1-50 所示。

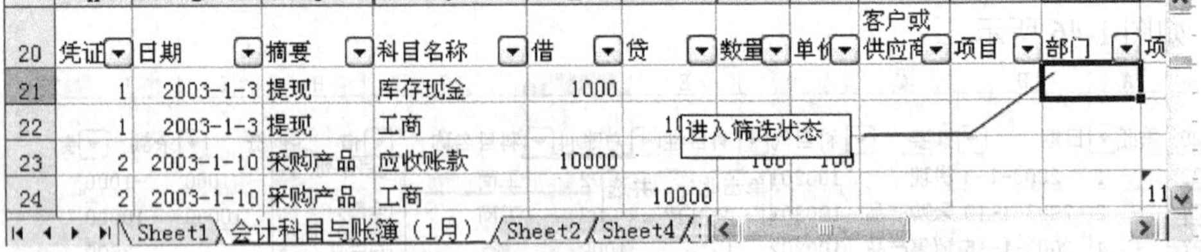

图　1-50

第 1 章　账务处理系统

第二步：单击"部门"列按钮并选择"会计部"，如图 1-51 所示。查询结果如图 1-52 所示。

图　1-51

图　1-52

 1.4　明细账与总账的形成

本节明细账与总账是依据上节输入的凭证形成的，本节介绍的操作过程是上节的延续，务请记住这一点。

1.4.1　SUMIF()函数简介

SUMIF()函数的格式为：

SUMIF(range,criteria,sum_range)

- Range：用于条件判断的一行或一列单元格区域。
- Criteria：数字、文字或表达式形式的判定条件。
- Sum_range：用于求和计算的一行或一列实际单元格区域。

SUMIF()函数的功能是：在 range 数据区找到与 Criteria 匹配的单元，对 Sum_range 区域中与此单元对应的单元进行求和。

例如：将 B5 单元的公式设置为"=SUMIF(A1:A4,"a",B1:B4)"，计算机首先在 A1:A4 区域中找到值为"a"的单元，然后对这些单元在 B1:B4 区域对应单元的值进行求和，如图 1-53 所示。

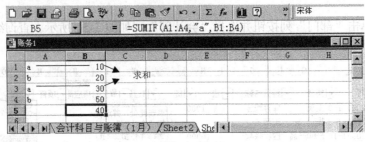

图 1-53

1.4.2 利用 SUMIF()函数计算明细科目的发生额与余额

第一步：光标在 D2 单元处，选择"插入"|"函数"命令或单击"粘贴函数"按钮，如图 1-54 所示。

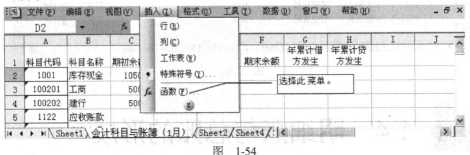

图 1-54

第二步：选择 SUMIF()函数，如图 1-55 所示。

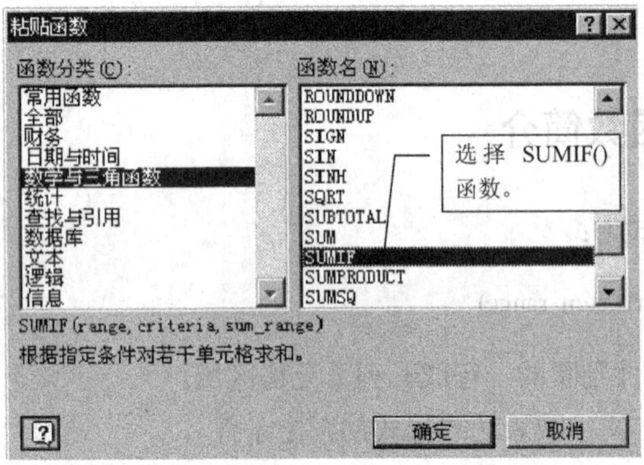

图 1-55

第三步：输入 SUMIF()的各参数，如图 1-56 所示。D21:D2000 为凭证数据的"科目代码"区域，A2 为"科目代码"，H21:H2000 为凭证数据的"借方"发生额区域，如图 1-57 所示。凭证数据区尽量得大一些，以保证新输入的凭证在此区域中，这样只要输入凭证后，计算机将自动计算每个明细科目的借、贷发生额及余额。

第1章 账务处理系统

图 1-56

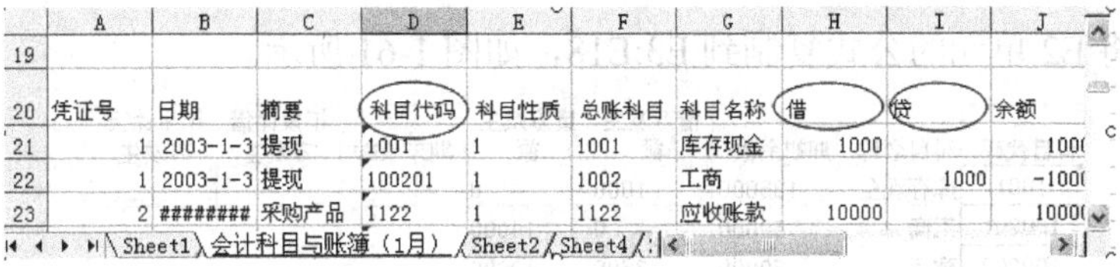

图 1-57

第四步：按 F4 键变相对地址为绝对地址。保证复制此公式时，Range 和 Sum_range 区域不变，如图 1-58 所示。

图 1-58

第五步：将 D2 单元的公式复制到 D3:D18，如图 1-59 所示。

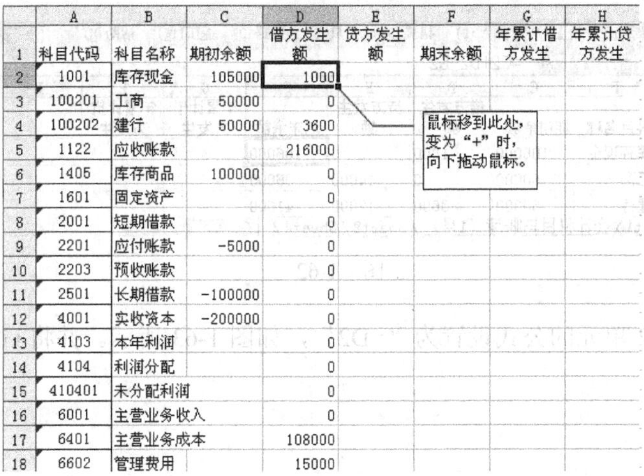

图 1-59

第六步：将 E2 单元的公式设置为"=SUMIF($D$21:$D$2000,A2,$I$21:$I$2000)"，如图 1-60 所示。$I$20:$I$2000 为凭证数据的"贷方"发生额区域，如图 1-57 所示。

科目代码	科目名称	期初余额	借方发生额	贷方发生额	期末余额	年累计借方发生	年累计贷方发生
1001	库存现金	105000	1000	0			
100201	工商	50000	0				
100202	建行	50000	3600				

图 1-60

第七步：将 E2 单元的公式复制到 E3:E18，如图 1-61 所示。

科目代码	科目名称	期初余额	借方发生额	贷方发生额	期末余额	年累计借方发生	年累计贷方发生
1001	库存现金	105000	1000	0			
100201	工商	50000	0	14000			
100202	建行	50000	3600	12000			
1122	应收账款		216000	0			
1405	库存商品	100000	0	108000			
1601	固定资产						
2001	短期借款						
2201	应付账款	-5000					
2203	预收账款						
2501	长期借款	-100000					
4001	实收资本	-200000					
4103	本年利润						
4104	利润分配						
410401	未分配利润						
6001	主营业务收入		0	209600			
6401	主营业务成本		108000	0			
6602	管理费用		15000				

图 1-61

第八步：将 F2 单元的公式设置为"=C2+D2－E2"，如图 1-62 所示。并将 F2 单元的公式复制到 F3:F18。

科目代码	科目名称	期初余额	借方发生额	贷方发生额	期末余额	年累计借方发生	年累计贷方发生
1001	库存现金	105000	1000	0	106000		
100201	工商	50000	0	14000	36000		
100202	建行	50000	3600	12000	41600		

图 1-62

第九步：将 G2 单元的公式设置为"=D2"，如图 1-63 所示。并将 G2 单元的公式复制到 G3:G18。

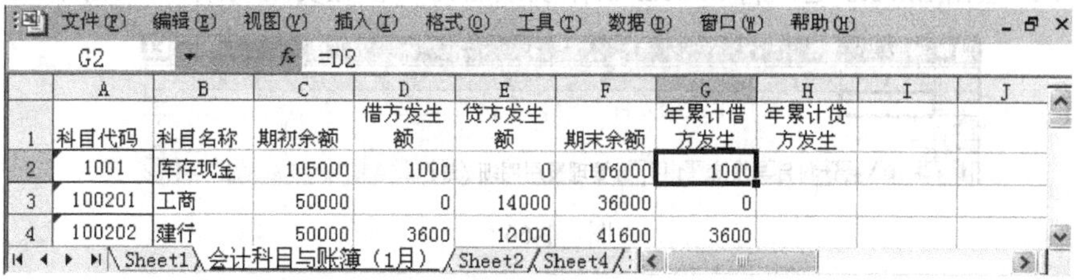

第 1 章 账务处理系统

图 1-63

第十步：将 H2 单元的公式设置为"=E2"，如图 1-64 所示。并将该单元的公式复制到 H2:H18。最后结果如图 1-65 所示。

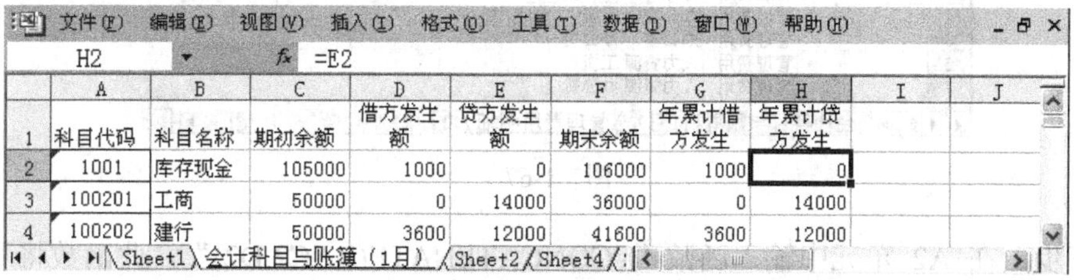

图 1-64

科目代码	科目名称	期初余额	借方发生额	贷方发生额	期末余额	年累计借方发生	年累计贷方发生
1001	库存现金	105000	1000	0	106000	1000	0
100201	工商	50000	0	14000	36000	0	14000
100202	建行	50000	3600	12000	41600	3600	12000
1122	应收账款		216000	0	216000	216000	0
1405	库存商品	100000	0	108000	-8000	0	108000
1601	固定资产		0	0	0	0	0
2001	短期借款		0	0	0	0	0
2201	应付账款	-5000	0	0	-5000	0	0
2203	预收账款		0	0	0	0	0
2501	长期借款	-100000	0	0	-100000	0	0
4001	实收资本	-200000	0	0	-200000	0	0
4103	本年利润						
4104	利润分配						
410401	未分配利润						
6001	主营业务收入		0	209600	-209600	0	209600
6401	主营业务成本		108000	0	108000	108000	0
6602	管理费用		15000	0	15000	15000	0

图 1-65

用此方法计算各明细科目的余额、发生额，可在凭证输入的同时，随时了解各明细科目余额及发生额。

1.4.3 利用 SUMIF() 函数计算按部门或项目明细核算科目的发生额

在此，"管理费用"科目是按"部门"和"项目"进行明细核算的，下面是形成"管理费用"明细发生额的过程。

第一步：双击 Sheet2 处，将 Sheet2 工作表改名为"管理费用明细"，如图 1-66 所示。

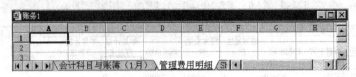

图 1-66

第二步：在此工作表中输入如下信息，如图 1-67 所示。

	A	B	C	D	E	F	G	H
1		科目名称	部门	项目	借方发生额	贷方发生额	预算数	预算—实际
2		管理费用	会计部	工资				
3		管理费用	会计部	办公费				
4		管理费用	办公室	工资				
5		管理费用	办公室	办公费				
6		管理费用	人力资源	工资				
7		管理费用	人力资源	办公费				

图 1-67

第三步：在 A2 单元中输入函数"=CONCATENATE(B2,C2,D2)"。此函数将 B2、C2 和 D2 三个单元中的字符合并，如图 1-68 所示。

图 1-68

第四步：用向下拖动的方式，将 A2 单元的公式复制到 A 列的其他单元，如图 1-69 所示。

	A	B	C	D	E	F	G
1		科目名称	部门	项目	借方发生额	贷方发生额	预算数
2	管理费用会计部工资	管理费用	会计部	工资			
3	管理费用会计部办公费	管理费用	会计部	办公费			
4	管理费用办公室工资	管理费用	办公室	工资			
5	管理费用办公室办公费	管理费用	办公室	办公费			
6	管理费用人力资源工资	管理费用	人力资源	工资			
7	管理费用人力资源办公费	管理费用	人力资源	办公费			

鼠标指针移到此处变为"+"时，向下拖动鼠标，进行复制。

图 1-69

第五步：单击"会计科目与账簿(1月)"，进入"会计科目与账簿(1月)"工作表，在 O20 单元中输入函数"=CONCATENATE(G20,N20,M20)"，将"科目名称"、"部门"和"项目"的内容合三为一，如图 1-70 所示。加此列的目的是：通过此列可利用 SUMIF()函数，对不同部门、不同项目管理费用的借方发生额或贷方发生额进行汇总。

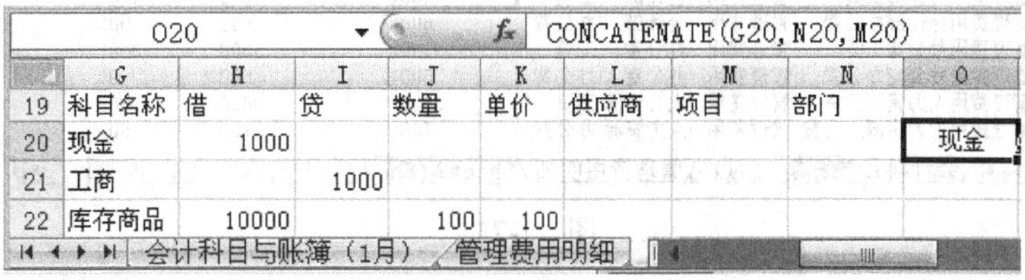

图 1-70

第六步：用向下拖动的方式，将 O20 单元的公式复制到 O 列的其他单元，如图 1-71 所示。

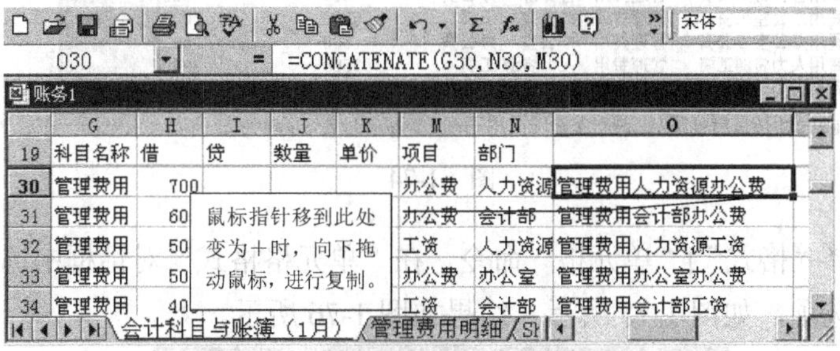

图 1-71

第七步：单击"管理费用明细"，进入"管理费用明细"工作表。将 E2 单元的公式设置为"=SUMIF('会计科目与账簿(1月)'!$O$20:$O$2000,A2,'会计科目与账簿(1月)'!$H$20:$H$2000)"，如图 1-72 所示。'会计科目与账簿(1月)'!$O$20:$O$2000 表示"会计科目与账簿(1月)"工作表的$O$20:$O$2000，即为"科目名称"、"部门"及"项目"的合并区。'会计科目与账簿(1月)'!$H$20:$H$2000 表示"会计科目与账簿(1月)"工作表的$H$20:$H$2000，此区域为凭证的借方发生额。

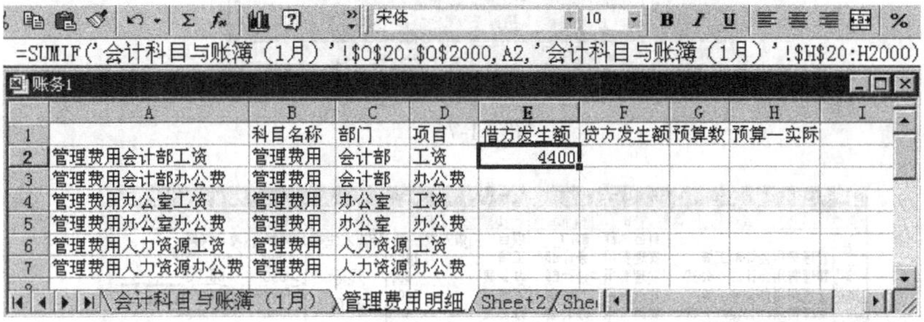

图 1-72

第八步：用向下拖动的方式，将 E2 的公式复制到 E 列的其他单元，如图 1-73 所示。如果将每一部门每一项目费用预算数输入的话，当费用超出预算时，可通过显示红色文字进行预警。

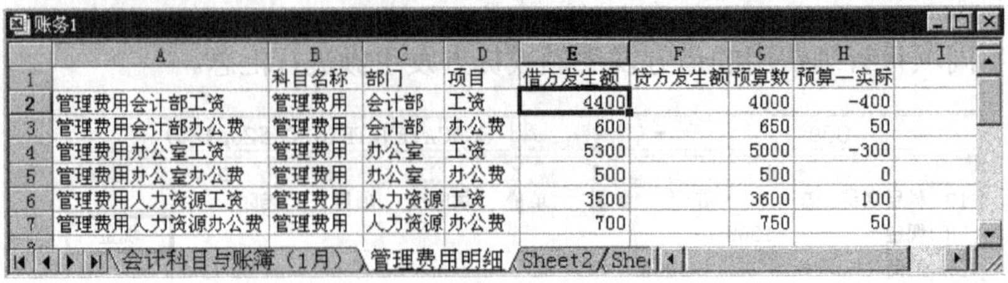

图 1-73

第九步：选择 H2:H7 区域，如图 1-74 所示。

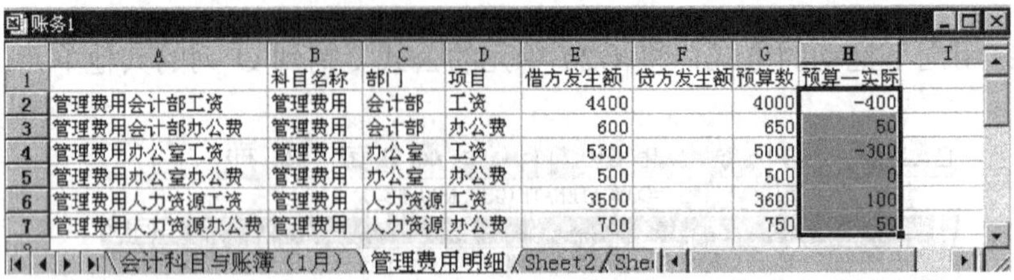

图 1-74

第十步：选择"格式"|"单元格"命令，在"单元格格式"对话框中选择"数字"选项卡中的"数值"选项，如图 1-75 所示。结果如图 1-76 所示。

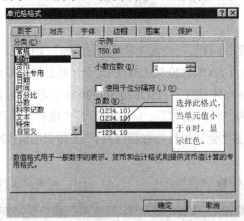

图 1-75

图 1-76

这样，当进行凭证输入时，可随时监控费用是否超出预算，超出多少预算。

1.4.4 利用 SUMIF()函数计算总账科目的发生额与余额

第一步：在 I2 单元中输入公式"=LEFF(A2,4)"，即取明细科目代码的左四位，为总账科目代码，如图 1-77 所示。

图 1-77

第二步：用向下拖动的方式，将 I2 单元的公式复制到 I 列的其他单元，如图 1-78 所示。此列的作用是以此列取出的总账科目代码为依据，利用 SUMIF()对明细科目的借方发生额、贷方发生额等进行汇总，以形成总账科目的借方发生额、贷方发生额等。

图 1-78

第三步：输入总账科目代码、名称等信息，如图 1-79 所示。

图 1-79

第四步：在 L2 单元中输入公式"=SUMIF($I$2:$I$18,J2,$C$2:$C$18)"，如图 1-80 所示。并将此公式复制到 L 列的其他单元。

	B	C	I	J	K	L	M	N
1	科目名称	期初余额	总账科目	总账科目代码	总账科目名称	期初余额	借方发生额	贷方发生额
2	库存现金	105000	1001	1001	现金	105000		
3	工商	50000	1002	1002	银行存款			
4	建行	50000	1002	1122	应收账款			
5	应收账款		1122	1405	库存商品			
6	库存商品	100000	1405	1601	固定资产			
7	固定资产		1601	2001	短期负债			
8	短期借款		2001	2201	应付账款			
9	应付账款	-5000	2201	2203	预收账款			
10	预收账款		2203	2501	长期负债			
11	长期借款	-100000	2501	4001	实收资本			
12	实收资本	-200000	4001	4103	本年利润			
13	本年利润		4103	4104	利润分配			
14	利润分配		4104	6001	产品销售收入			
15	未分配利润		4104	6401	产品销售成本			
16	主营业务收入		6001	6602	管理费用			
17	主营业务成本		6401					
18	管理费用		6602					

图 1-80

第五步：按照同样的方法，可分别得出总账科目的"借方发生额"、"贷方发生额"、"期末余额"、"年累计借方发生额"、"年累计贷方发生额"，如图 1-81 所示。

总账科目代码	总账科目名称	期初余额	借方发生额	贷方发生额	期末余额	年累计借方发生	年累计贷方发生
1001	现金	105000	1000	0	106000	1000	0
1002	银行存款	100000	3600	26000	77600	3600	26000
1122	应收账款	0	216000	0	216000	216000	0
1405	库存商品	100000	0	108000	-8000	0	108000
1601	固定资产	0	0	0	0	0	0
2001	短期负债	0	0	0	0	0	0
2201	应付账款	-5000	0	0	-5000	0	0
2203	预收账款	0	0	0	0	0	0
2501	长期负债	-100000	0	0	-100000	0	0
4001	实收资本	-200000	0	0	-200000	0	0
4103	本年利润	0	0	0	0	0	0
4104	利润分配	0	0	0	0	0	0
6001	产品销售收	0	0	209600	-209600	0	209600
6401	产品销售成	0	108000	0	108000	108000	0
6602	管理费用	0	15000	0	15000	15000	0

图 1-81

1.4.5　利用分类汇总功能计算明细科目的余额与发生额

第一步：将各明细科目期初数据与凭证发生数据放在同一区域，如图 1-82 所示。

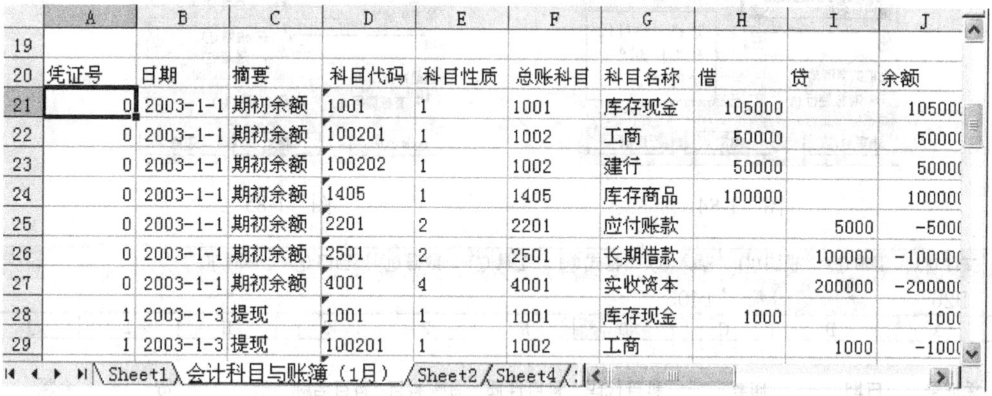

图 1-82

第二步：光标在 K 列上，选择"插入"|"列"命令，加入"余额"列，此列数据为"借"—"贷"。因此，此列数为"正"，表示借方余额；此列数为"负"，表示贷方余额，如图 1-83 所示。

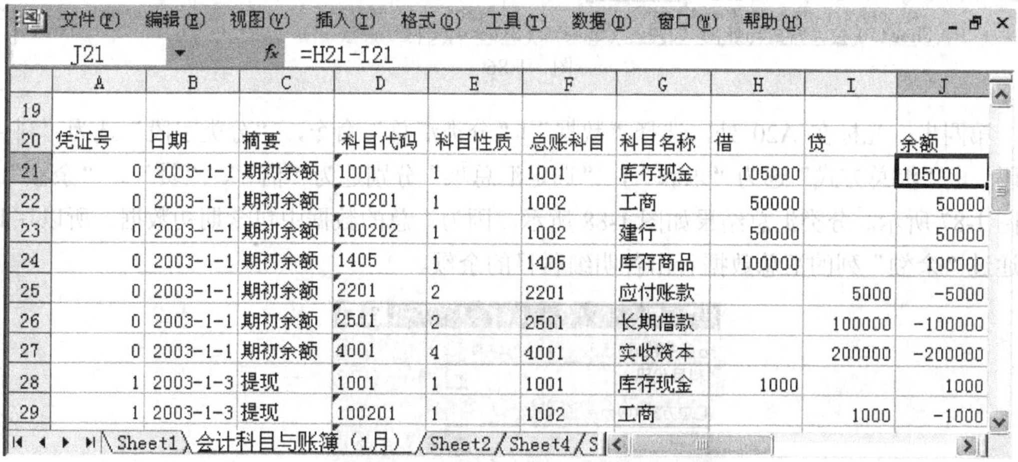

图 1-83

第三步：光标在 A20 处，选择"数据"|"排序"命令，主关键字选择"科目代码"，如图 1-84、图 1-85 所示。排序结果如图 1-86 所示。因为要计算各明细科目的发生额，就要以"科目代码"对"借"、"贷"数据进行分类汇总，在"分类汇总"之前，首先以"科目代码"作为关键字进行排序。

图 1-84

图 1-85

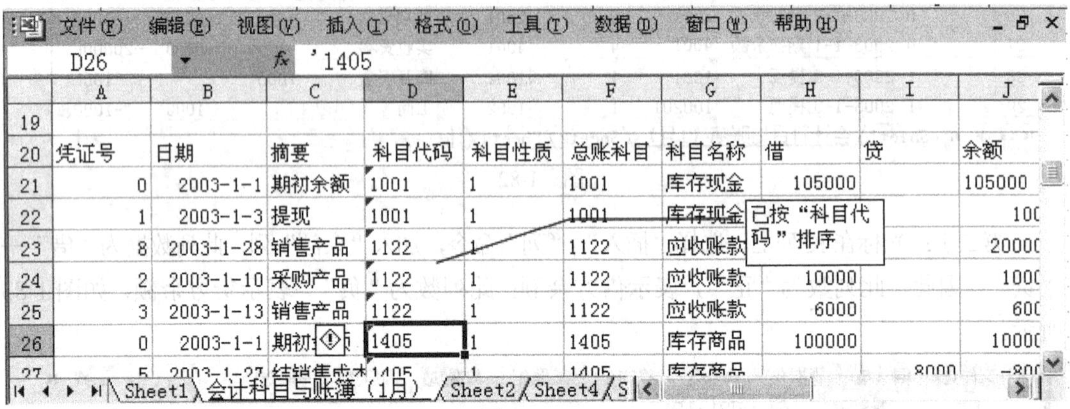

图 1-86

第四步：光标在 A20 处，选择"数据"|"分类汇总"命令，"分类字段"选为"科目代码"，"汇总方式"选为"求和"，"选定汇总项"分别选为"借"、"贷"、"余额"，如图 1-87 所示。分类汇总结果如图 1-88 所示，因为汇总的数据中包含期初数据，所以在此可通过"余额"列的汇总数据看出各明细科目的余额。

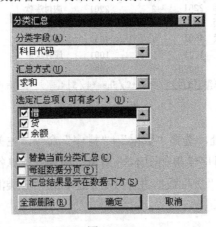
图 1-87

第 1 章 账务处理系统

	A	B	C	D	E	F	G	H	I	J
19										
20	凭证号	日期	摘要	科目代码	科目性质	总账科目	科目名称	借	贷	余额
21	0	2003-1-1	期初余额	1001	1	1001	库存现金	105000		105000
22	1	20…	单击此按钮，得出各明细科目的余额汇总表。	1001	1	1001	库存现金	1000		1000
23				1001 汇总				106000	0	106000
24	8	20…		1122	1	1122	应收账款	200000		200000
25	2	2003-1-10	采购产品	1122	1	1122	应收账款	10000		10000
26	3	2003-1-13	销售产品	1122	1	1122	应收账款	6000		6000
27				1122 汇总				216000	0	216000

图 1-88

第五步：单击图 1-88 中的 2 按钮，可得出各明细科目余额汇总表，如图 1-89 所示。

	A	B	C	D	E	F	G	H	I	J
19										
20	凭证号	日期	摘要	科目代码	科目性质	总账科目	科目名称	借	贷	余额
23				1001 汇总				106000	0	106000
27				1122 汇总				216000	0	216000
31				1405 汇总				100000	108000	-8000
33			单击此按钮，回上一状态。	2201 汇总				0	5000	-5000
35				2501 汇总				0	100000	-100000
37				4001 汇总				0	200000	-200000
41				6001 汇总			各明细科目余额汇总	0	209600	-209600
44				6401 汇总				108000	0	108000
54				6602 汇总				15000	0	15000
59				100201 汇总				50000	14000	36000
63				100202 汇总				53600	12000	41600
64				总计				648600	648600	

图 1-89

第六步：单击图 1-89 中的 3 按钮，回到图 1-88 所示状态。

第七步：选择"数据"|"筛选"|"自动筛选"命令，进入筛选状态，如图 1-90 所示。单击"摘要"列按钮，并选择"自定义"，如图 1-90 所示。

	A	B	C	D	E	F	G	H	I	J
19										
20	凭证号	日期	摘要	科目代码	科目性	总账科	科目名称	借	贷	余额
21	0	2003-1-	(全部) (前 10 个) (自定义) 报销办公费 采购产品 发工资 发奖金 结销售成本 期初余额 提现 销售产品 (空白)	1001	1	1001	库存现金	105000		105000
22	1	2003-1-		1001	1	1001	库存现金	1000		1000
23				1001 汇总				106000		106000
24	8	2003-1-		1122	单击此按钮，选择"自定义"。		应收账款	200000		200000
25	2	2003-1-		1122			应收账款	10000		10000
26	3	2003-1-		1122	1	1122	应收账款	6000		6000
27				1122 汇总				216000		216000

图 1-90

第八步：输入筛选条件，如图 1-91 所示，滤除"期初数据"。筛选结果如图 1-92 所示。因为把期初数据已经滤除，各明细科目的"借"、"贷"方汇总数为各明细科目的借方发生额或贷方发生额，如图 1-92 所示。

Excel 在财务会计与管理会计中的应用(第 2 版)

图 1-91

	A	B	C	D	E	F	G	H	I	J
19										
20	凭证号	日期	摘要	科目代码	科目性	总账科	科目名称	借	贷	余额
22	1	2003-1-3	提现	1001	1	1001	库存现金	1000		1000
23				**1001 汇总**				1000	0	1000
24	8	2003-1-28	销售产品	1122	1	1122	应收账款	200000		200000
25	2	2003-1-10	采购产品	1122	1	1122	应收账款	10000		10000
26	3	2003-1-13	销售产品	1122	1	1122	应收账款	6000		6000
27				**1122 汇总**				216000	0	216000
29	5	2003-1-27	结转售成本	1405	1	1405	库存商品		8000	-8000

图 1-92

第九步：也可查询某一科目的余额与发生额。例如，查询10201科目的操作过程如图1-93、图1-94所示。

	A	B	C	D	E	F	G	H	I	J
19										
20	凭证号	日期	摘要	科目代码	科目性	总账科	科目名称	借	贷	余额
55	0	2003-1-1	期初余额	100201	1	1002	工商	50000		50000
56			提现	100201	1	1002	工商		1000	-1000
57			采购产品	100201	1	1002	工商		10000	-10000
58	6	2003-1-28		100201	1	1002	工商		3000	-3000
64				**总计**				50000	14000	36000

图 1-93

	A	B	C	D	E	F	G	H	I	J
19										
20	凭证号	日期	摘要	科目代码	科目性	总账科	科目名称	借	贷	余额
56		2003-1-3	提现	100201	1	1002	工商		1000	-1000
57		2003-1-10	采购产品	100201	1	1002	工商		10000	-10000
58		2003-1-28	发奖金	100201	1	1002	工商		3000	-3000
64				**总计**				0	14000	-14000

图 1-94

第十步：再次选择"数据"|"筛选"|"自动筛选"命令，则退出筛选状态。

第十一步：再次选择"数据"|"分类汇总"命令，单击"全部删除"按钮，退出"分类汇总"状态，如图 1-95 所示。

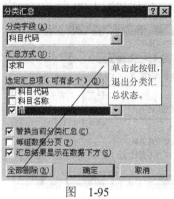

图 1-95

第十二步：再次选择"数据"|"排序"命令，打开"排序"对话框，在"主要关键字"下拉列表框中选择"凭证号"，在"次要关键字"下拉列表框中选择"借"，如图 1-96 所示。排序结果如图 1-97 所示，返回操作前状态。

图 1-96

	A	B	C	D	E	F	G	H	I	J
20	凭证号	日期	摘要	科目代码	科目性质	总账科目	科目名称	借	贷	余额
21	0	2003-1-1	期初余额	1001	1	1001	库存现金	105000		105000
22	0	2003-1-1	期初余额	1405	1	1405	库存商品	100000		100000
23	0	2003-1-1	期初余额	100201	1	1002	工商	50000		50000
24	0	2003-1-1	期初余额	100202	1	1002	建行	50000		50000
25	0	2003-1-1	期初余额	2201	2	2201	应付账款		5000	-5000
26	0	2003-1-1	期初余额	2501	2	2501	长期借款		100000	-100000
27	0	2003-1-1	期初余额	4001	4	4001	实收资本		200000	-200000
28	1	2003-1-3	提现	1001	1	1001	库存现金	1000		1000
29	1	2003-1-3	提现	100201	1	1002	工商		1000	-1000
30	2	2003-1-10	采购产品	1122	1	1122	应收账款	10000		10000
31	2	2003-1-10	采购产品	100201	1	1002	工商		10000	-10000

图 1-97

1.4.6 利用分类汇总功能计算总账科目的余额与发生额

第一步：与计算明细科目余额与发生额的过程相同。光标在 A21 处，选择"数据"|"排序"命令，按总账科目进行排序，操作如图 1-98 所示。排序结果如图 1-99 所示。

图 1-98

	A	B	C	D	E	F	G	H	I	J	K
20	凭证号	日期	摘要	科目代码	科目性质	总账科目	科目名称	借	贷	余额	数量
21	0	2003-	按"总账科目"排序了	1001	1	1001	库存现金	105000		105000	
22	1	2003-		1001	1	1001	库存现金	1000		1000	
23	0	2003-1-1	期初余额	100201	1	1002	工商	50000		50000	
24	1	2003-1-3	提现	100201	1	1002	工商		1000	-1000	
25	2	2003-1-10	采购产品	100201	1	1002	工商		10000	-10000	

图 1-99

第二步：选择"数据"|"分类汇总"命令，打开"分类汇总"对话框。"分类字段"选为"总账科目"，"汇总方式"选为"求和"，"选定汇总项"选为"借"、"贷"、"余额"，如图 1-100 所示。汇总结果如图 1-101 所示。因为汇总的数据中包含期初数据，所以在此可通过"余额"列的汇总数据看出各总账科目的余额，如图 1-101 所示。

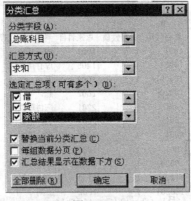

图 1-100

第 1 章　账务处理系统

		A	B	C	D	E	F	G	H	I	J
	20	凭证号	日期	摘要	科目代码	科目性质	总账科目	科目名称	借	贷	余额
	21	0	2003-1-1	期初余额	1001	1	1001	库存现金	105000		105000
	22	1	2003-1-3	提现	1001	1	1001	库存现金	1000		1000
	23						1001 汇总		106000	0	106000
	24	0	2003-1-1	期初余额	100201	1	1002	工商	50000		50000
	25	1		提现	100201	1	1002	工商		1000	-1000
	26	2	2003-1-10	采购产品	100201	1	1002	工商		10000	-10000
	27	6	2003-1-28	发奖金	100201	1	1002	工商		3000	-3000
	28	0	2003-1-1	期初余额	100202	1	1002	建行	50000		50000
	29	4	2003-1-15	销售产品	100202	1	1002	建行	3600		3600
	30	7	2003-1-28	发工资	100202	1	1002	建行		12000	-12000
	31						1002 汇总		103600	26000	77600

图　1-101

第三步：单击图 1-101 中的 2 按钮，可得出总账科目余额汇总表，如图 1-102 所示。
第四步：单击图 1-102 中的 3 按钮，回到图 1-101 所示状态。

		A	B	C	D	E	F	G	H	I	J
	20	凭证号	日期	摘要	科目代码	科目性质	总账科目	科目名称	借	贷	余额
	23						1001 汇总		106000	0	106000
	31						1002 汇总		103600	26000	77600
	35						1122 汇总		216000	0	216000
	39						1405 汇总		100000	108000	-8000
	41						2201 汇总		0	5000	-5000
	43						2501 汇总		0	100000	-100000
	45						4001 汇总		0	200000	-200000
	49						6001 汇总		0	209600	-209600
	52						6401 汇总		108000	0	108000
	62						6602 汇总		15000	0	15000
	63						总计		648600	648600	0

图　1-102

第五步：选择"数据"|"筛选"|"自动筛选"命令，滤除期初数据，"借"与"贷"的汇总数为各总账科目的借、贷方发生额，如图 1-103 所示。

		A	B	C	D	E	F	G	H	I	J
	20	凭证号	日期	摘要	科目代码	科目性质	总账科目	科目名称	借	贷	余额
	22	1	2003-1-3	提现	1001	1	1001	库存现金	1000		1000
	23						1001 汇总		1000	0	1000
	25	1	2003-1-3	提现	100201	1	1002	工商		1000	-1000
	26	2	2003-1-10	采购产品	100201	1	1002	工商		10000	-10000
	27	6	2003-1-28	发奖金	100201	1	1002	工商		3000	-3000
	29	4	2003-1-15	销售产品	100202	1	1002	建行	3600		3600
	30	7	2003-1-28	发工资	100202	1	1002	建行		12000	-12000
	31						1002 汇总		3600	26000	-22400

图　1-103

第六步：查询某一总账科目的余额与发生额。例如：查询 102 科目的余额与发生额，其操作过程与结果如图 1-104、图 1-105 所示。

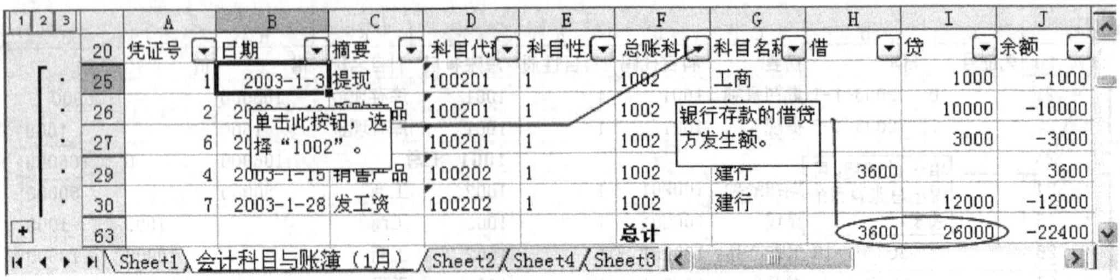

Excel 在财务会计与管理会计中的应用(第 2 版)

图 1-104

图 1-105

第七步：再次选择"数据"|"筛选"|"自动筛选"命令，可退出筛选状态。

第八步：再次选择"数据"|"分类汇总"命令，并单击"全部删除"按钮，可退出分类汇总状态。

1.4.7 利用分类汇总功能计算资产、负债、所有者权益及未结利润

与计算明细和总账科目的余额、发生额过程相同，在此省略详细的步骤。

第一步：按"科目性质"对期初数据与凭证数据进行排序。

第二步：按"科目性质"对期初数据与凭证数据的"余额"列分类汇总，操作如图 1-106 所示。资产、负债、所有者权益及未结利润的计算结果如图 1-107 所示。

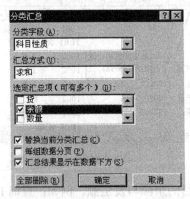

图 1-106

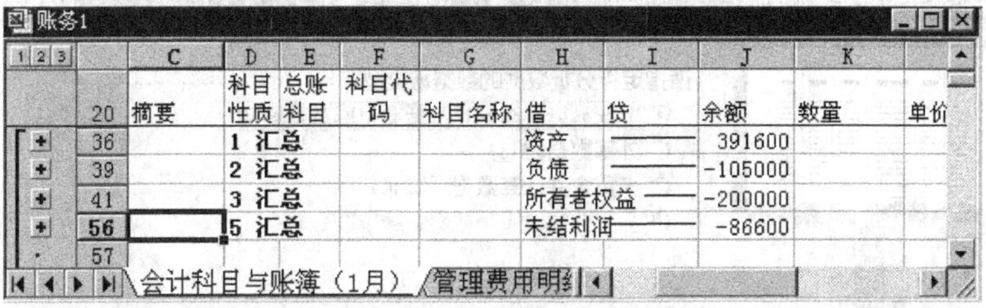

图 1-107

1.4.8 利用数据透视表功能计算与分析管理费用某部门或某项目的发生额、余额

第一步：光标在 A21 单元，选择"数据"|"筛选"|"自动筛选"命令，筛选出所有管理费用的明细数据，如图 1-108 所示。

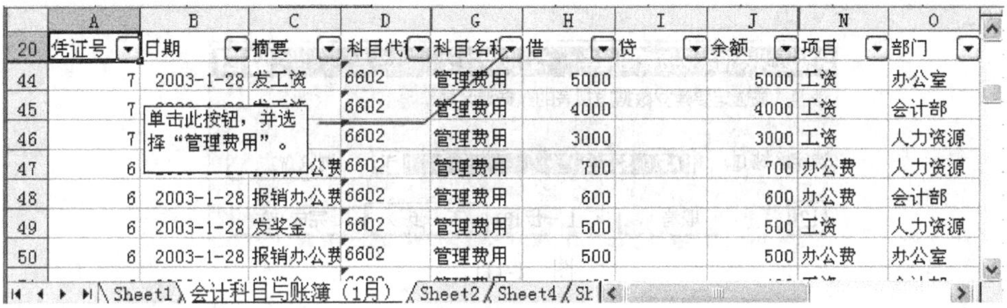

图 1-108

第二步：选择所有筛选出的数据，通过"复制"与"粘贴"功能，将其复制到"管理费用明细"工作表中，如图 1-109 所示。

图 1-109

第三步：选择"数据"|"数据透视表和图表报告"命令，接着按图 1-110 所示进行选择。

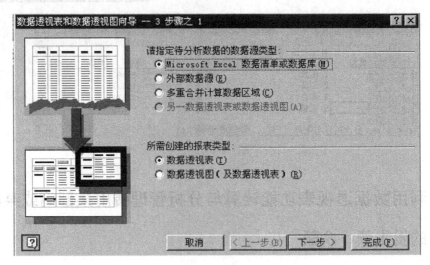

图 1-110

第四步：输入要分析的数据区，如图 1-111 所示。从图 1-109 中可看出，此区域应该为 A10:J19。

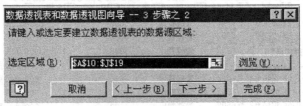

图 1-111

第五步：选择即将生成的数据透视表所在的位置，可在当前工作表上，也可在新建工作表上。在此选择在当前工作表 A21 单元上产生数据透视表，如图 1-112 所示。

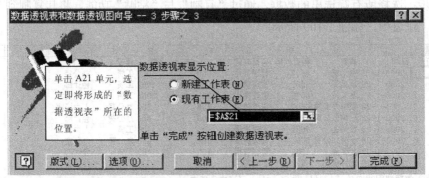

图 1-112

第六步：在此将"管理费用"的借方数据按"部门"和"项目"分别进行汇总，操作过程如图 1-113～图 1-116 所示，分别按图所示拖动"借"、"项目"、"部门"按钮。汇总结果如图 1-117 所示。贷方和余额数据的汇总与此类似，在此不再赘述。

第 1 章　账务处理系统

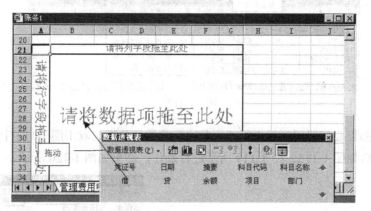

图　1-113

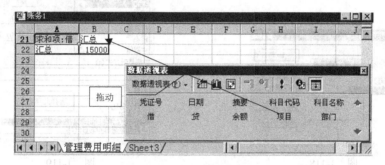

图　1-114

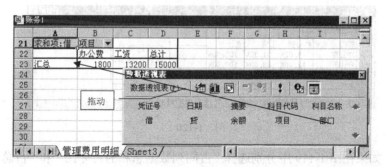

图　1-115

图　1-116

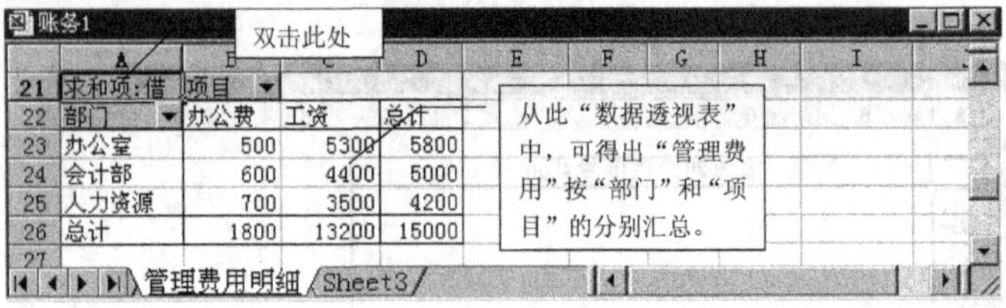

图 1-117

第七步：如果要按费用项目进行"百分比"的结构分析，双击图 1-117 中的"求和项：借"按钮，然后如图 1-118、图 1-119 所示进行操作，结果如图 1-120 所示。

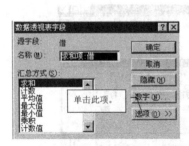
图 1-118

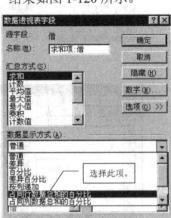
图 1-119

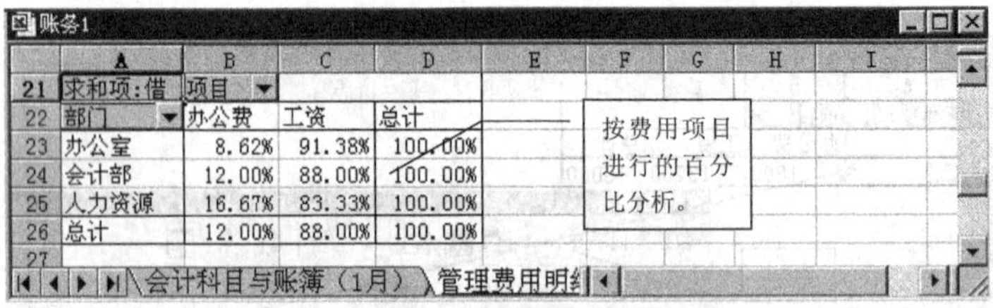

图 1-120

第八步：如果在图 1-119 中分别选择"占同列数据总和的百分比"和"占总和百分比"，可分别得到管理费用借方数据按部门的百分比分析与总体的百分比分析，如图 1-121、图 1-122 所示。

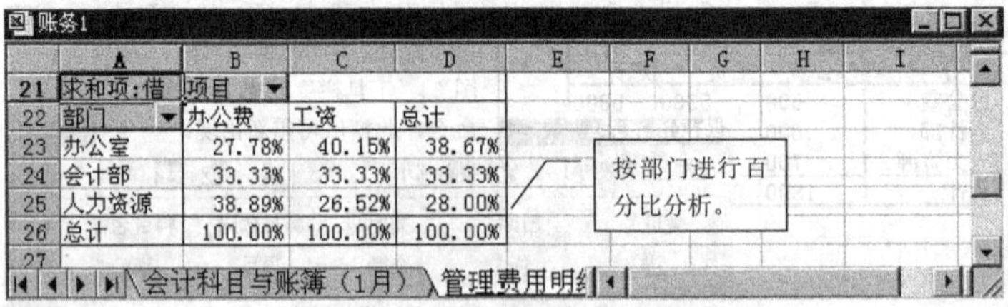

图 1-121

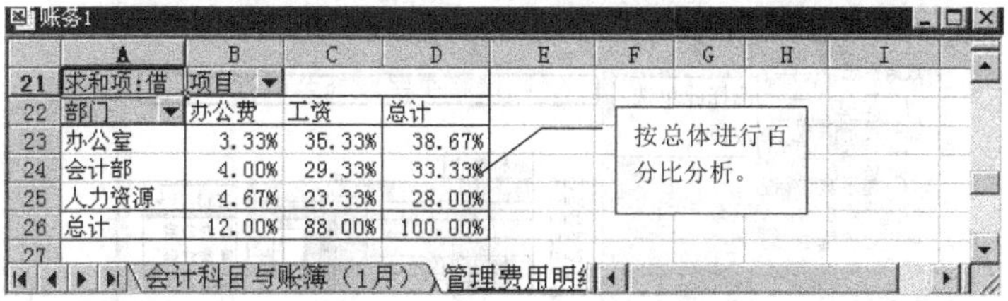

第1章 账务处理系统

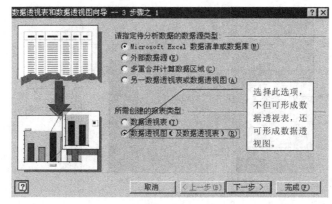

图 1-122

第九步：如果要形成"数据透视表"和"数据透视图"，可在第三步中作如图 1-123 所示的选择。其他的步骤与形成数据透视表相同，在此不再赘述。形成的数据透视图如图 1-124 所示。

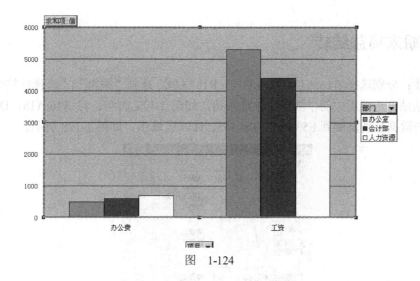

图 1-123

图 1-124

第十步：选择"图表"|"图表选项"命令，选择"数据标志"选项卡中的"显示值"单选按钮，如图 1-125 所示。形成有数据显示的数据透视图，如图 1-126 所示。

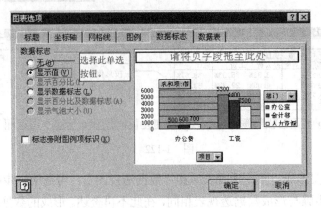

图 1-125

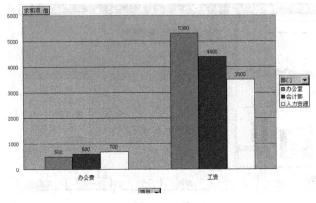

图 1-126

1.4.9 期末损益结转

第一步：分别选择 A16:A18、D17:D18、E16 区域，选择"编辑"|"选择性粘贴"命令，并选择"粘贴"选项组中的"数值"单选按钮，如图 1-127 所示。将 A16:A18、D17:D18、E16 区域的数据分别复制到 F53:F55、I54:I55、H53 区域中，如图 1-128 所示。

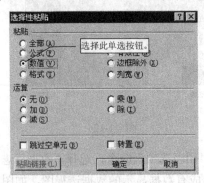

图 1-127

第 1 章 账务处理系统

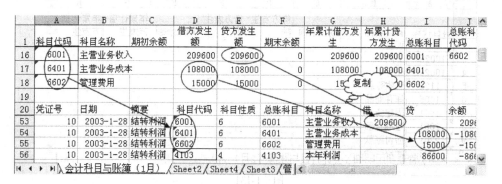

图 1-128

第二步：根据 H53、I54、I55 的收入、成本、费用数据，计算本年利润，并输入到 I56 单元中，如图 1-129 所示。

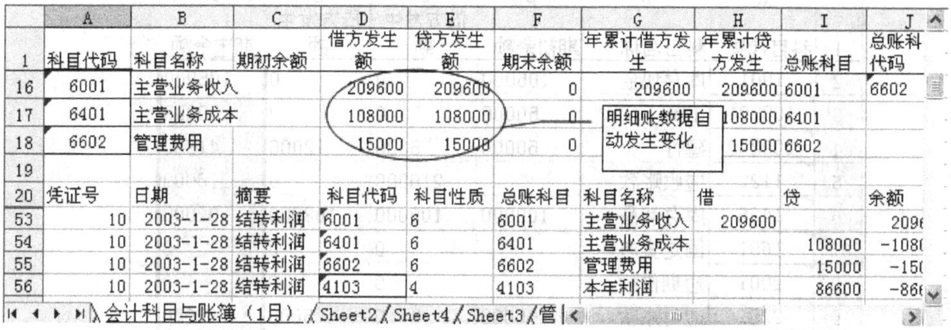

图 1-129

1.4.10 下月账簿的建立

第一步：选择"插入"|"工作表"命令，插入表名为"会计科目与账簿(2月)"的工作表，如图 1-130 所示。

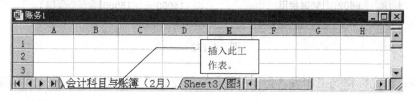

图 1-130

第二步：将工作表"会计科目与账簿(1月)"中的有关科目与账簿信息复制到工作表"会计科目与账簿(2月)"中，如图 1-131 所示。

Excel 在财务会计与管理会计中的应用(第 2 版)

	A	B	C	D	E	F	G	H
1	科目代码	科目名称	期初余额	借方发生额	贷方发生额	期末余额	年累计借方发生	年累计贷方发生
2	1001	现金						
3	100201	工商						
4	100202	建行						
5	1122	应收账款						
6	1405	库存商品						
7	1601	固定资产						
8	2001	短期负债						
9	2201	应付账款						
10	2203	预收账款						

图 1-131

第三步：选择"会计科目与账簿(1月)"工作表中"期末余额"这一列，并按 Ctrl+C 键或选择"编辑"|"复制"命令，如图 1-132 所示。

	A	B	C	D	E	F
1	科目代码	科目名称	期初余额	借方发生额	贷方发生额	期末余额
2	1001	库存现金	105000	0	0	105000
3	100201	工商	50000	0	0	50000
4	100202	建行	50000	3600	12000	41600
5	1122	应收账款		216000	0	216000
6	1405	库存商品	100000	100000	108000	92000
7	1601	固定资产		0	0	0
8	2001	短期借款		0	0	0
9	2201	应付账款	-5000	0	5000	-10000
10	2203	预收账款		0	0	0
11	2501	长期借款	-100000	0	100000	-200000
12	4001	实收资本	-200000	0	200000	-400000
13	4103	本年利润		86600	86600	0
14	4104	利润分配		0	0	0
15	410401	未分配利润		0	86600	-86600
16	6001	主营业务收入		209600	209600	0
17	6401	主营业务成本		108000	108000	0
18	6602	管理费用		15000	15000	

图 1-132

第四步：将光标移到工作表"会计科目与账簿(2月)"的 C2 单元，选择"编辑"|"选择性粘贴"命令，选择"粘贴"选项组中的"数值"单选按钮，如图 1-133 所示。将 1 月份科目的期末余额变为 2 月份科目的期初余额，如图 1-134 所示。

第1章 账务处理系统

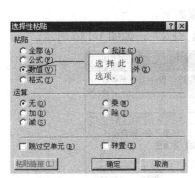

图 1-133   图 1-134

第五步：将 G2 单元公式设置为 "=D2+'会计科目与账簿(1月)'!G2" (本月借方发生＋上月借方累计发生)；将 H2 单元公式设置为 "=E2+'会计科目与账簿(1月)'!H2" (本月贷方发生＋上月贷方累计发生)；并将公式复制到 G 列、H 列的其他单元，如图 1-135 所示。

	A	B	C	D	E	F	G	H
1	科目代码	科目名称	期初余额	借方发生额	贷方发生额	期末余额	年累计借方发生	年累计贷方发生
2	1001	现金	105000				0	0
3	100201	工商	50000				0	0
4	100202	建行	41600				3600	12000
5	1122	应收账款	216000				216000	0
6	1405	库存商品	92000				100000	108000
7	1601	固定资产	0				0	0
8	2001	短期负债	0				0	0
9	2201	应付账款	-10000				0	5000
10	2203	预收账款	0				0	0
11	2501	长期负债	-200000				0	100000
12	4001	实收资本	-400000				0	200000
13	4103	本年利润	0				86600	86600
14	4104	利润分配	0				0	0
15	410401	未分配利润	-86600				0	86600
16	6001	产品销售收入	0				209600	209600
17	6401	产品销售成本	0				108000	108000
18	6602	管理费用	0				15000	15000

图 1-135

 ## 1.5 会计数据保护措施

会计数据或其他业务数据输入到 Excel 后，需要对数据加以保护，以达到会计内部控制的目的。Excel 提供对工作簿和工作表的加密保护。

1.5.1 对工作簿进行保护与撤销保护

对工作簿保护就是当打开或修改这个工作簿时,系统要求输入密码,如果密码输入不正确,将不能打开或修改此工作簿。对工作簿进行保护的步骤如下。

第一步:打开要保护的工作簿,如打开工作簿"账务 1.XLS",如图 1-136 所示。

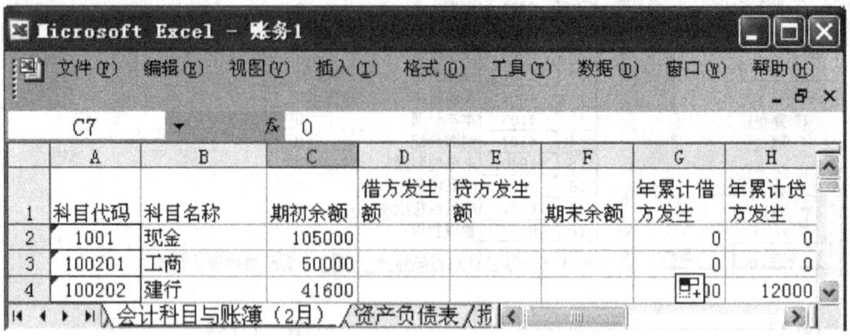

图 1-136

第二步:选择"文件"|"另存为"命令,并选择"工具"下拉菜单中的"常规选项",如图 1-137 所示。

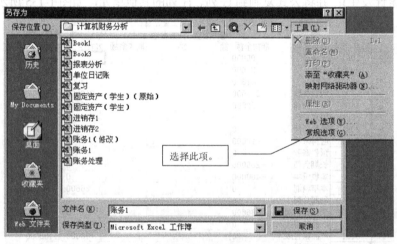

图 1-137

第三步:输入打开或修改工作簿的密码,如图 1-138 所示。

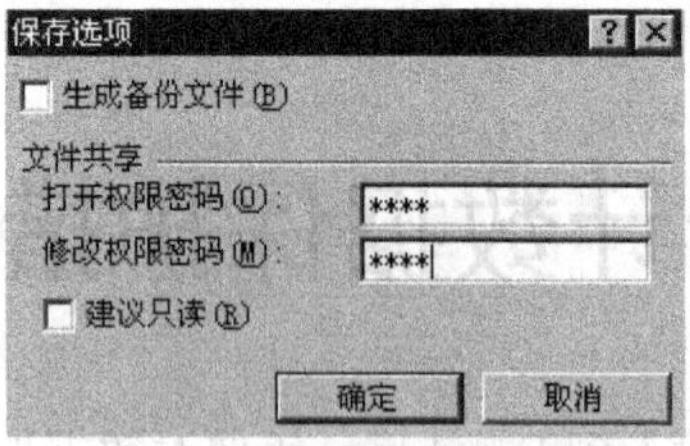

图 1-138

第四步：重新输入打开或修改工作簿的密码，如图1-139、图1-140所示。

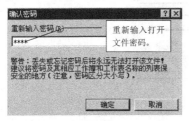
图 1-139

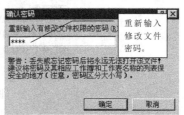
图 1-140

第五步：单击"保存"按钮，保存此文件，如图1-141、图1-142所示。如果不保存文件，工作簿将不能被保护。

图 1-141

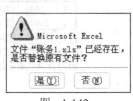
图 1-142

第六步：关闭此文件并重新打开时，计算机将提示输入打开与修改工作簿的密码，如图1-143、图1-144所示。

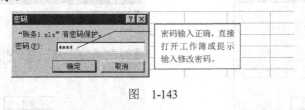
图 1-143

图 1-144

第七步：如果要对工作簿撤销保护，可打开被保护的工作簿，同样选择"文件"|"另存为"命令，再选择"工具"下拉菜单中的"常规选项"(参见图1-137)，将密码撤销，再保存此工作簿，如图1-145所示。

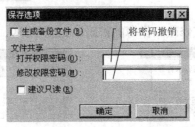

图 1-145

1.5.2 对工作表的保护与撤销保护

对工作表的保护是对一个工作簿中的一个工作表加以保护。被保护的工作表处于只读状态，不能被修改。对工作表进行保护的步骤如下。

第一步：打开工作簿，如：打开"账务1.XLS"工作簿，当前工作表为"会计科目与账簿(1月)"，如图1-146所示，将对此工作表加以保护。

图 1-146

第二步：选择"工具"|"保护"|"保护工作表"命令，并输入密码，如图1-147所示。

第三步：再次输入密码，如图1-148所示。此次输入的密码要与上次输入的密码一致。

图 1-147

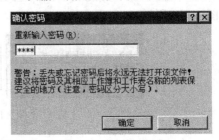
图 1-148

第四步：此工作表被保护后，将不能修改此工作表的内容。修改时，系统将出现如图1-149所示的信息。

第五步：如果要对工作表撤销保护，可选择"工具"|"保护"|"撤销工作表保护"命令，然后输入密码，如果密码输入正确，即可撤销对此工作表的保护，如图1-150所示。

第1章 账务处理系统

图 1-149

图 1-150

1.6 银行存款余额调节表的编制

企业银行存款日记账、银行对账单如图1-151(a)(b)所示。

	A	B	C	D	E	F	G
1				企业银行存款日记账			
2	凭证日期	票号	借方金额	贷方金额	两清	凭证号数	摘要
3	2008.12.18	Z980000078	¥10,000.00	¥0.00		收-89	
4	2009.01.02	0000000001	¥0.00	¥200,000.00		付-1	交半年房租
5	2009.01.05	Z000000008	¥10,000.00	¥0.00		收-4	收取利息
6	2009.01.06	Z000000003	¥0.00	¥30,000.00		付-4	付产品销售费用
7	2009.01.16	980000064	¥10,000.00	¥0.00		收-6	收到返还税金
8	2009.01.16		¥50,000.00	¥0.00		收-7	预收款
9	2009.01.25		¥794,100.00	¥0.00		收-9	核销
10	2009.01.25		¥1,000,000.00	¥0.00		收-10	收款结算
11	2009.01.25		¥1,000,000.00	¥0.00		收-11	收款结算
12	2009.01.25		¥1,000,000.00	¥0.00		收-12	收款结算
13	2009.01.25		¥400,000.00	¥0.00		收-13	票据结算
14	2009.01.25		¥50,000.00	¥0.00		收-14	坏账收回(结算)
15	2009.01.25		¥0.00	¥3,000.00		转-17	其他应收单
16	2009.01.26		¥0.00	¥10,000.00		付-9	直接购入资产
17	2009.01.26		¥0.00	¥80,000.00		付-10	直接购入资产
18	2009.01.26		¥0.00	¥140,000.00		付-11	核销
19	2009.01.26		¥0.00	¥50,000.00		付-12	付款
20	2009.01.26		¥0.00	¥1,000,000.00		付-13	付款
21	2009.01.26		¥0.00	¥1,500,000.00		付-14	付款
22	2009.01.26		¥0.00	¥50,000.00		转-34	直接购入资产
23	2009.02.25		¥0.00	¥200,000.00		付-6	核销
24	2009.02.28		¥90,000.00	¥0.00		收-2	现金送银行
25	2009.02.28	99999	¥100,000.00	¥0.00		收-3	核销
26	合计		¥4,514,100.00	¥3,263,000.00			

图 1-151(a)

	A	B	C	D	E
29			银行对账单		
30	日期	票号	借方金额	贷方金额	两清
31	2008.11.21	9800000064	¥0.00	¥10,000.00	
32	2008.12.18	Z980000067	¥10,000.00	¥0.00	
33	2008.12.25	Z980000088	¥10,000.00	¥0.00	
34	2009.01.02	Z980000078	¥0.00	¥10,000.00	
35	2009.01.08	0000000001	¥200,000.00	¥0.00	
36	2009.01.09	Z000000008	¥0.00	¥10,000.00	
37	2009.01.12	Z000000003	¥30,000.00	¥0.00	
38	2009.01.17	980000064	¥0.00	¥10,000.00	
39	2009.01.18		¥0.00	¥50,000.00	
40	合计		¥250,000.00	¥90,000.00	

图 1-151(b)

如果仅以票号作为对账的依据，即只要票号是一致的就算一笔账，那么，如何编制银行存款的余额调节表呢？看下面的讲解。

第一步：光标在 E3 处，选择"插入"|"函数"命令，并选择"查找与引用"类别中的 Match 函数，如图 1-152 所示。

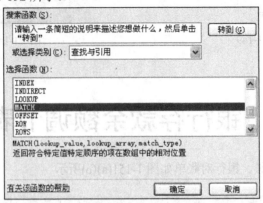

图 1-152

第二步：利用 Match 函数，判断银行存款日记账中每一笔账的支票号，在银行对账单中是否存在。如果存在，表示对上；如果不存在，表示没有对上，即为未达账项。具体操作如图 1-153 所示。

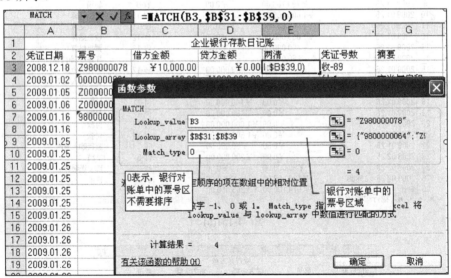

图 1-153

第三步：向下复制 E3 单元的公式，结果如图 1-154 所示。

第 1 章 账务处理系统

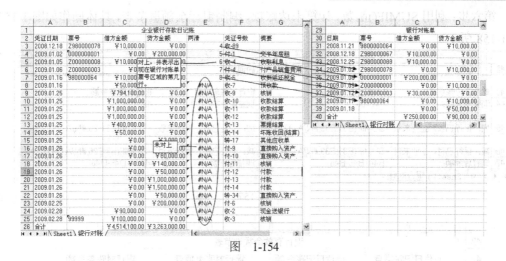

图 1-154

第四步：光标移到 E31，同样设置 Match()函数，判断银行对账单中每一笔账的支票号，在企业银行存款日记账中是否存在。如果存在，表示对上；如果不存在，表示没有对上，即为未达账项。具体操作如图 1-155 所示。

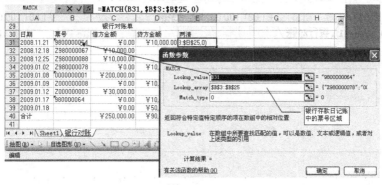

图 1-155

第五步：将 E31 单元的公式向下复制，结果如图 1-156。

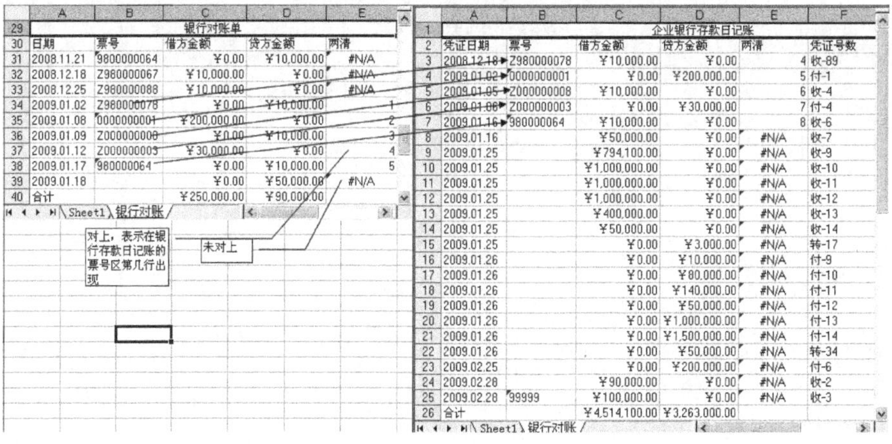

图 1-156

51

第六步：利用 SUMIF()函数，计算未达账项，编制银行余额调节表，具体操作如图 1-157、图 1-158 所示。

	A	B	C	D
42	银行存款余额调节表			
43	单位日记账项目	单位日记账余额	银行对账单项目	银行对账单余额
44	调整前余额：	1841100	调整前余额：	430000
45	加：银行已收，企业未收	=SUMIF(E31:E39,#N/A,D31:D39)	加：企业已收，银行未收	=SUMIF(E3:E25,#N/A,C3:C25)
46	减：银行已付，企业未付	=SUMIF(E31:E39,#N/A,C31:C39)	减：企业已付，银行未付	=SUMIF(E3:E25,#N/A,D3:D25)
47	调整后余额：	=B44+B45-B46	调整后余额：	=D44+D45-D46

图 1-157

	A	B	C	D
42	银行存款余额调节表			
43	单位日记账项目	单位日记账余额	银行对账单项目	银行对账单余额
44	调整前余额：	￥1,841,100.00	调整前余额：	￥430,000.00
45	加：银行已收，企业未收	￥60,000.00	加：企业已收，银行未收	￥4,484,100.00
46	减：银行已付，企业未付	￥20,000.00	减：企业已付，银行未付	￥3,033,000.00
47	调整后余额：	￥1,881,100.00	调整后余额：	￥1,881,100.00

图 1-158

第 2 章
会计报表的编制

背景资料

在第 1 章中,A 公司已经输入 2003 年 1 月、2 月的会计凭证,并且已经形成了各明细科目及总账科目的余额及发生额。输入的 1、2 月凭证数据如图 2-1、图 2-2 所示。

凭证号	日期	摘要	总账科目	科目代码	科目名称	借	贷	余额
0	2003-1-1	期初余额	1001	1001	库存现金	105000		105000
0	2003-1-1	期初余额	1405	1405	库存商品	100000		100000
0	2003-1-1	期初余额	1002	100201	工商	50000		50000
0	2003-1-1	期初余额	1002	100202	建行	50000		50000
0	2003-1-1	期初余额	2201	2201	应付账款		5000	-5000
0	2003-1-1	期初余额	2501	2501	长期借款		100000	-100000
0	2003-1-1	期初余额	4001	4001	实收资本		200000	-200000
1	2003-1-3	提现	1001	1001	库存现金	1000		1000
1	2003-1-3	提现	1002	100201	工商		1000	-1000
2	2003-1-10	采购产品	1405	1405	库存商品	10000		10000
2	2003-1-10	采购产品	1002	100201	工商		10000	-10000
3	2003-1-13	销售产品	1122	1122	应收账款	6000		6000
3	2003-1-13	销售产品	6001	6001	主营业务收入		6000	-6000
4	2003-1-15	销售产品	1002	100202	建行	3600		3600
4	2003-1-15	销售产品	6001	6001	主营业务收入		3600	-3600
5	2003-1-27	结销售成本	6401	6401	主营业务成本	8000		8000
5	2003-1-27	结销售成本	1405	1405	库存商品		8000	-8000
6	2003-1-28	报销办公费	6602	6602	管理费用	700		700
6	2003-1-28	报销办公费	6602	6602	管理费用	600		600
6	2003-1-28	发奖金	6602	6602	管理费用	500		500
6	2003-1-28	报销办公费	6602	6602	管理费用	500		500
6	2003-1-28	发奖金	6602	6602	管理费用	400		400
6	2003-1-28	发奖金	6602	6602	管理费用	300		300
6	2003-1-28	发奖金	1002	100201	工商		3000	-3000
7	2003-1-28	发工资	6602	6602	管理费用	5000		5000
7	2003-1-28	发工资	6602	6602	管理费用	4000		4000
7	2003-1-28	发工资	6602	6602	管理费用	3000		3000
7	2003-1-28	发工资	1002	100202	建行		12000	-12000
8	2003-1-28	销售产品	1122	1122	应收账款	200000		200000
8	2003-1-28	销售产品	6001	6001	主营业务收入		200000	-200000
9	2003-1-28	结销售成本	6401	6401	主营业务成本	100000		100000
9	2003-1-28	结销售成本	1405	1405	库存商品		100000	-100000
10	2003-1-28	期末结转	6001	6001	主营业务收入	209600		209600
10	2003-1-28	期末结转	6401	6401	主营业务成本		108000	-108000
10	2003-1-28	期末结转	6602	6602	管理费用		15000	-15000
10	2003-1-28	期末结转	4103	4103	本年利润		86600	-86600
11	2003-1-29	结转利润	4103	4103	本年利润	86600		86600
11	2003-1-29	结转利润	4104	410401	未分配利润		86600	-86600

图 2-1

Excel在财务会计与管理会计中的应用(第2版)

	A	B	C	D	E	F	G	H	I	J
20	凭证号	日期	摘要	科目性质	总账科目	科目代码	科目名称	借	贷	余额
21	0	2003-2-1	期初	1	1122	1122	应收账款	206000		206000
22	0	2003-2-1	期初	1	1001	1001	库存现金	106000		106000
23	0	2003-2-1	期初	1	1002	100202	建行	41600		41600
24	0	2003-2-1	期初	1	1002	100201	工商	36000		36000
25	0	2003-2-1	期初	1	1405	1405	库存商品	2000		2000
26	0	2003-2-1	期初	2	2001	2001	短期借款		5000	-5000
27	0	2003-2-1	期初	2	2203	2203	预收账款		100000	-100000
28	0	2003-2-1	期初	4	4001	4001	实收资本		200000	-200000
29	0	2003-2-1	期初	4	4104	410401	未分配利润		86600	-86600
30	1	2003-2-8	提现	1	1001	1001	库存现金	2000		2000
31	1	2003-2-8	提现	1	1002	100201	工商		2000	-2000
32	2	2003-2-9	采购产品	1	1405	1405	库存商品	20000		20000
33	2	2003-2-9	采购产品	1	1002	100201	工商		20000	-20000
34	3	2003-2-9	销售产品	1	1122	1122	应收账款	6000		6000
35	3	2003-2-9	销售产品	6	6001	6001	主营业务收入		6000	-6000
36	4	2003-2-10	销售产品	1	1002	100202	建行	40000		40000
37	4	2003-2-10	销售产品	6	6001	6001	主营业务收入		40000	-40000
38	5	2003-2-29	结销售成z	6	6401	6401	主营业务成本	16000		16000
39	5	2003-2-29	结销售成z	1	1405	1405	库存商品		16000	-16000
40	6	2003-2-29	发奖金	6	6602	6602	管理费用	700		700
41	6	2003-2-29	发奖金	6	6602	6602	管理费用	700		700
42	6	2003-2-29	办公费	6	6602	6602	管理费用	700		700
43	6	2003-2-29	发奖金	6	6602	6602	管理费用	600		600
44	6	2003-2-29	办公费	6	6602	6602	管理费用	500		500
45	6	2003-2-29	办公费	6	6602	6602	管理费用	300		300
46	6	2003-2-29	办公费	1	1002	100202	建行		3500	-3500
47	7	2003-2-29	发工资	6	6602	6602	管理费用	5000		5000
48	7	2003-2-29	发工资	6	6602	6602	管理费用	4000		4000
49	7	2003-2-29	发工资	6	6602	6602	管理费用	3000		3000
50	7	2003-2-29	发工资	1	1002	100202	建行		12000	-12000
51	8	2003-2-29	期末结转	6	6001	6001	主营业务收入	46000	0	46000
52	8	2003-2-29	期末结转	4	4103	4103	本年利润	0	14500	-14500
53	8	2003-2-29	期末结转	6	6401	6401	主营业务成本	0	16000	-16000
54	8	2003-2-29	期末结转	6	6602	6602	管理费用	0	15500	-15500
55	9	2003-2-29	结转利润	4	4103	4103	本年利润	14500		14500
56	9	2003-2-29	结转利润	4	4104	410401	未分配利润		14500	-14500

图 2-2

本章主要内容

- 资产负债表的编制
- 损益表的编制
- 现金流量表的编制
- 合并报表的编制
- 财务报表分析

2.1 资产负债表的编制

第一步：选择"插入"|"工作表"命令，插入名为"资产负债表"的工作表，如图 2-3 所示。

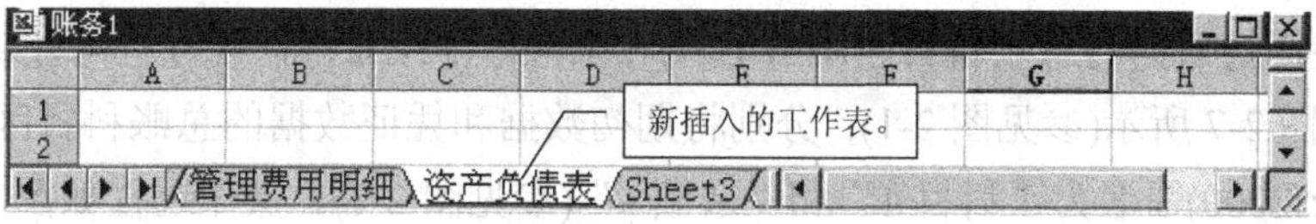

图 2-3

第二步：输入资产负债表的各项目，如图 2-4 所示。

图 2-4

第三步：选择区域 A1:F1，选择"格式"|"单元格"命令，再按照图 2-5 所示选定各选项。将表头放在表的中央，如图 2-6 所示。

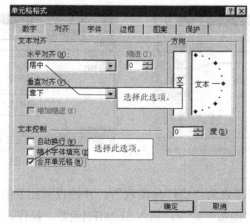

图 2-5

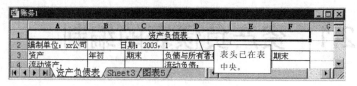

图 2-6

第四步：选择当前工作表为"会计科目与账簿(1月)"，选择"插入"|"名称"|"定义"命令，分别将期初数据的总账科目区(E21:E27)和余额区(J21:J27)命名为"科目期初"和"余额期初"，如图2-7所示(参见图2-1)；分别将期初数据和凭证数据的总账科目区(E21:E2000)和余额区(J21:J2000)命名为"科目1"和"余额1"(参见图2-1)。操作过程如图2-8～图2-11所示。

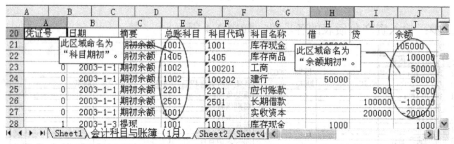

图 2-7

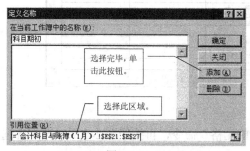

图 2-8

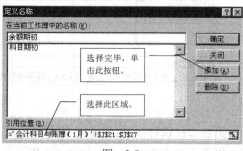

图 2-9

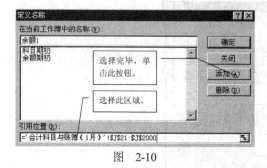

图 2-10

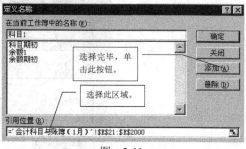

图 2-11

第五步：选择当前工作表为"资产负债表"，开始设置此表的取数公式。将光标移到B5单元，选择"插入"|"函数"命令，插入SUMIF()函数。操作过程如图2-12、图2-13所

示，操作结果如图 2-14 所示。

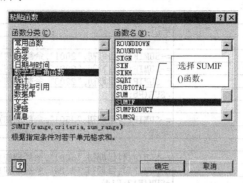

图 2-12

图 2-13

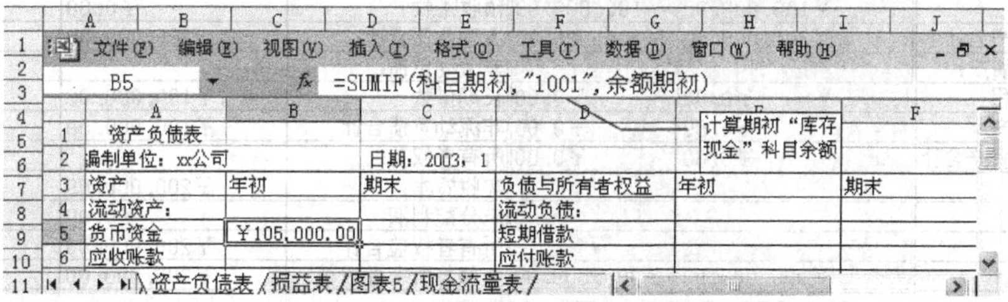

图 2-14

第六步：除了小计与合计的单元外，其他单元的取数公式都与 B5 单元目前的公式相似，只是中间的科目代码不同。因此，完全可通过先复制 B5 单元公式，再修改中间科目代码，进行公式设置，如图 2-15、图 2-16 所示。

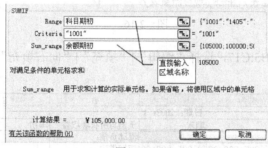

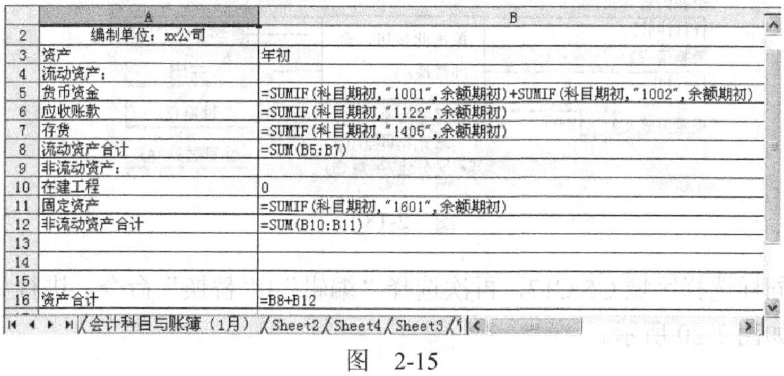

图 2-15

Excel 在财务会计与管理会计中的应用(第 2 版)

	E	F
1	资产负债表	
2		
3	负债与所有者权益	年初
4	流动负债：	
5	短期借款	=-SUMIF(科目期初,"2001",余额期初)
6	应付账款	=-SUMIF(科目期初,"2201",余额期初)
7	预收账款	=-SUMIF(科目期初,"2203",余额期初)
8	流动负债合计	=SUM(F5:F7)
9	非流动负债：	
10	长期借款	=-SUMIF(科目期初,"2501",余额期初)
11	非流动负债合计	=F10
12	所有者权益：	
13	实收资本	=-SUMIF(科目期初,"4001",余额期初)
14	未分配利润	=-SUMIF(科目期初,"4104",余额期初)
15	所有者权益合计	=SUM(F13:F14)
16	负债与所有者权益	=F15+F11+F8

图 2-16

第七步：选择区域 B5:C17，选择"编辑"|"填充"|"向右填充"命令，结果如图 2-17 所示。

	A	B	C	D	E	F
2	编制单位：xx公司		日期：2003,1			
3	资产	年初	期末	负债与所有者权益	年初	期末
4	流动资产：			流动负债：		
5	货币资金	￥205,000.00	￥205,000.00	短期借款	￥0.00	
6	应收账款	￥0.00	￥0.00	应付账款	￥5,000.00	
7	存货	￥100,000.00	￥100,000.00	预收账款	￥0.00	
8	流动资产合计	￥305,000.00	￥305,000.00	流动负债合计	￥5,000.00	
9	非流动资产：			非流动负债：		
10	在建工程	￥0.00	￥0.00	长期借款	￥100,000.00	
11	固定资产	￥0.00	￥0.00	非流动负债合计	￥100,000.00	
12	非流动资产合计	￥0.00	￥0.00	所有者权益：		
13				实收资本	￥200,000.00	
14				未分配利润	￥0.00	
15				所有者权益合计	￥200,000.00	
16	资产合计	￥305,000.00	￥305,000.00	负债与所有者权益	￥305,000.00	

图 2-17

第八步：选择区域 C5:C17，选择"编辑"|"替换"命令，进行如图 2-18 所示的替换。

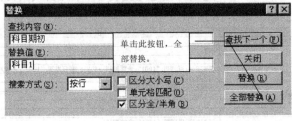

图 2-18

第九步：同样选择区域 C5:C17，再次选择"编辑"|"替换"命令，进行如图 2-19 所示的替换。结果如图 2-20 所示。

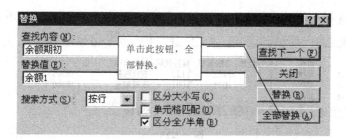

图 2-19

图 2-20

第十步：用同样的方法，可以得出负债与所有者权益一侧的期末数，如图 2-21 所示。

图 2-21

第十一步：修改资产负债表的格式为多会计期的资产负债表，如图 2-22 所示。

图 2-22

第十二步：选择当前工作表为"会计科目与账簿(2月)"，如图2-23所示。

	A	B	C	D	E	F	G	H	I	J	K
19											
20	凭证号	日期	摘要	科目性质	总账科目	科目代码	科目名称	借	贷	余额	数量
21		0	2003-2-1	期初	1	1122	1122	应收账款	206000		206000
22		0	2003-2-1	期初	1	1001	1001	库存现金	106000		106000
23		0	2003-2-1	期初	1	1002	100202	建行	41600		41600

会计科目与账簿（2月）／资产负债表／损益表／图表5／现金

图 2-23

第十三步：选择"插入"|"名称"|"定义"命令，与前面的做法相同，将此工作表中"总账科目"列的E21:E2000和"余额"列的J21:J2000分别命名为"科目2"和"余额2"（参见图2-2），操作过程如图2-24、图2-25所示。

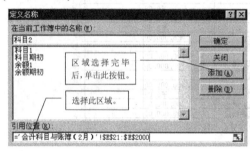

图 2-24   图 2-25

第十四步：选择当前工作表为"资产负债表"，与前面的做法相同，分别选择此工作表中的C5:D17和G5:H17区域，并分别选择"编辑"|"填充"|"向右填充"命令，结果如图2-26所示。

	A	B	C	D	E	F	G	H
1					资产负债表			
2	编制单位：xx公司			日期：2003,1				
3	资产	年初	一月	二月	负债与所有者权益	年初	一月	二月
4	流动资产：				流动负债：			
5	货币资金	205,000	183,600	183,600	短期借款	0	0	0
6	应收账款	0	206,000	206,000	应付账款	5,000	5,000	5,000
7	存货	100,000	2,000	2,000	预收账款	0	0	0
8	流动资产合计	305,000	391,600	391,600	流动负债合计	5,000	5,000	5,000
9	非流动资产：				非流动负债：			
10	在建工程	0	0	0	长期借款	100,000	100,000	100,000
11	固定资产	0	0	0	非流动负债合计	100,000	100,000	100,000
12	非流动资产合计	0	0	0	所有者权益：			
13					实收资本	200,000	200,000	200,000
14					未分配利润	0	86,600	86,600
15					所有者权益合计	200,000	286,600	286,600
16	资产合计	305,000	391,600	391,600	负债与所有者权益	305,000	391,600	391,600

图 2-26

第十五步：分别选择D5:D17和H5:H17，并分别选择"编辑"|"替换"命令，将D5:D17和H5:H17中的"科目1"全部替换为"科目2"，"余额1"全部替换为"余额2"，操作过程如图2-27、图2-28所示；将得出多会计期的资产负债表，如图2-29所示。

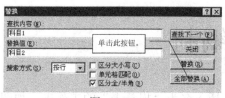 

图 2-27　　　　　　　　　　　　图 2-28

	A	B	C	D	E	F	G	H
1					资产负债表			
2	编制单位：xx公司		日期：2003，1					
3	资产	年初	一月	二月	负债与所有者权益	年初	一月	二月
4	流动资产:				流动负债:			
5	货币资金	205,000	183,600	188,100	短期借款	0	0	5,000
6	应收账款	0	206,000	212,000	应付账款	5,000	5,000	0
7	存货	100,000	2,000	6,000	预收账款	0	0	100,000
8	流动资产合计	305,000	391,600	406,100	流动负债合计	5,000	5,000	105,000
9	非流动资产:				非流动负债:			
10	在建工程	0	0	0	长期借款	100,000	100,000	0
11	固定资产	0	0	0	非流动负债合计	100,000	100,000	0
12	非流动资产合计	0	0	0	所有者权益:			
13					实收资本	200,000	200,000	200,000
14					未分配利润	0	86,600	101,100
15					所有者权益合计	200,000	286,600	301,100
16	资产合计	305,000	391,600	406,100	负债与所有者权益	305,000	391,600	406,100

图　2-29

第十六步：选择区域 A3:H17，然后选择"格式"|"单元格"命令，选择"数字"选项卡中的"货币"选项，如图 2-30 所示。这样可使资产负债表中的数字显示带有货币符号，如图2-31所示。

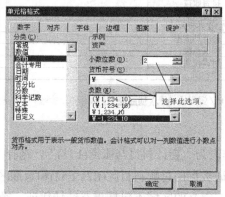

图　2-30

	A	B	C	D	E	F	G	H
1					资产负债表			
2	编制单位：xx公司		日期：2003，1					
3	资产	年初	一月	二月	负债与所有者权益	年初	一月	二月
4	流动资产:				流动负债:			
5	货币资金	¥205,000.00	¥183,600.00	¥188,100.00	短期借款	¥0.00	¥0.00	¥5,000.00
6	应收账款	¥0.00	¥206,000.00	¥212,000.00	应付账款	¥5,000.00	¥5,000.00	¥0.00
7	存货	¥100,000.00	¥2,000.00	¥6,000.00	预收账款	¥0.00	¥0.00	¥100,000.00
8	流动资产合计	¥305,000.00	¥391,600.00	¥406,100.00	流动负债合计	¥5,000.00	¥5,000.00	¥105,000.00
9	非流动资产:				非流动负债:			
10	在建工程	¥0.00	¥0.00	¥0.00	长期借款	¥100,000.00	¥100,000.00	¥0.00
11	固定资产	¥0.00	¥0.00	¥0.00	非流动负债合计	¥100,000.00	¥100,000.00	¥0.00
12	非流动资产合计	¥0.00	¥0.00	¥0.00	所有者权益:			
13					实收资本	¥200,000.00	¥200,000.00	¥200,000.00
14					未分配利润	¥0.00	¥86,600.00	¥101,100.00
15					所有者权益合计	¥200,000.00	¥286,600.00	¥301,100.00
16	资产合计	¥305,000.00	¥391,600.00	¥406,100.00	负债与所有者权益	¥305,000.00	¥391,600.00	¥406,100.00

图　2-31

2.2 损益表的编制

第一步：选择“插入”|“工作表”命令，插入名为“损益表”的工作表，如图 2-32 所示。

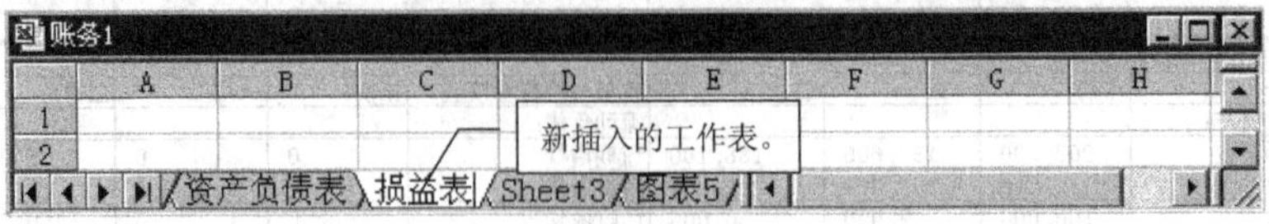

图 2-32

第二步：输入损益表的各项目，并使表头居中，如图 2-33 所示。

	A	B
1	损益表	
2	编制单位：xxxx	日期：2003.1 单位：元
3	项目	本期金额
4	一、营业收入	
5	减：营业成本	
6	营业税金及附加	
7	销售费用	
8	管理费用	
9	财务费用	
10	加：投资收益	
11	二、营业利润	
12	加：营业外收入	
13	减：营业外支出	
14	三、利润总额	
15	减：所得税费用	
16	四、净利润	
17		

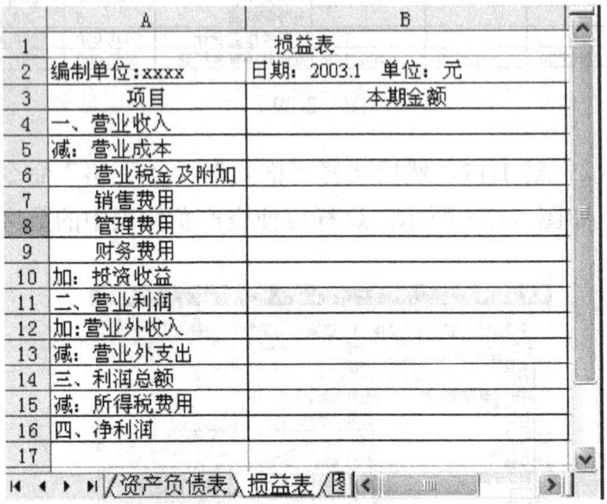

图 2-33

第三步：选择当前工作表为“会计科目与账簿(1 月)”，选择“插入”|“名称”|“定义”命令，分别将期初数据和凭证数据的总账科目区(E21:E52)和余额区(J21:J52)命名为“科目 11”和“余额 11”(参见图 2-1)，定义的区域不包括损益结转凭证。操作过程如图 2-34、图 2-35 所示。

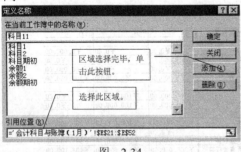

图 2-34

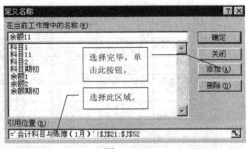

图 2-35

第四步：选择当前工作表为"损益表"，开始设置此表的取数公式。将光标移到 B4 单元，选择"插入"|"函数"命令，插入 SUMIF()函数，操作过程如图 2-36、图 2-37 所示，结果如图 2-38 所示。

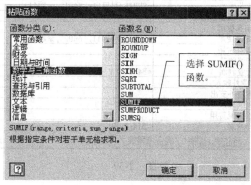

图 2-36

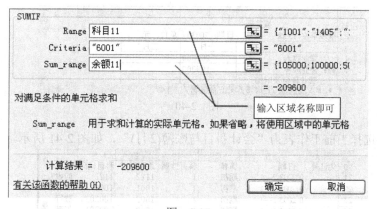

图 2-37

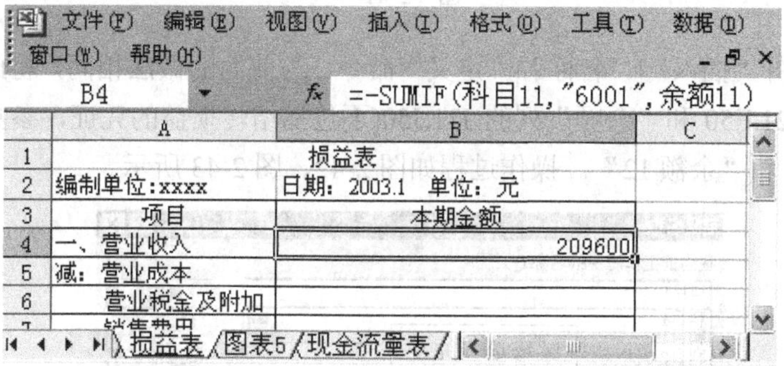

图 2-38

第五步：除了小计与合计的单元外，其他单元的取数公式都与 B4 单元目前的公式相似，只是中间的科目代码不同。因此，完全可通过先复制 B4 单元公式，再修改中间科目代码，进行公式设置，如图 2-39 所示。

Excel 在财务会计与管理会计中的应用(第 2 版)

图 2-39

第六步：修改损益表的格式，使其成为多会计期的损益表，如图 2-40 所示。

图 2-40

第七步：选择当前工作表为"会计科目与账簿(2月)"，如图 2-41 所示。

图 2-41

第八步：选择"插入"|"名称"|"定义"命令，与前面的做法相同，将此工作表中"总账科目"列的 E21:E50 和"余额"列的 J21:J50(不包括结转损益的凭证，参见图 2-2)分别命名为"科目 12"和"余额 12"。操作过程如图 2-42、图 2-43 所示。

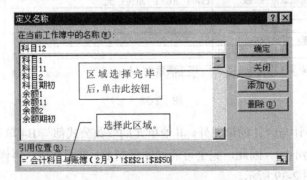

图 2-42

第 2 章　会计报表的编制

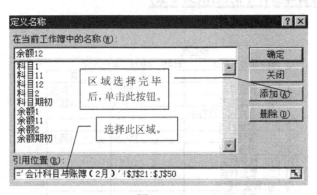

图　2-43

第九步：选择当前工作表为"损益表"，选择此工作表中的 B4:C16 区域，并选择"编辑"|"填充"|"向右填充"命令，如图 2-44 所示。

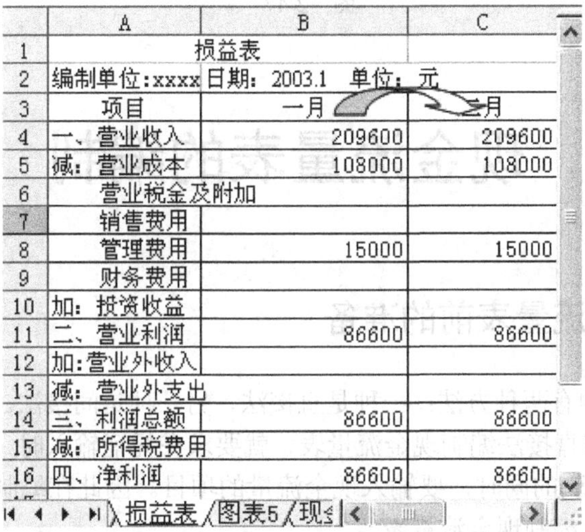

图　2-44

第十步：选择区域 C4:C16，并分别选择"编辑"|"替换"命令，将 C4:C16 中的"科目11"全部替换为"科目 12"，"余额 11"全部替换为"余额 12"，操作过程如图 2-45、图 2-46 所示。将得出多会计期的损益表，如图 2-47 所示。

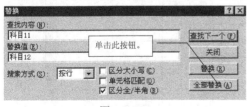

图　2-45

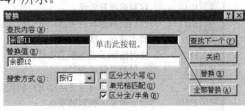

图　2-46

	A	B	C
1	损益表		
2	编制单位:xxxx	日期：2003.1 单位：元	
3	项目	一月	二月
4	一、营业收入	209600	46000
5	减：营业成本	108000	16000
6	营业税金及附加		
7	销售费用		
8	管理费用	15000	15500
9	财务费用		
10	加：投资收益		
11	二、营业利润	86600	14500
12	加:营业外收入		
13	减：营业外支出		
14	三、利润总额	86600	14500
15	减：所得税费用		
16	四、净利润	86600	14500

损益表 / 图表5 / 现金

图 2-47

2.3 现金流量表的编制

2.3.1 编制现金流量表前的准备

现金流量表的编制有两种方法：一种是直接法，另一种是间接法。在此介绍用直接法编制现金流量表。如果用直接法编制现金流量表，就要求在凭证输入时，当输入有关现金流量科目(现金、银行存款等)的同时，要输入现金流量的项目。因此在编制现金流量表之前，要做好如下准备，然后再编制现金流量表。

第一步：建立现金流量项目代码与现金流量项目名称的对应关系，如图 2-48 所示。

账务1

	S	T
1	代码	现金流量表项目名称
2	101	销售商品、提供劳务收到的现金
3	102	收到的税费返还
4	103	收到的其他与经营活动有关的现金
5	111	购买商品、接受劳务支付的现金
6	112	支付给职工及为职工支付的现金
7	113	支付的各项税费
8	114	支付的其他与经营活动有关的现金
9	201	收回投资所收到的现金
10	202	取得投资收益所收到的现金

会计科目与账簿（1月） / 管理费用明

图 2-48

第二步：在凭证的项目中，加入"现金流量代码"和"现金流量名称"两个项目，如图 2-49 所示。

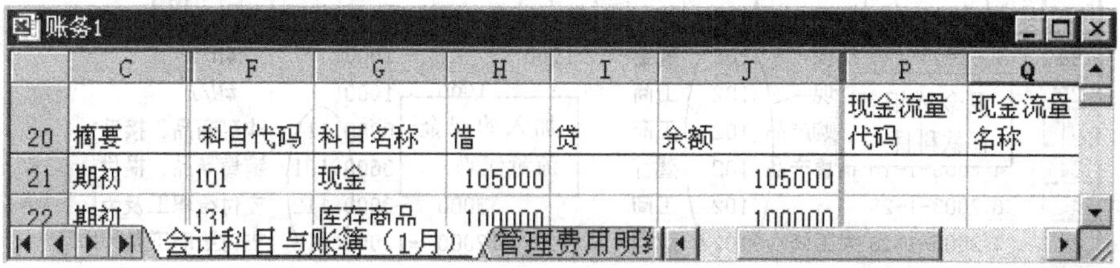

图 2-49

第三步：为"现金流量代码"列加有效性控制。光标在 P21，选择"数据"|"有效性"命令，操作如图 2-50 所示。同时用向下拖动的方式，将 P21 单元的有效性控制复制到 P 列的其他单元。

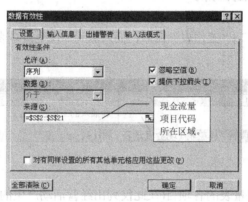

图 2-50

第四步：为"现金流量名称"列加 LOOKUP()函数，以便输入现金流量代码后，现金流量名称自动带出。将 Q21 单元的公式设置为"=LOOKUP(P21,$S$2:$S$21,$T$2:$T$21)"，$S$2:$S$21 为现金流量代码区，$T$2:$T$21 为现金流量名称。并用向下拖动的方式，将 Q21 单元的公式复制到 Q 列的其他单元，如图 2-51 所示。

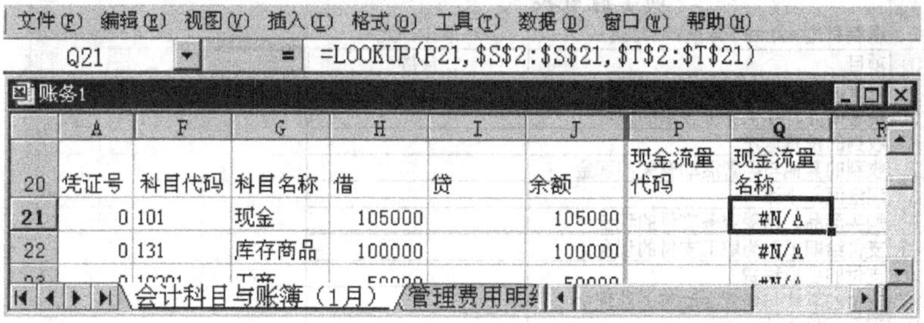

图 2-51

第五步：输入凭证时，"现金"、"银行存款"科目要输入"现金流量代码"，如图 2-52 所示。

Excel 在财务会计与管理会计中的应用(第 2 版)

图 2-52

2.3.2 现金流量表的编制

第一步：选择"插入"|"工作表"命令，插入名为"现金流量表"的工作表，如图 2-53 所示。

图 2-53

第二步：输入现金流量表的各项目(在此仅列出经营活动产生的部分现金流量项目)，并使表头居中，如图 2-54 所示。

第三步：选择当前工作表为"会计科目与账簿(1月)"，选择"插入"|"名称"|"定义"命令，操作如图 2-55 所示，将期初数据和凭证数据的现金流量代码区(P21:P2000)命名为"项目 1"(参见图 2-52)。

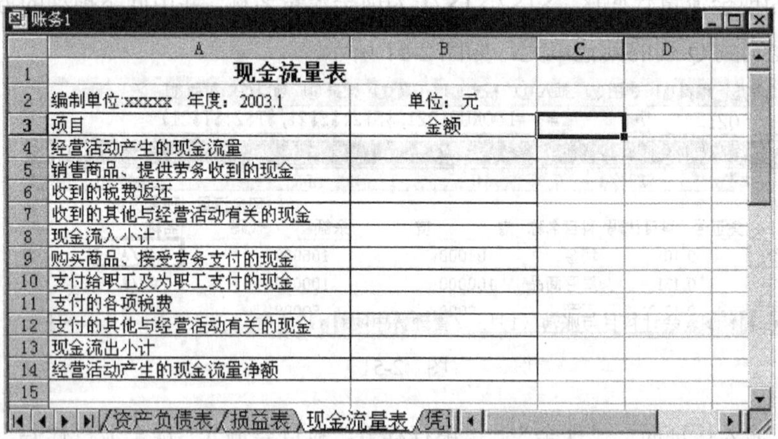

图 2-54

第 2 章 会计报表的编制

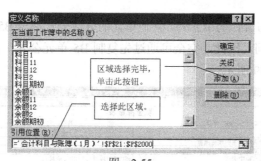

图 2-55

第四步：选择当前工作表为"现金流量表"，开始设置此表的取数公式。将光标移到 B5 单元，选择"插入"|"函数"命令，插入 SUMIF()函数，操作过程如图 2-56、图 2-57 所示，结果如图 2-58 所示。

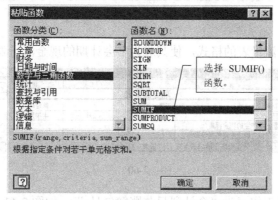

图 2-56

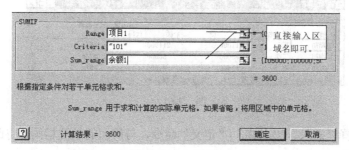

图 2-57

图 2-58

69

第五步：除了小计与合计的单元外，其他单元的取数公式都与 B5 单元目前的公式相似，只是中间的科目代码不同。因此，完全可通过先复制 B5 单元公式，再修改中间科目代码，进行公式设置，如图 2-59 所示。

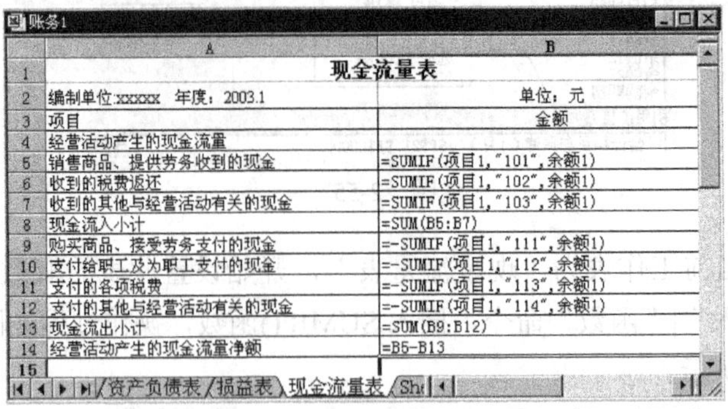

	A	B
1		现金流量表
2	编制单位:xxxxx 年度：2003.1	单位：元
3	项目	金额
4	经营活动产生的现金流量	
5	销售商品、提供劳务收到的现金	=SUMIF(项目1,"101",余额1)
6	收到的税费返还	=SUMIF(项目1,"102",余额1)
7	收到的其他与经营活动有关的现金	=SUMIF(项目1,"103",余额1)
8	现金流入小计	=SUM(B5:B7)
9	购买商品、接受劳务支付的现金	=-SUMIF(项目1,"111",余额1)
10	支付给职工及为职工支付的现金	=-SUMIF(项目1,"112",余额1)
11	支付的各项税费	=-SUMIF(项目1,"113",余额1)
12	支付的其他与经营活动有关的现金	=-SUMIF(项目1,"114",余额1)
13	现金流出小计	=SUM(B9:B12)
14	经营活动产生的现金流量净额	=B5-B13
15		

图 2-59

第六步：修改现金流量表的格式，使其成为多会计期的现金流量表，如图 2-60 所示。

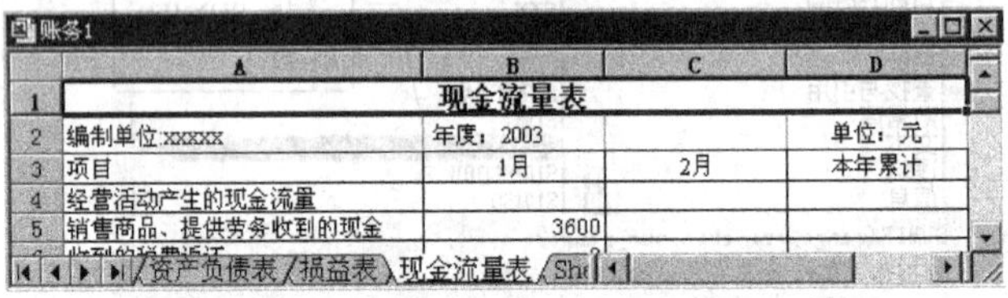

	A	B	C	D
1		现金流量表		
2	编制单位:xxxxx	年度：2003		单位：元
3	项目	1月	2月	本年累计
4	经营活动产生的现金流量			
5	销售商品、提供劳务收到的现金	3600		

图 2-60

第七步：选择当前工作表为“会计科目与账簿(2 月)”，如图 2-61 所示。

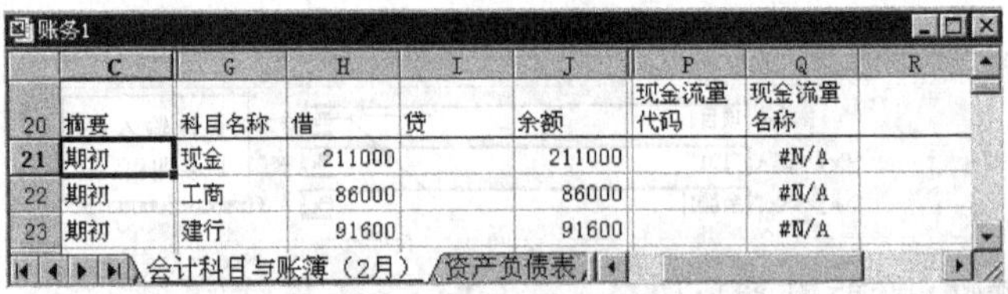

	C	G	H	I	J	P	Q	R
20	摘要	科目名称	借	贷	余额	现金流量代码	现金流量名称	
21	期初	现金	211000		211000		#N/A	
22	期初	工商	86000		86000		#N/A	
23	期初	建行	91600		91600		#N/A	

图 2-61

第八步：选择“插入”|“名称”|“定义”命令，与前面的做法相同，将此工作表中“现金流量代码”列的 P21:P2000 命名为“项目 2”，如图 2-62 所示。

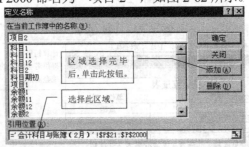

图 2-62

第九步：选择当前工作表为“现金流量表”，选择此工作表中的 B5:C14 区域，并选择 “编辑” | “填充” | “向右填充” 命令，如图 2-63 所示。

	A	B	C	D
1		现金流量表		
2	编制单位:xxxxx	年度：2003		单位：元
3	项目	1月	2月	本年累计
4	经营活动产生的现金流量			
5	销售商品、提供劳务收到的现金	3600	3600	
6	收到的税费返还	0	0	
7	收到的其他与经营活动有关的现金	0	0	
8	现金流入小计	3600	3600	
9	购买商品、接受劳务支付的现金	10000	10000	
10	支付给职工及为职工支付的现金	15000	15000	
11	支付的各项税费	0	0	
12	支付的其他与经营活动有关的现金	0	0	
13	现金流出小计	25000	25000	
14	经营活动产生的现金流量净额	-21400	-21400	

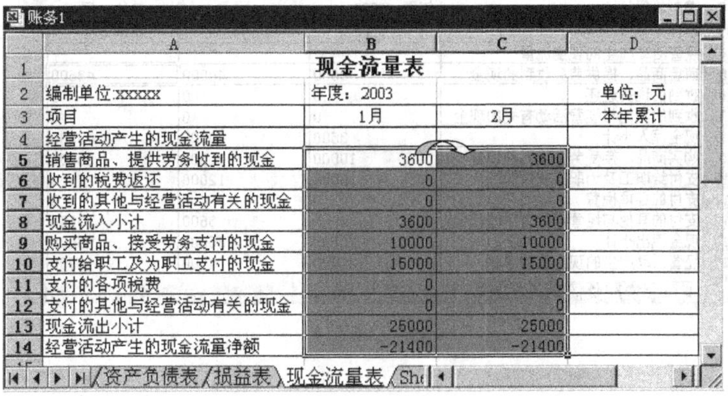

图 2-63

第十步：选择区域 C5:C14，并分别选择“编辑” | “替换”命令，将 C5:C14 区域中的“项目 1”全部替换为“项目 2”，“余额 1”全部替换为“余额 2”，操作如图 2-64、图 2-65 所示。将得出多会计期的现金流量表，如图 2-66 所示。

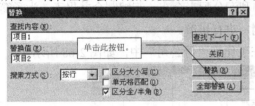

图 2-64

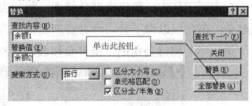

图 2-65

	A	B	C	D
1		现金流量表		
2	编制单位:xxxxx	年度：2003		单位：元
3	项目	1月	2月	本年累计
4	经营活动产生的现金流量			
5	销售商品、提供劳务收到的现金	3600	40000	
6	收到的税费返还	0	0	
7	收到的其他与经营活动有关的现金	0	0	
8	现金流入小计	3600	40000	
9	购买商品、接受劳务支付的现金	10000	20000	
10	支付给职工及为职工支付的现金	15000	12000	
11	支付的各项税费	0	0	
12	支付的其他与经营活动有关的现金	0	3500	
13	现金流出小计	25000	35500	
14	经营活动产生的现金流量净额	-21400	4500	

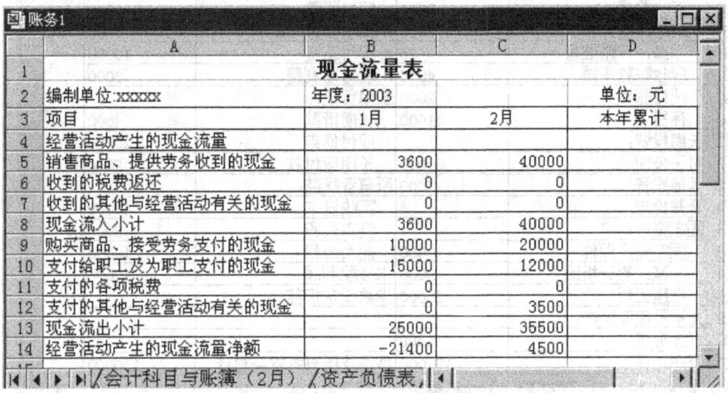

图 2-66

第十一步：修改 D 列公式，计算本年累计。将 D5 单元公式设置为“=B5+C5”，选择 D4:D14 区域，选择“填充” | “向下填充” 命令，或用向下拖动的方式，将 D5 单元公式复制到 D 列的其他单元，如图 2-67 所示。

Excel 在财务会计与管理会计中的应用(第 2 版)

图 2-67

 2.4 合并报表的编制

在实际工作中,要将资产负债表、利润表和利润分配表合在一起编制合并报表。为了简化起见,在此仅以母子公司合并资产负债表为例,进行讲解。

第一步:将母公司的"资产负债表"保存在工作表"母公司"中,如图 2-68 所示。

图 2-68

第二步:将子公司的"资产负债表"保存在工作表"子公司"中,如图 2-69 所示。

第三步:选择当前工作表为"合并报表",并将光标移到 A3 单元,选择"数据"|"合并计算"命令,操作过程如图 2-70、图 2-71 所示。形成母子公司的"汇总资产负债表",如图 2-72 所示。

	A	B	C	D
1		资产负债表		
2	流动资产：		流动负债：	
3	货币资金	7820	短期借款	5000
4	短期投资	2000	应付票据	3000
5	应收票据	3000	应付账款	5000
6	应收账款	4000	预收账款	2000
7	减：坏账准备	20	应付工资	1600
8	应收账款净额	3980	应付福利费	1000
9	预付账款	1800	长期负债：	
10	存货	20000	长期借款	3000
11	长期投资：		应付债券	4000
12	对子公司	0	长期应付款	0
13	其他投资	0	所有者权益：	
14	合并价差		实收资本	20000
15	固定资产：		资本公积	4000
16	固定资产原价	20000	盈余公积	5000
17	减：累计折旧	4000	未分配利润	6000
18	在建工程	5000	少数股东权益	
19	无形及递延资产：			
20	无形资产	0		
21	资产总计	59600	负债及所有者权益总计	59600
22				

图 2-69

图 2-70

图 2-71

	A	B	C	D
1		汇总资产负债表		
2				
3		18545		15000
4		7000		13000
5		11000		25000
6		9000		9000
7		45		11600
8		8955		4000
9		3800		
10		51000		7000
11				24000
12		30000		2000
13		17000		
14				60000
15				12000
16		50000		15000
17		13000		18000
18		25000		
19				
20		6300		
21		215600		215600
22				

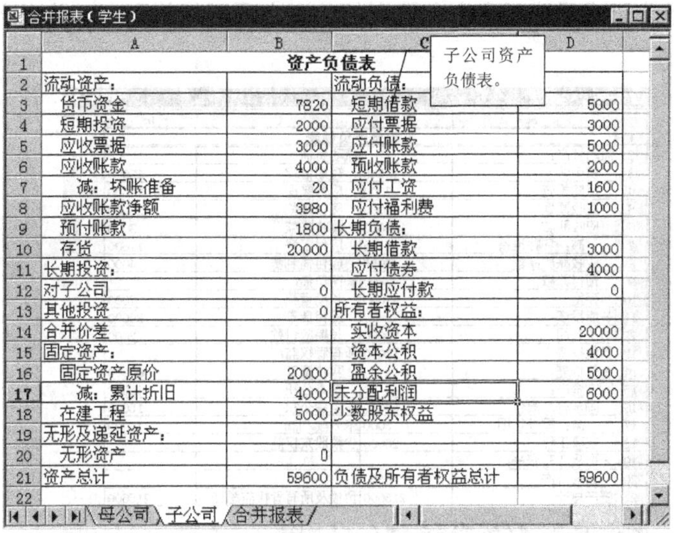

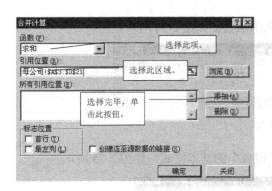

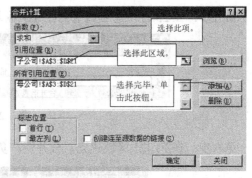

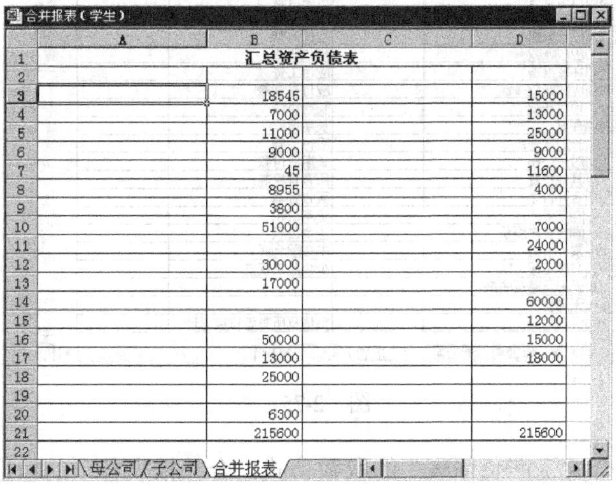

图 2-72

第四步：将母公司或子公司资产负债表的各文字项目复制到“汇总资产负债表”中来，如图 2-73 所示。

合并报表（学生）

	A	B	C	D
1	汇总资产负债表			
2	流动资产：		流动负债：	
3	货币资金	18545	短期借款	15000
4	短期投资	7000	应付票据	13000
5	应收票据	11000	应付账款	25000
6	应收账款	9000	预收账款	9000
7	减：坏账准备	45	应付工资	11600
8	应收账款净额	8955	应付福利费	4000
9	预付账款	3800	长期负债：	
10	存货	51000	长期借款	7000
11	长期投资：		应付债券	24000
12	对子公司	30000	长期应付款	2000
13	其他投资	17000	所有者权益：	
14	合并价差		实收资本	60000
15	固定资产：		资本公积	12000
16	固定资产原价	50000	盈余公积	15000
17	减：累计折旧	13000	未分配利润	18000
18	在建工程	25000	少数股东权益	
19	无形及递延资产：			
20	无形资产	6300		
21	资产总计	215600	负债及所有者权益总计	215600
22				

母公司 / 子公司 / 合并报表

图 2-73

第五步：在 23 行，建立调整会计分录输入的项目，如图 2-74 所示。

合并报表（学生）

	A	B	C	D
22				
23	凭证号	科目名称	借	贷
24				

母公司 / 子公司 / 合并报表

图 2-74

第六步：在 F1:I21 区域建立“合并资产负债表”的基本格式，如图 2-75 所示。

合并报表（学生）

	F	G	H	I
1	合并资产负债表			
2	流动资产：		流动负债：	
3	货币资金		短期借款	
4	短期投资		应付票据	
5	应收票据		应付账款	
6	应收账款		预收账款	
7	坏账准备		应付工资	
8	应收账款净额		应付福利费	
9	预付账款		长期负债：	
10	存货		长期借款	
11	长期投资：		应付债券	
12	对子公司		长期应付款	
13	其他投资		所有者权益：	
14	合并价差		实收资本	
15	固定资产：		资本公积	
16	固定资产原价		盈余公积	
17	累计折旧		未分配利润	
18	在建工程		少数股东权益	
19	无形及递延资产：			
20	无形资产			
21	资产总计		负债及所有者权益总计	

母公司 / 子公司 / 合并报表

图 2-75

第七步：设置“合并资产负债表”的取数公式。合并报表各项的值应该为汇总报表各项的值加上或减去调整会计分录中借方或贷方对此项的调整。光标移到 G3 单元，将此单元的

公式设置为:

"=B3+SUMIF(B$24:B$1000,F3,C$24:C$1000) − SUMIF(B$24:$B1000,F3,D$24:D$1000)"

- 汇总报表中此项的值
- 调整会计分录中借方对此项的调整
- 调整会计分录中贷方对此项的调整

B$24:B$1000 为调整会计分录的科目名称区，C$24:C$1000 为调整会计分录的借方发生额区，D$24:D$1000 为调整会计分录的贷方发生额区，F3 为此项目的名称。

第八步：在"合并资产负债表"中，除小计、合计等项目外，其他项目的公式都可以根据 G3 单元的公式进行复制而得到，如图 2-76、图 2-77 所示。

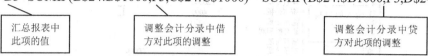

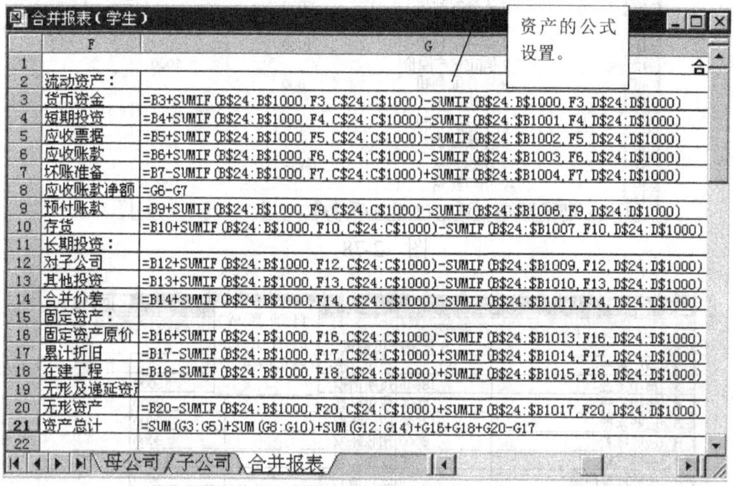

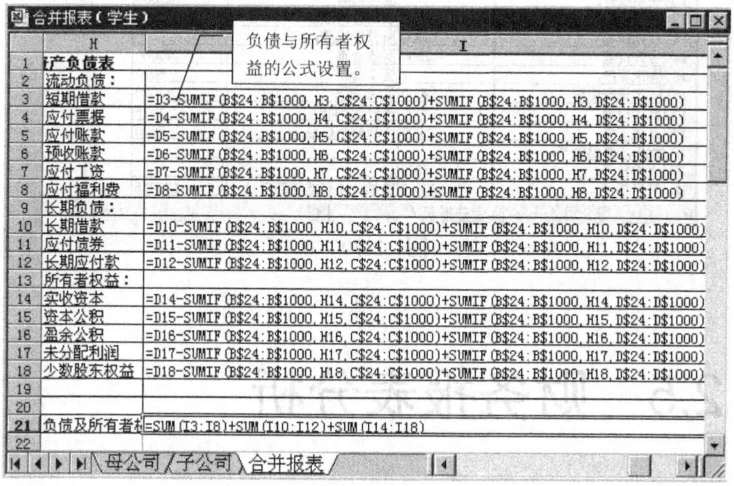

图 2-76

图 2-77

第九步：输入调整会计分录，如图 2-78 所示。要求输入调整会计分录的科目名称应该是"合并资产负债表"中的一个项目名称。这样随着调整会计分录的输入，"合并资产负债表"自动形成，如图 2-79 所示。

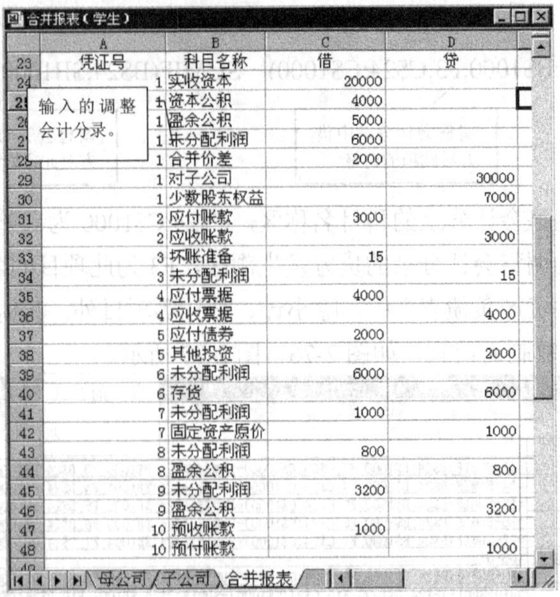

	A	B	C	D
23	凭证号	科目名称	借	贷
24	1	实收资本	20000	
25	1	资本公积	4000	
26	1	盈余公积	5000	
27	1	未分配利润	6000	
28	1	合并价差	2000	
29	1	对子公司		30000
30	1	少数股东权益		7000
31	2	应付账款	3000	
32	2	应收账款		3000
33	3	坏账准备	15	
34	3	未分配利润		15
35	4	应付票据	4000	
36	4	应收票据		4000
37	5	应付债券	2000	
38	5	其他投资		2000
39	6	未分配利润	6000	
40	6	存货		6000
41	7	未分配利润	1000	
42	7	固定资产原价		1000
43	8	未分配利润	800	
44	8	盈余公积		800
45	9	未分配利润	3200	
46	9	盈余公积		3200
47	10	预收账款	1000	
48	10	预付账款		1000

图 2-78

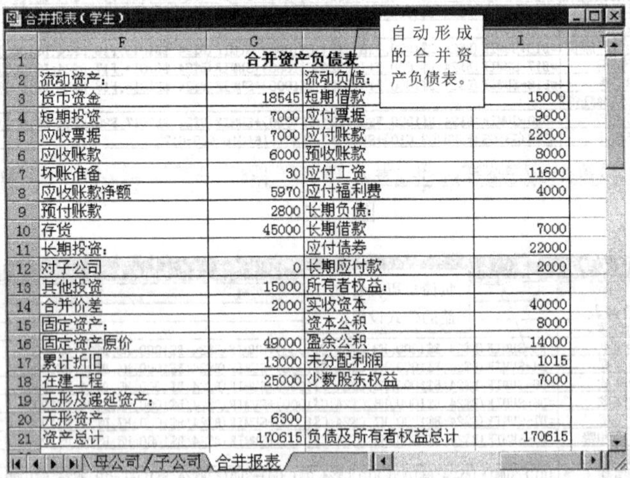

	F	G	H	I
1		合并资产负债表		
2	流动资产：		流动负债：	
3	货币资金	18545	短期借款	15000
4	短期投资	7000	应付票据	9000
5	应收票据	7000	应付账款	22000
6	应收账款	6000	预收账款	8000
7	坏账准备	30	应付工资	11600
8	应收账款净额	5970	应付福利费	4000
9	预付账款	2800	长期负债：	
10	存货	45000	长期借款	7000
11	长期投资：		应付债券	22000
12	对子公司	0	长期应付款	2000
13	其他投资	15000	所有者权益：	
14	合并价差	2000	实收资本	40000
15	固定资产：		资本公积	8000
16	固定资产原价	49000	盈余公积	14000
17	累计折旧	13000	未分配利润	1015
18	在建工程	25000	少数股东权益	7000
19	无形及递延资产：			
20	无形资产	6300		
21	资产总计	170615	负债及所有者权益总计	170615

图 2-79

2.5 财务报表分析

2.5.1 趋势分析

根据某企业如图 2-80 所示的财务数据，进行总资产收益率的趋势分析。

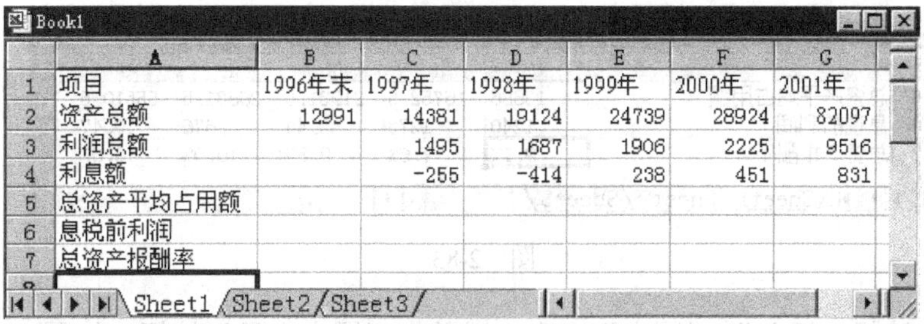

第 2 章 会计报表的编制

图 2-80

第一步：计算总资产平均占用额、息税前利润总额和总资产报酬率。分别将 C5、C6、C7 单元的公式设置为"=(B2+C2)/2"、"=C3+C4"、"=C6/C5"。选择区域 C5:G7，选择"编辑"|"填充"|"向右填充"命令。或选择区域 C5:C7，当光标变为"＋"时，向右拖动鼠标，如图 2-81 所示。

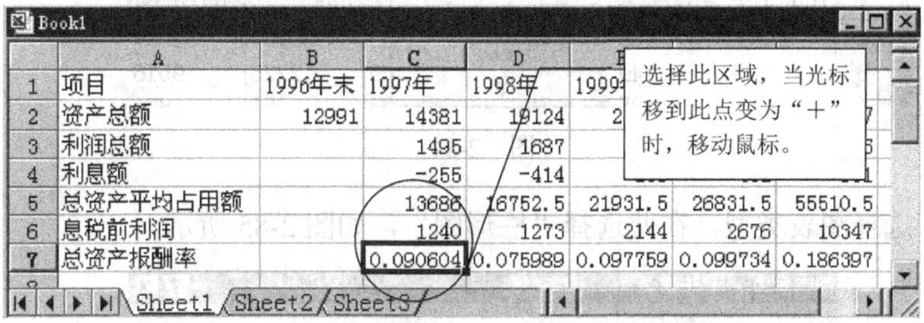

图 2-81

第二步：选择区域 C7:G7，选择"格式"|"单元格"命令，操作如图 2-82 所示，将总资产报酬率的数据变为百分比的显示格式，如图 2-83 所示。

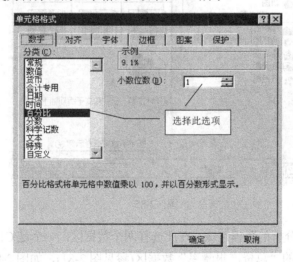

图 2-82

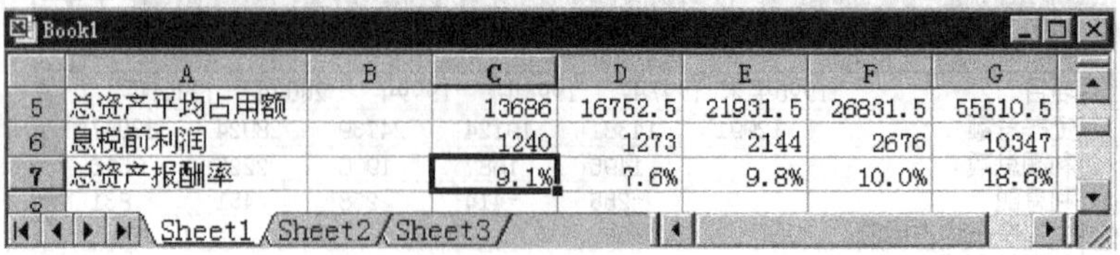

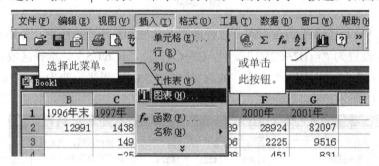

图 2-83

第三步：选择"插入"|"图表"命令，或单击"图表向导"按钮，如图 2-84 所示。

图 2-84

第四步：选择图表类型，在此选择"柱形图"，如图 2-85 所示。

图 2-85

第五步：选择要分析的数据区域。在此选择两个数据区，一个是 C1:G1 的"年度"标题区，另一个是 C7:G7 的"总资产报酬率"数据区(参见图 2-81)，如图 2-86 所示。

第 2 章　会计报表的编制

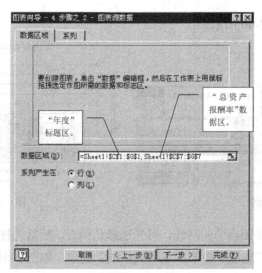

图　2-86

第六步：填入分析图、X 轴和 Y 轴的标题，如图 2-87 所示。

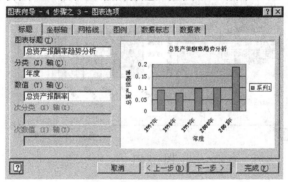

图　2-87

第七步：选择"数据标志"选项卡，选择"显示值"单选选项，如图 2-88 所示。

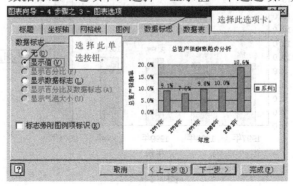

图　2-88

第八步：选择图表即将产生的位置，此处选择产生在当前工作表上，如图 2-89 所示。

产生的趋势分析图如图 2-90 所示。

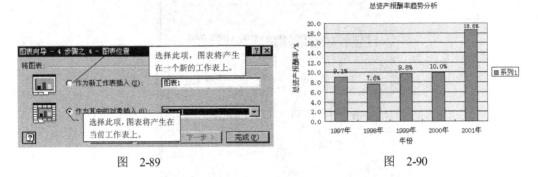

图 2-89　　　　　　　　　　图 2-90

第九步：如果不想要图表中的网线，可先选择此图表，然后选择"图表"|"图表选项"命令，再取消"网格线"选项卡中的"主要网格线"选项，如图 2-91 所示，结果如图 2-92 所示。

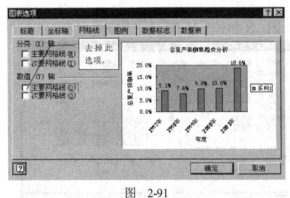

图 2-91

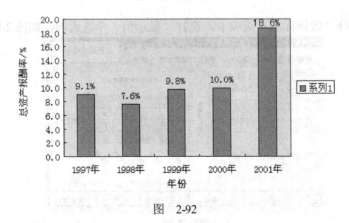

图 2-92

第十步：如果要改变 Y 轴的刻度，双击 Y 坐标轴，在"刻度"选项卡中，改变"主要刻度单位"为"0.1"，如图 2-93 所示，结果如图 2-94 所示。

第 2 章 会计报表的编制

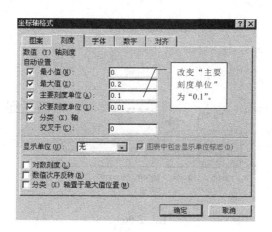

图 2-93

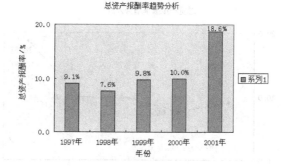

图 2-94

第十一步：如果要用"折线图"表示趋势变化，则先选择此图表，接着选择"图表"|"图表类型"命令，再选择"折线图"类型，如图 2-95 所示，结果如图 2-96 所示。

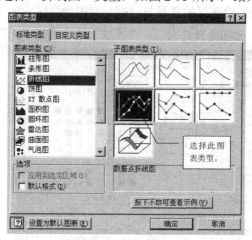

图 2-95

81

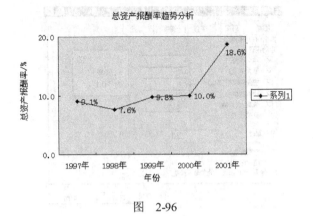

图 2-96

第十二步：如果要去掉右侧图例，选择"图例"，并按 Delete 键，如图 2-97 所示。

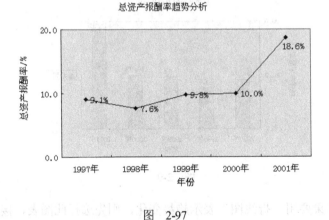

图 2-97

第十三步：如果要去掉绘图区的背景与边框，双击绘图区，如图 2-97 所示；操作过程如图 2-98 所示，"边框"选项选择"无"，"区域"选项选择"无"；结果如图 2-99 所示。

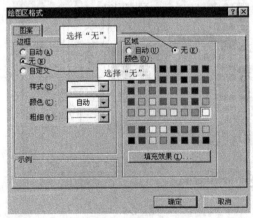

图 2-98

第 2 章 会计报表的编制

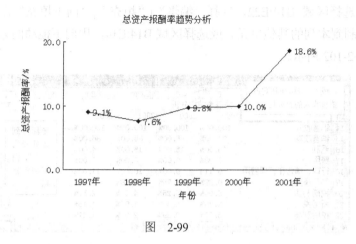

图 2-99

2.5.2 结构变化分析

某公司最近几年的损益表数据如图 2-100 所示，要求对成本、费用和利润数据按占销售收入的百分比进行结构变化分析。

	A	B	C	D	E
1		损益表			
2		1999	2000	2001	2002
3	销售收入	11190	13764	16104	20613
4	销售成本	9400	11699	13688	17727
5	毛利	1790	2065	2416	2886
6	费用：				
7	行政、销售和管理费用	1019	1239	1610	2267
8	利息净支出	100	103	110	90
9	税前利润	671	723	696	529
10	所得税	302	325	313	238
11	税后利润	369	398	383	291

图 2-100

第一步：在 A12:E22 区域中，建立损益结构分析表，A14、B14、C14、D14 单元的公式分别设置为如图 1-101 所示。

	A	B	C	D	E
12		损益表结构分析			
13		1999	2000	2001	2002
14	销售收入	=B3/$B$3	=C3/$C$3	=D3/$D$3	=E3/$E$3
15	销售成本				
16	毛利				
17	费用：				
18	行政、销售和管理费用				
19	利息净支出				
20	税前利润				
21	所得税				
22	税后利润				

图 2-101

第二步：选择区域 B14:E22，选择"编辑"|"填充"|"向下填充"命令，将 B14:E14 区域的公式复制到本列的其他单元。或选择区域 B14:E14，用向下拖动的方式，进行复制。复制结果如图 2-102 所示。

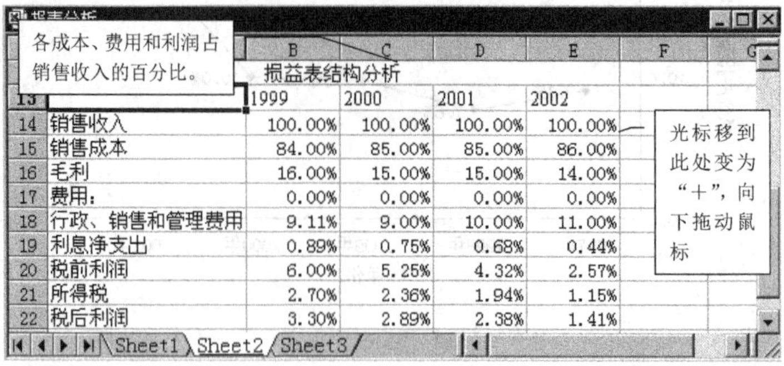

图 2-102

第三步：形成成本、费用和利润结构变化图表。选择"插入"|"图表"命令或单击"图表向导"按钮，"图表类型"选择"柱形图"，如图 2-103 所示。

图 2-103

第四步：选择数据区域。在此选择如下区域(参见图 2-102)：

A13:E13　　　　年度标题区

A15:E15　　　　销售成本数据区

A18:E18　　　　行政、销售和管理费用数据区

A19:E19　　　　利息净支出数据区

A21:E21　　　　所得税数据区

A22:E22　　　　税后利润数据区

选择时，各数据区域用","隔开，如图 2-104 所示。

第 2 章 会计报表的编制

图 2-104

第五步：输入图表、X 轴和 Y 轴标题，如图 2-105 所示。

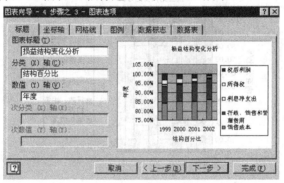

图 2-105

第六步：选择图表产生的位置。此处选择产生在当前工作表上。产生的图表如图 2-106 所示。

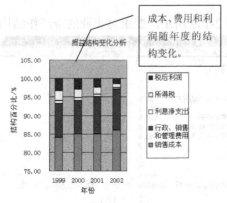

图 2-106

第七步：改变 Y 轴的显示刻度。双击 Y 轴，选择“刻度”选项卡，设置 Y 轴刻度，如图 2-107 所示，结果如图 2-108 所示。

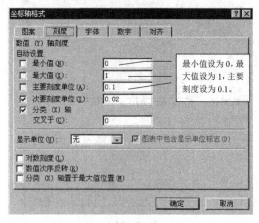

图 2-107

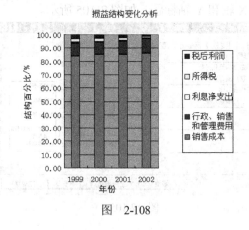

图 2-108

2.5.3 结构分析

某企业的资产情况如图 2-109 所示，要求对企业的资产作结构分析。

	A	B
1	资产	
2	现金与有价证券	98.8
3	应收账款	75.8
4	存货	142.6
5	预付费用和其他流动资产	24.9
6	流动资产	342.1
7	地产、厂房和设备	116.5
8	减：累计折旧与摊销	63.6
9	地产、厂房和设备净值	52.9
10	无形资产	20.9
11	其他资产	4.2
12	长期资产	78
13	资产合计	420.1

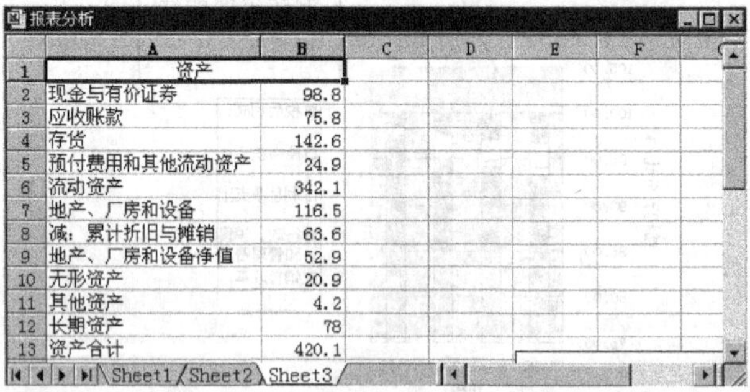

图 2-109

第2章 会计报表的编制

第一步：对总资产中流动资产与长期资产的构成作结构分析。选择"插入"|"图表"命令或单击"图表向导"按钮，再选择"图表类型"为"饼图"，如图2-110所示。

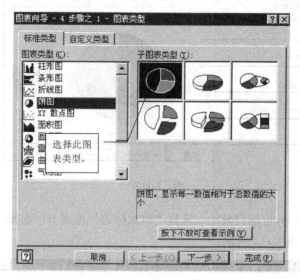

图 2-110

第二步：选择数据区域(参见图2-109)，如图2-111所示。

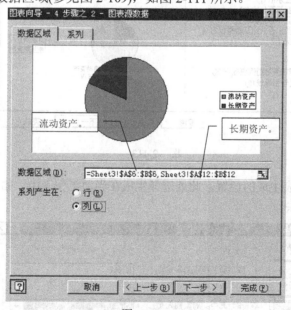

图 2-111

第三步：添加图表标题，如图2-112所示。

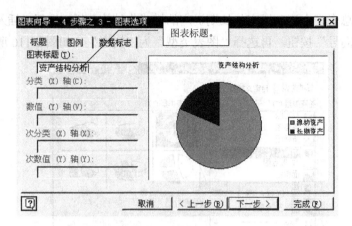

图 2-112

第四步：显示结构分析的百分比。选择"数据标志"选项卡，选择"显示百分比及数据标志"单选按钮，如图 2-113 所示。

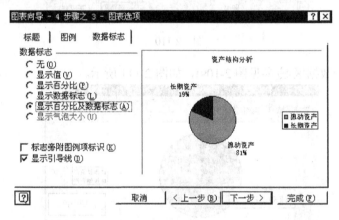

图 2-113

第五步：选择图表生成的位置，此处选择生成在当前工作表中，如图 2-114 所示。产生的图表如图 2-115 所示。

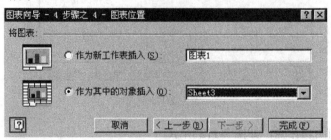

图 2-114

第 2 章 会计报表的编制

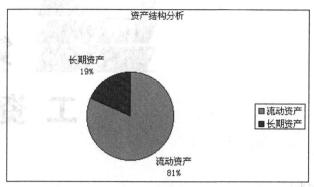

图 2-115

第六步：与以上的操作步骤类似，产生流动资产的结构分析图，如图 2-116 所示。

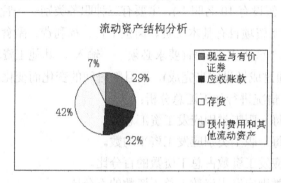

图 2-116

第 3 章
工 资 管 理

背景资料

C 公司是一家小型工业企业,主要有三个部门——厂部、车间 1、车间 2;职工人数不多(在此为了讲述方便,假设有 10 名职工),主要有三种职务类别——管理人员、辅助管理人员、工人。每个职工的工资项目有基本工资、岗位工资、福利费、副食补贴、奖金、事假扣款、病假扣款,除基本工资因人而异外(要求必须一一输入),其他工资项目将根据职工职务类别和部门来决定(可通过成批设置来完成),而且随时间的变化而变化。为了满足企业的管理需要,企业要对工资情况进行如下汇总分析:

- 计算每一部门每一职工类别应发工资汇总数。
- 计算每一部门每一职工类别应发工资平均数。
- 计算每一部门应发工资数占总工资数的百分比。
- 计算每一职工类别应发工资数占总工资数的百分比。
- 计算每一部门每一职工类别应发工资数占公司总工资数的百分比。
- 按性别统计人数。
- 按年龄段统计人数。
- 按基本工资段统计人数。

2003 年 1 月 C 公司职工基本工资情况与出勤情况如表 3-1 所示。

表 3-1 2003 年 1 月 C 公司职工基本工资情况与出勤情况

职工代码	职工姓名	部门	性别	职工类别	年龄	基本工资	事假天数	病假天数
00001	张	厂部	男	管理人员	30	2 500	2	
00002	王	厂部	女	管理人员	40	2 000		2
00003	李	厂部	男	管理人员	24	2 200		
00004	赵	车间 1	女	工人	35	1 700		
00005	刘	车间 1	男	工人	26	1 800	16	
00006	齐	车间 1	女	辅助管理人员	29	2 400		6
00007	孙	车间 2	女	工人	40	1 900		
00008	袁	车间 2	男	工人	50	2 000		17

(续表)

职工代码	职工姓名	部门	性别	职工类别	年龄	基本工资	事假天数	病假天数
00009	宫	车间2	男	工人	36	3 000		
00010	任	车间2	男	辅助管理人员	21	1 500	5	

其他工资项目的发放情况及有关规定如下。

- 岗位工资：根据职工类别不同进行发放，工人为1 000元，辅助管理人员为1 200元，管理人员为1 500元。
- 福利费：厂部职工的福利费为基本工资的50%，车间1工人的福利费为基本工资的20%，车间1非工人员工的福利费为基本工资的30%，车间2工人的福利费为基本工资的25%。
- 副食补贴：基本工资大于2 000元的职工没有副食补贴，基本工资小于2 000元的职工副食补贴为基本工资的10%。
- 奖金：根据部门的效益决定，本月厂部的奖金为500元，车间1的奖金为300元，车间2的奖金为800元。
- 事假扣款规定：如果事假小于15天，将应发工资平均分到每天(每月按22天计算)，按天扣钱；如果事假大于15天，工人应发工资全部扣除，非工人员工扣除应发工资的80%。
- 病假扣款规定：如果病假小于15天，工人扣款为300元，非工人员工扣款为400元；如果病假大于15天，工人扣款为500元，非工人员工扣款为700元。
- 个人所得税：假设应发工资小于2 000元，不交个人所得税。2 000<应发工资≤3 000，所得税为(应发工资－2 000)×5%；3 000<应发工资≤4 000，所得税为(应发工资－2 000)×10%+62.5；应发工资>4 000，所得税为(应发工资－2 000)×15%+312.5。

本章内容

- 基本工资数据的输入
- 工资项目的设置
- 工资数据的查询
- 工资数据的汇总分析

3.1 基本工资数据的输入

第一步：建立如下工资项目。

职工代号、姓名、部门、性别、年龄、职工类别、基本工资、岗位工资、福利费、副食补贴、奖金、应发合计、事假天数、事假扣款、病假天数、病假扣款、扣款合计、实发工资，如图 3-1～图 3-3 所示。

图 3-1

图 3-2

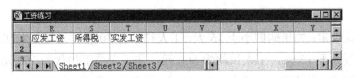

图 3-3

第二步：为了输入方便并防止出错，可对"部门"列加有效性控制。光标移到 C2 单元，选择"数据"|"有效性"命令，按图 3-4 所示进行设置。设置完毕后，用鼠标向下拖动的方式，将 C2 单元的有效性控制复制到 C 列的其他单元。

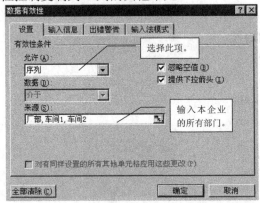

图 3-4

第三步：为了输入方便并防止出错，可对"性别"列加有效性控制。光标移到 D2 单元，选择"数据"|"有效性"命令，按图 3-5 所示进行设置。设置完毕后，用鼠标向下拖动的方式，将 D2 单元的有效性控制复制到 D 列的其他单元。

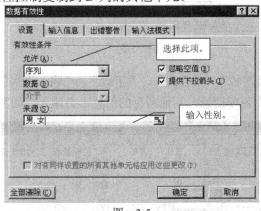

图 3-5

第四步：为了输入方便并防止出错，可对"职工类别"列加有效性控制。光标移到 F2 单元，选择"数据"|"有效性"命令，按图 3-6 所示进行设置。设置完毕后，用鼠标向下拖动的方式，将 F2 单元的有效性控制复制到 F 列的其他单元。设置结果如图 3-7 所示。

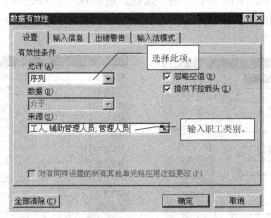

图 3-6

图 3-7

第五步：输入职工代码。可先在 A2 单元中输入第一个职工代码"'000001"，然后用鼠标向下拖动的方式产生其他职工代码，如图 3-8 所示。

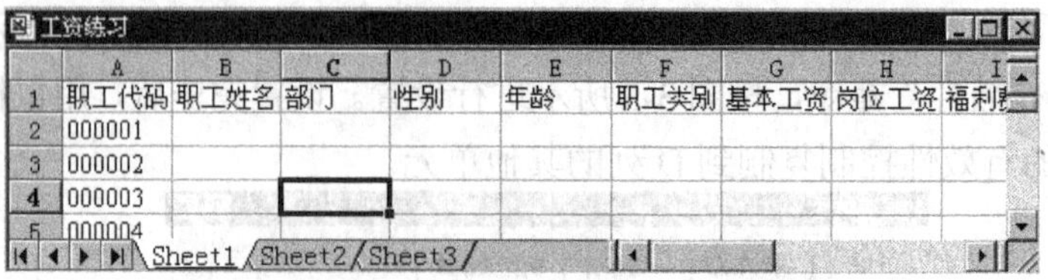

图 3-8

第六步：输入"职工姓名"、"部门"、"年龄"、"职工类别"、"基本工资"、"事假天数"、"病假天数"各项信息，其他项目的信息不必输入，如图3-9所示。

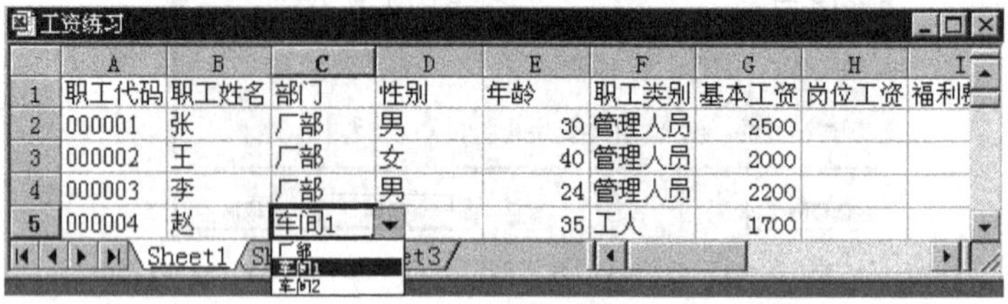

图 3-9

第七步：输入时，也可采取另一种方式。选择"数据"|"记录单"命令，单击"新建"按钮，可输入一条新记录；单击"下一条"按钮，可查询下一条记录；单击"上一条"按钮，可查询上一条记录；如图3-10、图3-11所示。图3-12所示为C企业2003年1月职工的基本工资与请假情况。

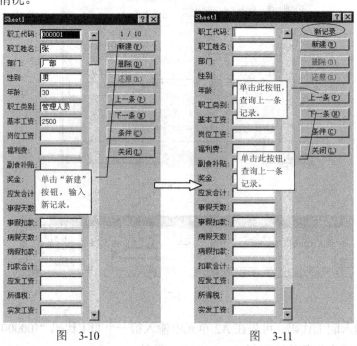

图 3-10　　　　　　　图 3-11

第3章 工资管理

图 3-12

3.2 基本工资项目的设置

3.2.1 IF 函数简介

此函数的格式为：

　　IF(logical_test,value_if_true,value_if_false)

此函数将根据对指定条件逻辑判断的真假而返回不同的结果。

- logical_test 是一个可以判断真假的条件表达式。
- value_if_true 是当 logical_test 为真时此函数返回的值。
- value_if_false 是当 logical_test 为假时此函数返回的值。

此函数的功能为：计算机首先判断 logical_test 的真假，如果为真，此函数返回 value_if_true；如果为假，此函数返回 value_if_false。

此函数可以嵌套 7 层。

如：A1=1，B1=2，A2 单元的公式为"=IF(A1>B1,A1,B1)"，因为 A1>B1 的条件不成立，所以 IF 函数的值应当取 B1，即为 2，如图 3-13 所示。

B2 单元的公式为"=IF(A1<B1,A1,B1)"，因为 A1<B1 的条件成立，所以 IF 函数的值应为 A1，即为 1，如图 3-14 所示。

　　图 3-13　　　　　　　　　　　　　图 3-14

3.2.2 "岗位工资"项目的设置

根据 C 公司的规定，"岗位工资"是根据"职工类别"的不同而不同的，具体要求如表

95

3-2 所示。

表 3-2　岗位工资情况

职 工 类 别	岗 位 工 资
工人	1 500
管理人员	1 000
辅助管理人员	1 200

第一步：光标移到 H2 单元，选择"插入"|"函数"命令或单击"粘贴函数"图标，选择 IF()函数，如图 3-15 所示。

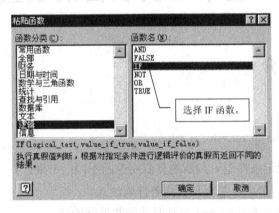

图　3-15

第二步：输入 IF 函数中的各参数，如图 3-16 所示。如果 F2 单元的值为"管理人员"，IF()函数的值为 1 000；如果不是，进一步判断。如果为"工人"，IF()函数的值为 1 500；如果不是，则为"辅助管理人员"，IF()函数的值为 1 200。

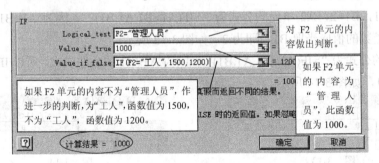

图　3-16

第三步：因为 F2 单元的内容为"管理人员"，所以 H2 单元的内容为"1000"，如图 3-17 所示。将 H2 单元的公式复制到 H 列的其他单元，结果如图 3-18 所示。

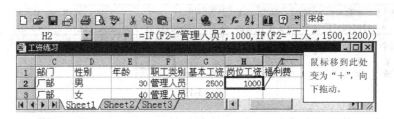

图 3-17

	C	D	E	F	G	H	I	J	
1	部门	性别	年龄	职工类别	基本工资	岗位工资	福利费	副食补贴	奖
2	厂部	男	30	管理人员	2500	1000			
3	厂部	女	40	管理人员	2000	1000			
4	厂部	男	24	管理人员	2200	1000			
5	车间1	女	35	工人	1700	1500			
6	车间1	男	26	工人	1800	1500			
7	车间1	女	29	辅助管理	2400	1200			
8	车间2	女	40	工人	1900	1500			
9	车间2	男	50	工人	2000	1500			
10	车间2	男	36	工人	3000	1500			
11	车间2	男	21	辅助管理	1500	1200			

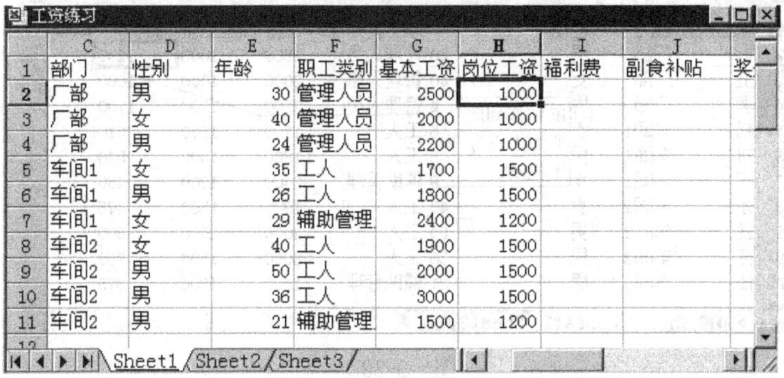

图 3-18

3.2.3 “福利费”项目的设置

在C公司，福利费将根据职工所在部门与职工类别决定，具体要求如表3-3所示。

表3-3 职工福利费情况

部　门	职 工 类 别	福 利 费
厂部		基本工资×50%
车间1	工人	基本工资×30%
车间1	非工人	基本工资×20%
车间2		基本工资×25%

第一步：将I2单元的公式设置为

=IF(C2="厂部",G2×0.5,IF(C2="车间 2",G2×0.25,IF(F2="工人",G2×0.3,G2×0.2)))

如图3-19所示。这个公式用了3级IF嵌套。首先判断职工所在部门是否为“厂部”，为“厂部”，函数值为“基本工资×50%”；不为“厂部”，进一步判断。如果为“车间 2”，函数值为“基本工资×25%”；不为“车间 2”，一定是“车间 1”，进一步判断职工类别。如果为“工人”，此函数值为“基本工资×30%”；不为“工人”，此函数值为“基本工资×20%”。

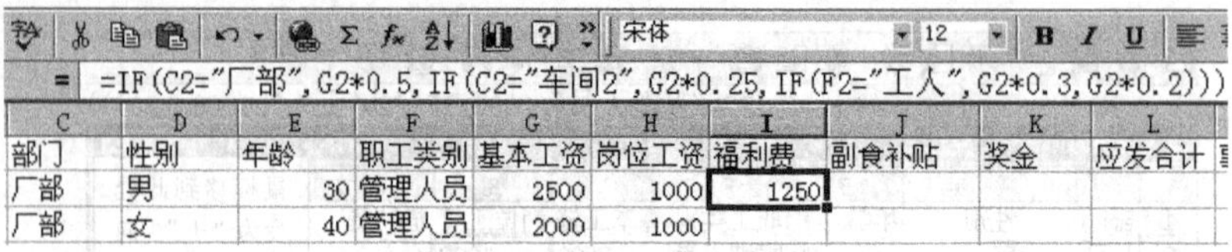

Excel 在财务会计与管理会计中的应用(第 2 版)

图 3-19

第二步：将 I2 单元的公式复制到 I 列的其他单元，结果如图 3-20 所示。

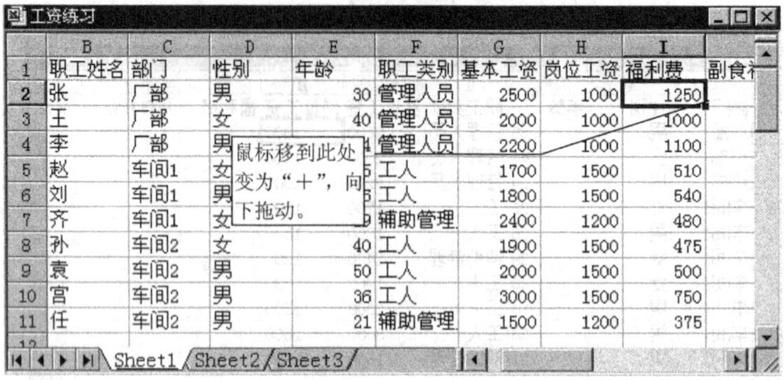

图 3-20

3.2.4 "副食补贴"项目的设置

在 C 公司，"副食补贴"根据"基本工资"大于或小于 2 000 来确定，具体要求如表 3-4 所示。

表 3-4 副食补贴情况

基 本 工 资	副 食 补 贴
>2 000	0
<=2 000	基本工资×10%

第一步：将 J2 单元的公式设置为"=IF(G2>2000,0,G2×0.1)"，如图 3-21 所示。

图 3-21

第二步：将 J2 单元的公式复制到 J 列的其他单元，结果如图 3-22 所示。

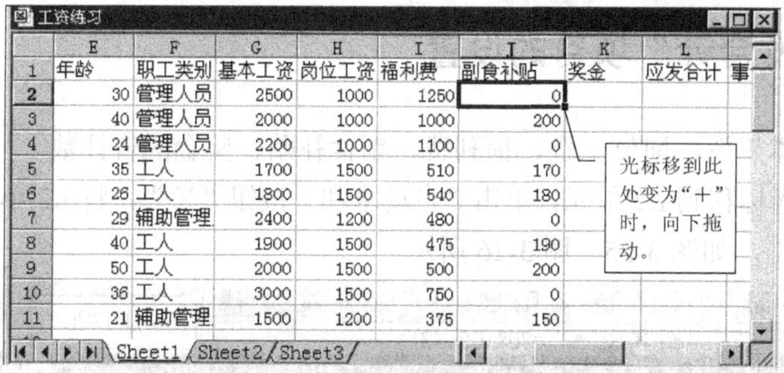

图 3-22

3.2.5 "奖金"项目的设置

在 C 公司,奖金将根据职工所在部门的效益决定,具体要求如表 3-5 所示。

表3-5 奖金情况

部 门	奖 金
厂部	500
车间1	300
车间2	800

第一步：将 K2 单元的公式设置为 "=IF(C2="厂部",500,IF(C2="车间1",300,800))",如图 3-23 所示。

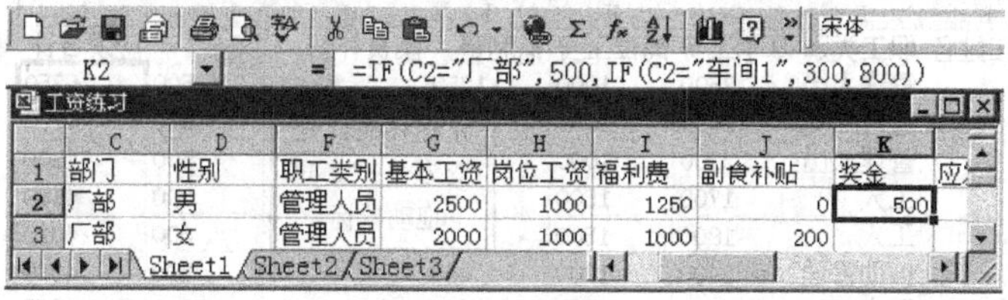

图 3-23

第二步：将 K2 单元的公式复制到 K 列的其他单元,结果如图 3-24 所示。

图 3-24

3.2.6 "应发合计"项目的设置

此项目为基本工资、岗位工资、福利费、副食补贴、奖金的合计数。

第一步：将光标移到 L2 单元，单击"自动求和"按钮"Σ"，将 L2 单元的公式设置为 "=SUM(G2:K2)"，如图 3-25、图 3-26 所示。

图 3-25

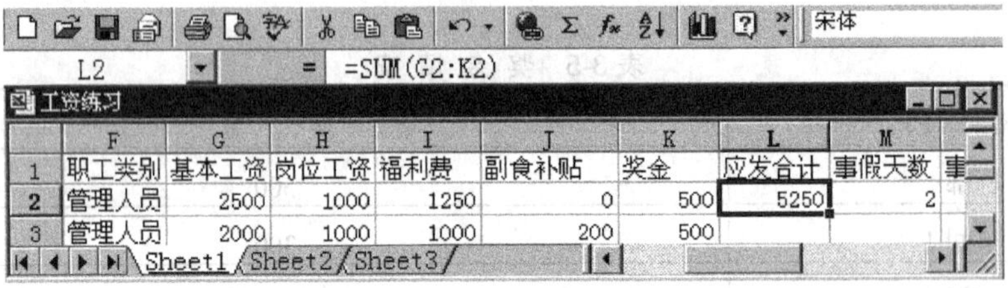

图 3-26

第二步：将 L2 单元的公式复制到 L 列的其他单元，如图 3-27 所示。

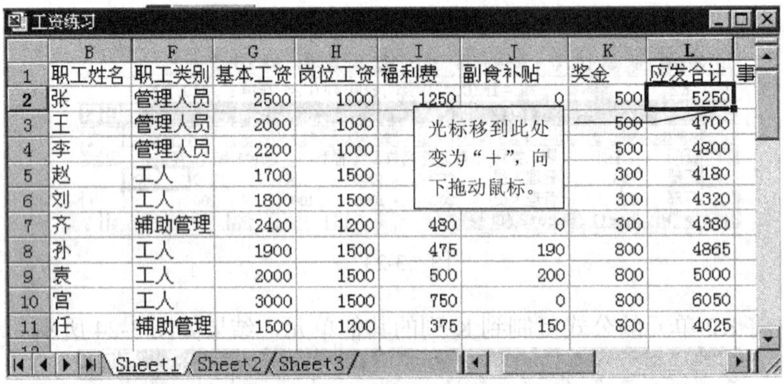

图 3-27

3.2.7 "事假扣款"项目的设置

在 C 公司，事假扣款由事假天数和职工类别来确定，具体要求如表 3-6 所示。

表 3-6 事假扣款情况

事 假 天 数	职 工 类 别	事 假 扣 款
>15	工人	全部应发工资
>15	非工人	80%的应发工资
<=15		(应发工资/22)×事假天数

第一步：将 N2 单元的公式设置为"=IF(M2<=15,L2×M2/22,IF(F2="工人",L2,L2×0.8))"，如图 3-28 所示。

第二步：将 N2 单元的公式复制到 N 列其他单元，如图 3-29 所示。

图 3-28

图 3-29

3.2.8 "病假扣款"项目的设置

在 C 公司，病假扣款依据病假天数与职工类别确定，具体要求如表 3-7 所示。

表 3-7 病假扣款情况

事 假 天 数	职 工 类 别	病 假 扣 款
>=15	工人	500
>=15	非工人	700
<15	工人	300
<15	非工人	400

第一步：将 P2 单元的公式设置为"=IF(O2=0,0,IF(O2>=15,IF(F2="工人",500,700),IF(F2="工人",300,400)))"，如图 3-30 所示。

在此用了 3 级 IF 函数嵌套，可以从图 3-31 中理解此单元的公式设置。

图 3-30

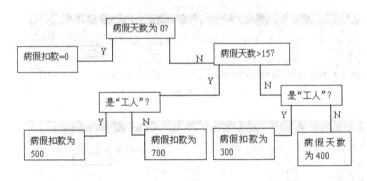

图 3-31

第二步：将 P2 单元的公式复制到 P 列的其他单元，如图 3-32 所示。

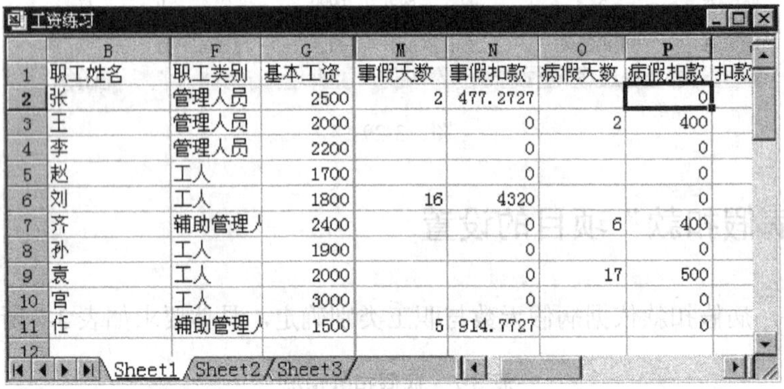

图 3-32

3.2.9 "扣款合计"项目的设置

扣款合计为"事假扣款"与"病假扣款"的合计。

第一步：将 Q2 单元的公式设置为“=N2+P2”，如图 3-33 所示。

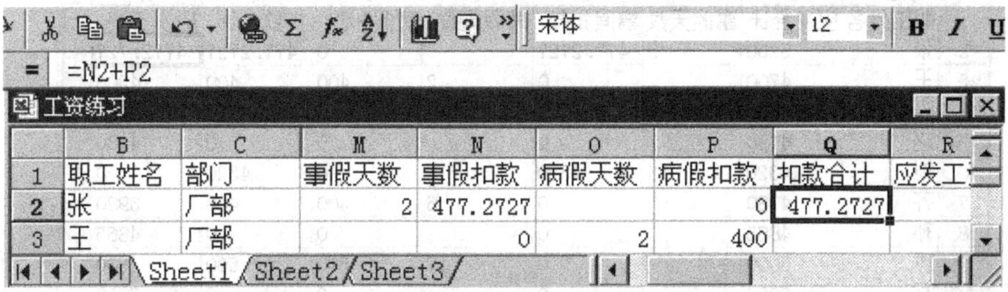

	B	C	M	N	O	P	Q	R
1	职工姓名	部门	事假天数	事假扣款	病假天数	病假扣款	扣款合计	应发工
2	张	厂部	2	477.2727		0	477.2727	
3	王	厂部		0	2	400		

图 3-33

第二步：将 Q2 单元的公式复制到 Q 列的其他单元，如图 3-34 所示。

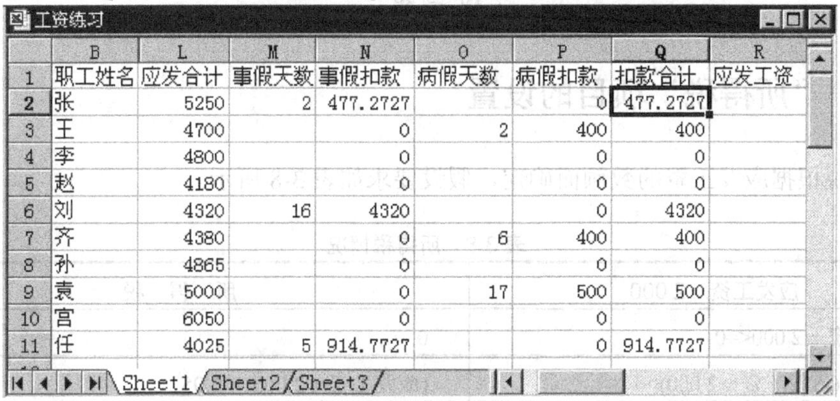

	B	L	M	N	O	P	Q	R
1	职工姓名	应发合计	事假天数	事假扣款	病假天数	病假扣款	扣款合计	应发工资
2	张	5250	2	477.2727		0	477.2727	
3	王	4700		0	2	400	400	
4	李	4800		0		0	0	
5	赵	4180		0		0	0	
6	刘	4320	16	4320		0	4320	
7	齐	4380		0	6	400	400	
8	孙	4865		0		0	0	
9	袁	5000		0	17	500	500	
10	宫	6050		0		0	0	
11	任	4025	5	914.7727		0	914.7727	

图 3-34

3.2.10 “应发工资”项目的设置

应发工资为“应发合计”与“扣款合计”的差。

第一步：将 R2 单元的公式设置为“=L2－Q2”，如图 3-35 所示。

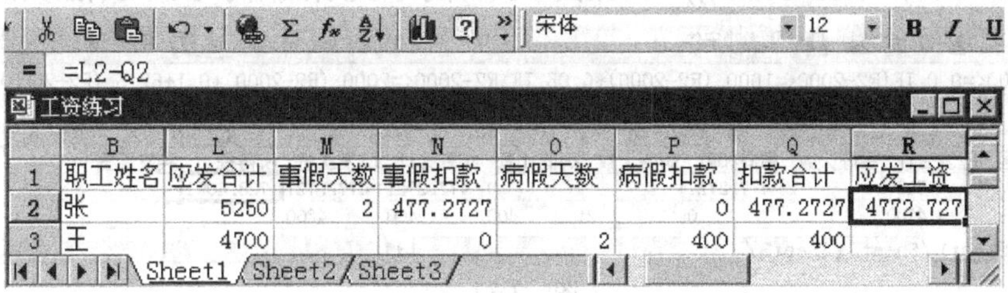

	B	L	M	N	O	P	Q	R
1	职工姓名	应发合计	事假天数	事假扣款	病假天数	病假扣款	扣款合计	应发工资
2	张	5250	2	477.2727		0	477.2727	4772.727
3	王	4700		0	2	400	400	

图 3-35

第二步：将 R2 单元的公式复制到 R 列的其他单元，如图 3-36 所示。

图 3-36

3.2.11 "所得税"项目的设置

所得税根据应发工资的数额而确定,假设要求如表 3-8 所示。

表 3-8 所得税情况

应发工资-2 000	所 得 税
应发工资-2 000<=0	0
1 000>=(应发工资-2 000)>0	(应发工资-2 000)×0.05
2 000>=(应发工资-2 000)>1 000	(应发工资-2 000)×0.1+62.5
应发工资-2 000>2 000	(应发工资-2 000)×0.15+312.5

第一步:将 S2 单元的公式设置为

"=IF(R2-2000<=0,0,IF(R2-2000<=1000,(R2-2000)×0.05,IF(R2-2000<=2000,(R2-2000)× 0.1+62.5,(R2-2000)×0.15+312.5)))",如图 3-37 所示。此公式用了 3 级 IF() 函数嵌套。

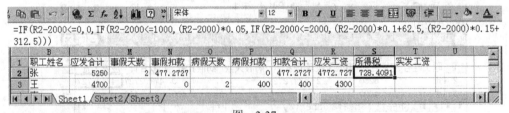

图 3-37

第二步:将 S2 单元的公式复制到 S 列的其他单元,如图 3-38 所示。

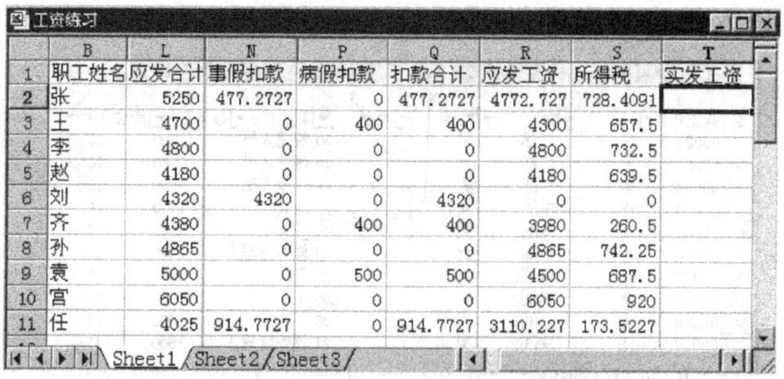

工资练习

	B	L	N	P	Q	R	S	T
1	职工姓名	应发合计	事假扣款	病假扣款	扣款合计	应发工资	所得税	实发工资
2	张	5250	477.2727	0	477.2727	4772.727	728.4091	
3	王	4700	0	400	400	4300	657.5	
4	李	4800	0	0	0	4800	732.5	
5	赵	4180	0	0	0	4180	639.5	
6	刘	4320	4320	0	4320	0	0	
7	齐	4380	0	400	400	3980	260.5	
8	孙	4865	0	0	0	4865	742.25	
9	袁	5000	0	500	500	4500	687.5	
10	宫	6050	0	0	0	6050	920	
11	任	4025	914.7727	0	914.7727	3110.227	173.5227	

图 3-38

3.2.12 “实发工资”项目的设置

第一步：将 T2 单元的公式设置为“=R2－S2”，如图 3-39 所示。

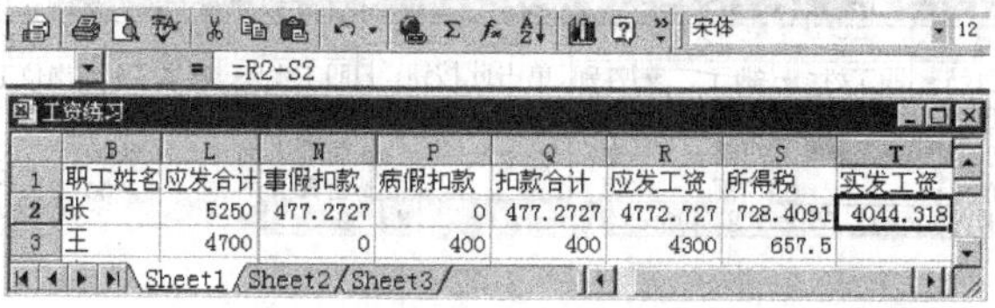

=R2-S2

工资练习

	B	L	N	P	Q	R	S	T
1	职工姓名	应发合计	事假扣款	病假扣款	扣款合计	应发工资	所得税	实发工资
2	张	5250	477.2727	0	477.2727	4772.727	728.4091	4044.318
3	王	4700	0	400	400	4300	657.5	

图 3-39

第二步：将 T2 单元的公式复制到 T 列的其他单元，如图 3-40 所示。

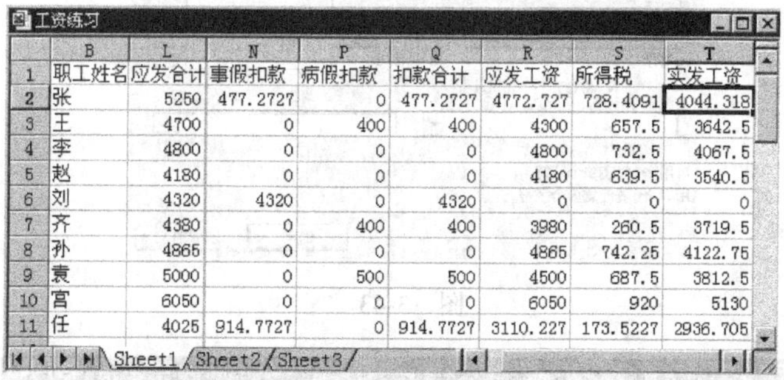

工资练习

	B	L	N	P	Q	R	S	T
1	职工姓名	应发合计	事假扣款	病假扣款	扣款合计	应发工资	所得税	实发工资
2	张	5250	477.2727	0	477.2727	4772.727	728.4091	4044.318
3	王	4700	0	400	400	4300	657.5	3642.5
4	李	4800	0	0	0	4800	732.5	4067.5
5	赵	4180	0	0	0	4180	639.5	3540.5
6	刘	4320	4320	0	4320	0	0	0
7	齐	4380	0	400	400	3980	260.5	3719.5
8	孙	4865	0	0	0	4865	742.25	4122.75
9	袁	5000	0	500	500	4500	687.5	3812.5
10	宫	6050	0	0	0	6050	920	5130
11	任	4025	914.7727	0	914.7727	3110.227	173.5227	2936.705

图 3-40

3.3 工资数据的查询

3.3.1 利用筛选功能进行工资数据的查询

如果要利用筛选功能进行工资数据查询，首先要进入筛选状态。选择“数据”|“筛选”|

"自动筛选"命令，进入筛选状态，如图 3-41 所示。

图 3-41

1) 以"职工姓名"为依据进行查询

例如，查询职工姓名为"刘"的职工的工资情况。

第一步：单击"职工姓名"列按钮，并选择"自定义"项，如图 3-42 所示。

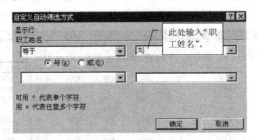

图 3-42

第二步：输入要查询的职工的姓名，如图 3-43 所示。查询结果如图 3-44 所示。

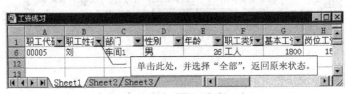

图 3-43

图 3-44

2) 以"部门"为依据进行查询

例如，查询"厂部"所有职工的工资情况。

单击"部门"列按钮，并选择"厂部"，如图 3-45 所示。查询结果如图 3-46 所示。

图 3-45

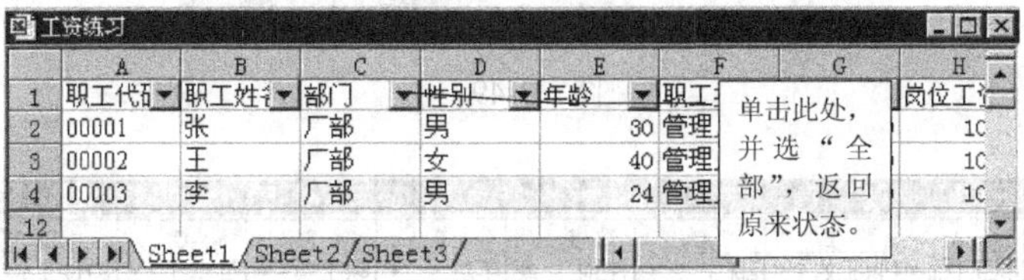

图 3-46

3) 以"性别"和"基本工资"为依据进行查询

例如,查询男性职工中基本工资小于 2 000 元的职工的工资情况。

第一步:单击"性别"列按钮,并选择"男",如图 3-47 所示。

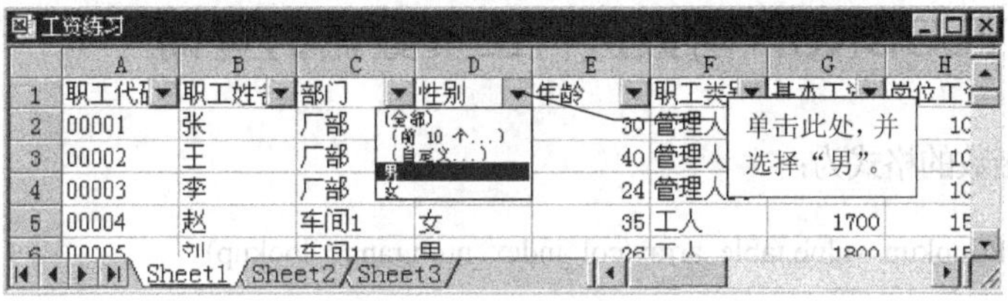

图 3-47

第二步:单击"基本工资"列按钮,并选择"自定义",如图 3-48 所示。

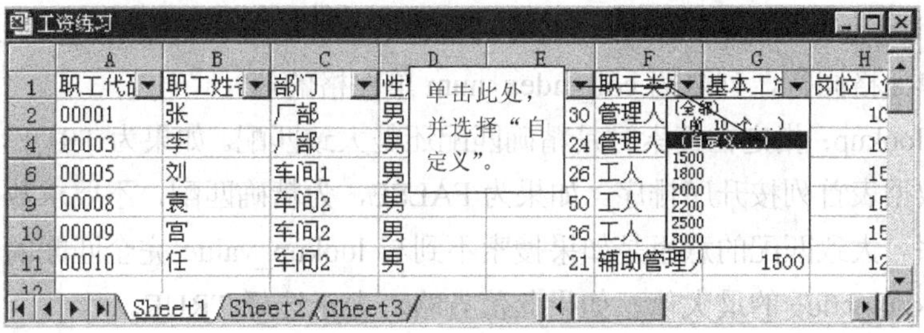

图 3-48

第三步:输入"基本工资"小于 2 000 元的筛选条件,如图 3-49 所示。查询结果如图 3-50 所示。

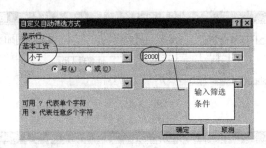

图 3-49

	A	B	C	D	E	F	G	H
1	职工代码	职工姓名	部门	性别	年龄	职工类别	基本工资	岗位工资
6	00005	刘	车间1	男	26	工人	1800	15
11	00010	任	车间2	男	21	辅助管理人	1500	12
12								

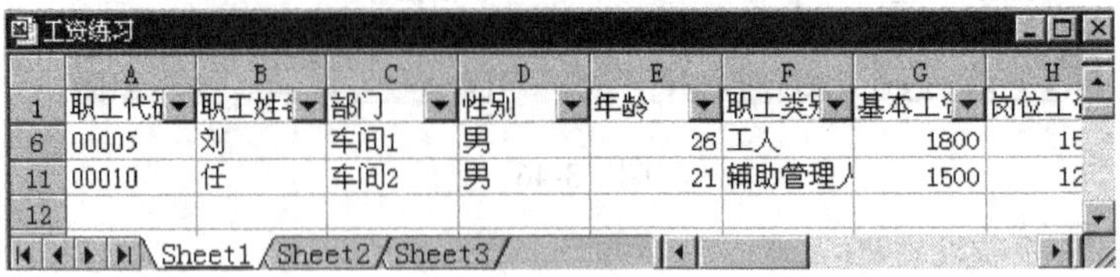

图 3-50

如果要退出筛选状态，选择“数据”|“筛选”|“自动筛选”命令即可。

3.3.2　利用 VLOOKUP 函数进行工资数据的查询

VLOOKUP 函数的格式为:

VLOOKUP(lookup_value,table_array,col_index_num,range_lookup)。

其中各组成字画的含义如下。

- lookup_value：需要在数据表首列搜索的值，可以是数字、引用或字符串。
- table_array：需要在其中搜索数据的数据表，可以是区域或区域名称的引用。
- col_index_num：在数据表的首列搜索到满足条件的单元格后，此函数返回数据表中与此单元格同行，列号为 col_index_num 单元格的值。
- range_lookup：指定在搜索时是精确匹配还是大致匹配。如果为 TRUE，为大致匹配，要求数据表首列按升序排序。如果为 FALSE，为精确匹配，不要求数据表首列按升序排序。大致匹配的意思是如果搜索不到与 lookup_value 完全匹配的值，则找到小于 lookup_value 的最大值。如果此值省略，表示选择 TRUE。

此函数的功能为：在 table_array 数据表的首列，寻找与 lookup_value 匹配的单元，如果找到，此函数返回数据表中与此单元同行的第 index_num 列的值。

例如，F2、G2 单元的公式分别设置为“=VLOOKUP(E2,A1:C6,2)”、“=VLOOKUP(E2,A2:C6,3)”，如图 3-51 所示。计算机首先在 A1:C6 数据表的第一列寻找值为 E2 的单元，经寻找，A4 单元的值等于 E2 单元的值；然后将数据表中与 A4 同行的第 2 列、第 3 列单元的值返回，即分别为 B4、C4 单元的值返回。

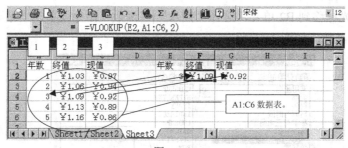

图 3-51

利用VLOOKUP()函数，依据"职工姓名"查询工资情况。具体步骤如下。

第一步：将工资数据区 Sheet1!B2:T11 命名为"GZ"(参见图 3-40)。选择"插入"|"名称"|"定义"命令，操作过程如图 3-52 所示；区域选择完毕，单击"添加"按钮。添加的结果如图 3-53 所示。

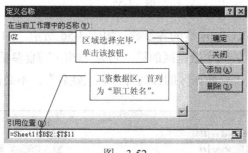

图 3-52

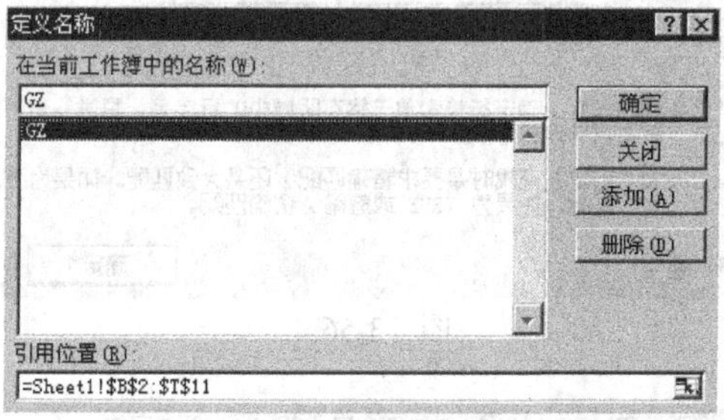

图 3-53

第二步：将当前工作表变为 Sheet2。在 Sheet2 工作表中，输入各工资项目，如图 3-54 所示。

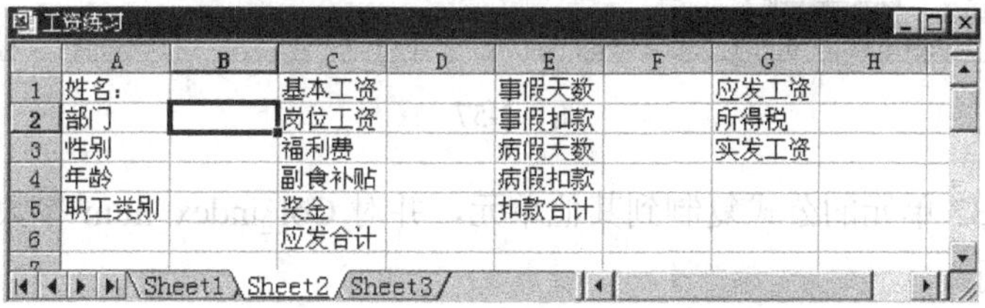

图 3-54

第三步：将光标移到 B2 单元，选择"插入"|"函数"命令或单击"粘贴函数"按钮，选择 VLOOKUP 函数，如图 3-55 所示。

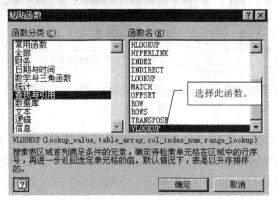

图 3-55

第四步：输入 VLOOKUP()函数的各参数，如图 3-56 所示。B1 单元为输入的"职工姓名"；GZ 代表工资数据区，这个数据区的第二列为"部门"列(参见图 3-41)；Range_lookup 为 false，表示精确匹配；工资数据区的首列为"职工姓名"，不必排序。B2 单元的公式如图 3-57 所示。

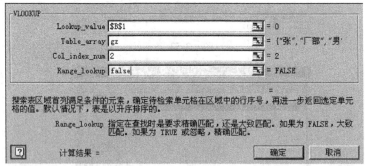

图 3-56

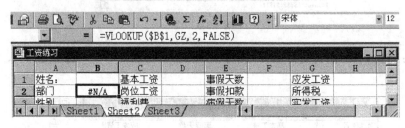

图 3-57

第五步：将 B2 单元的公式复制到其他单元，并对 Col_index_num 参数进行修改，如图 3-58、图 3-59 所示。

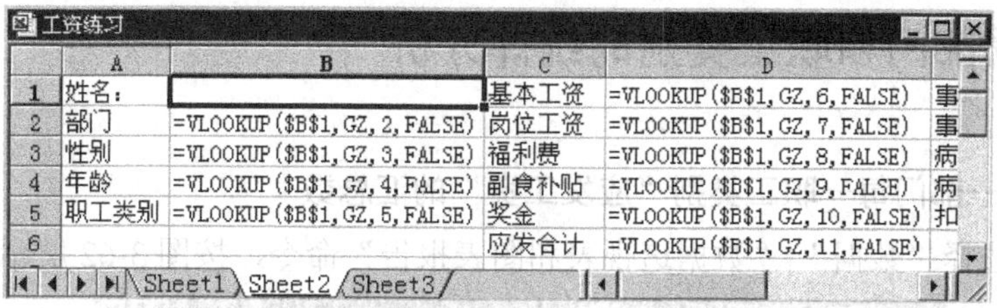

工资练习

	A	B	C	D	
1	姓名：		基本工资	=VLOOKUP($B$1,GZ,6,FALSE)	事
2	部门	=VLOOKUP($B$1,GZ,2,FALSE)	岗位工资	=VLOOKUP($B$1,GZ,7,FALSE)	事
3	性别	=VLOOKUP($B$1,GZ,3,FALSE)	福利费	=VLOOKUP($B$1,GZ,8,FALSE)	病
4	年龄	=VLOOKUP($B$1,GZ,4,FALSE)	副食补贴	=VLOOKUP($B$1,GZ,9,FALSE)	病
5	职工类别	=VLOOKUP($B$1,GZ,5,FALSE)	奖金	=VLOOKUP($B$1,GZ,10,FALSE)	扣
6			应发合计	=VLOOKUP($B$1,GZ,11,FALSE)	

Sheet1 Sheet2 Sheet3

图　3-58

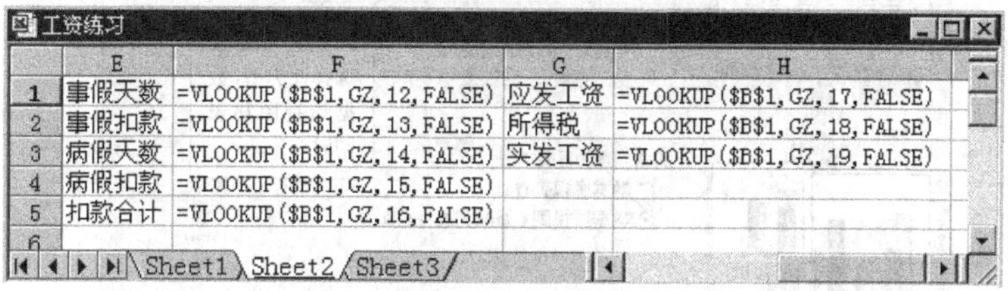

工资练习

	E	F	G	H
1	事假天数	=VLOOKUP($B$1,GZ,12,FALSE)	应发工资	=VLOOKUP($B$1,GZ,17,FALSE)
2	事假扣款	=VLOOKUP($B$1,GZ,13,FALSE)	所得税	=VLOOKUP($B$1,GZ,18,FALSE)
3	病假天数	=VLOOKUP($B$1,GZ,14,FALSE)	实发工资	=VLOOKUP($B$1,GZ,19,FALSE)
4	病假扣款	=VLOOKUP($B$1,GZ,15,FALSE)		
5	扣款合计	=VLOOKUP($B$1,GZ,16,FALSE)		
6				

Sheet1 Sheet2 Sheet3

图　3-59

第六步：在 B2 单元中输入要查询的职工姓名，即可查询出此职工的工资情况，如图 3-60、图 3-61 所示。

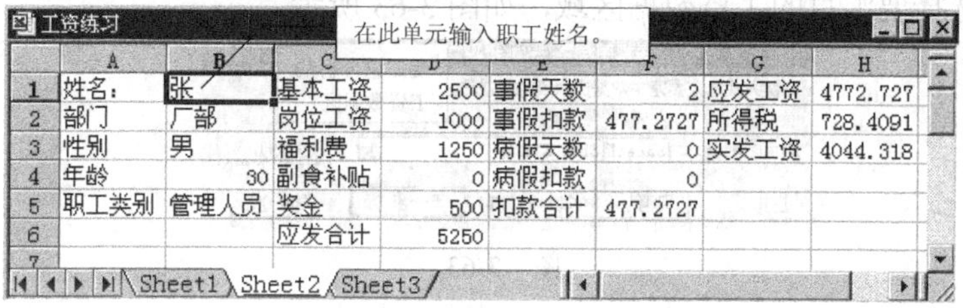

工资练习

在此单元输入职工姓名。

	A	B	C	D	E	F	G	H
1	姓名：	张	基本工资	2500	事假天数	2	应发工资	4772.727
2	部门	厂部	岗位工资	1000	事假扣款	477.2727	所得税	728.4091
3	性别	男	福利费	1250	病假天数	0	实发工资	4044.318
4	年龄	30	副食补贴	0	病假扣款	0		
5	职工类别	管理人员	奖金	500	扣款合计	477.2727		
6			应发合计	5250				

Sheet1 Sheet2 Sheet3

图　3-60

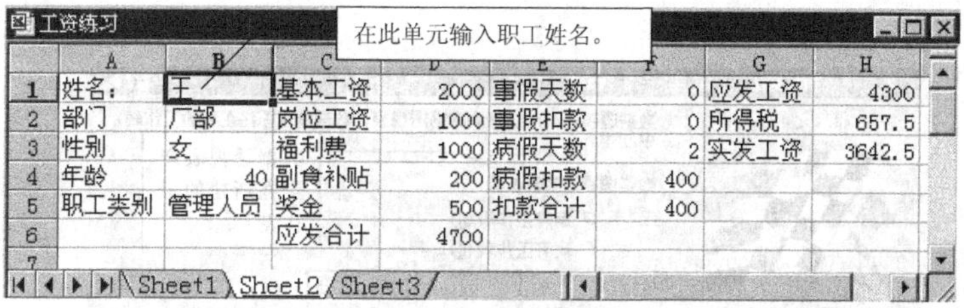

工资练习

在此单元输入职工姓名。

	A	B	C	D	E	F	G	H
1	姓名：	王	基本工资	2000	事假天数	0	应发工资	4300
2	部门	厂部	岗位工资	1000	事假扣款	0	所得税	657.5
3	性别	女	福利费	1000	病假天数	2	实发工资	3642.5
4	年龄	40	副食补贴	200	病假扣款	400		
5	职工类别	管理人员	奖金	500	扣款合计	400		
6			应发合计	4700				

Sheet1 Sheet2 Sheet3

图　3-61

3.4　工资数据的汇总分析

根据 C 公司的要求，要对每个月职工工资情况进行如下统计分析。

3.4.1 依据部门和职工类别的统计分析

1) 计算每一部门每一职工类别"应发工资"的汇总数

第一步：选择"数据"|"数据透视表和图表报告"命令，按图 3-62 所示进行操作。

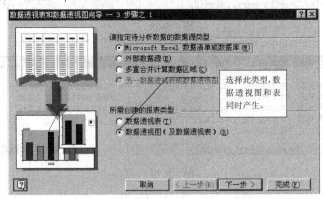

图 3-62

第二步：选择要汇总的工资数据区域，如图 3-63 所示。

图 3-63

第三步：选择数据透视表产生的位置，在此选择产生在新建的工作表上，如图 3-64 所示。

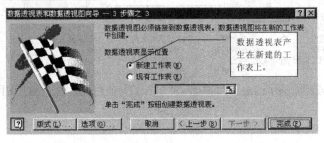

图 3-64

第四步：将"应发工资"项拖到箭头指向的位置，如图 3-65 所示。

第五步：将"部门"和"职工类别"项分别拖到箭头指向的位置，如图 3-66 所示。关闭"数据透视表"窗口。将产生"应发工资"按部门与职工类别的数据透视(汇总)图和数据透视(汇总)表，如图 3-67、图 3-68 所示。

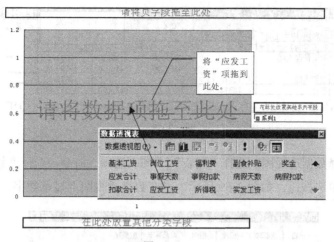

图 3-65

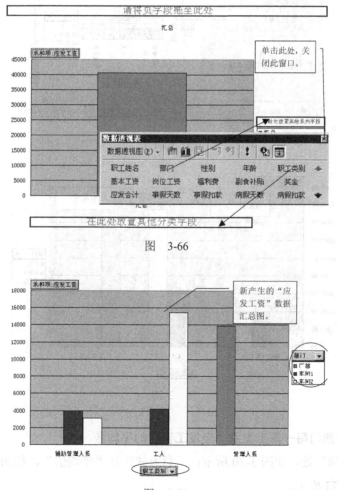

图 3-66

图 3-67

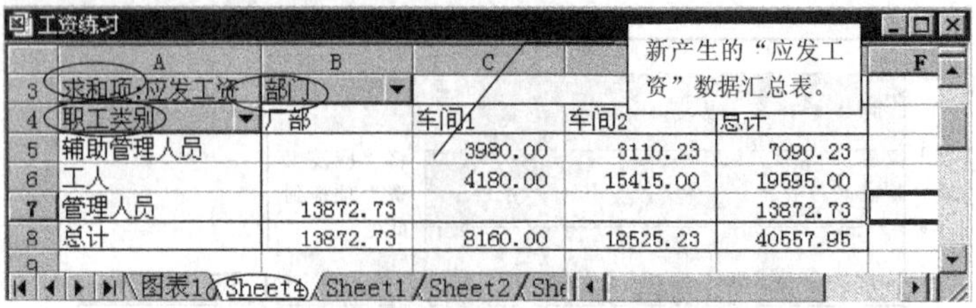

图 3-68

第六步:选择数据透视图,选择"图表"|"图表选项"命令,选择"数字标志"选项卡中的"显示值"单选按钮,如图 3-69 所示。以在数据透视图上显示数字,如图 3-70 所示。

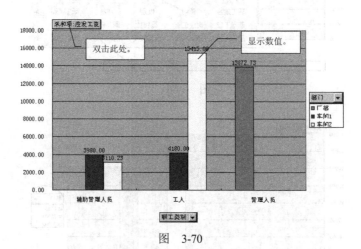

图 3-69

图 3-70

2) 计算每一部门每一职工类别"应发工资"的平均数

双击"求和项"处,如图 3-70 所示;汇总方式选择"平均值",如图 3-71 所示。结果如图 3-72、图 3-73 所示。

第3章 工资管理

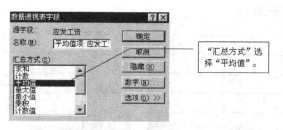

图 3-71

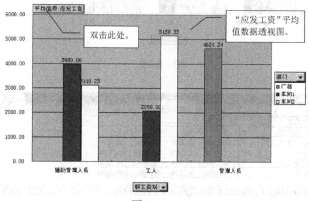

图 3-72

图 3-73

3) 计算每一部门每一职工类别"应发工资"的汇总数占"应发工资"总和的百分比

双击"平均值项"处，如图 3-73 所示，汇总方式选择"求和"，单击"选项"按钮，选择"占总和的百分比"选项，如图3-74所示。结果如图3-75、图3-76所示。

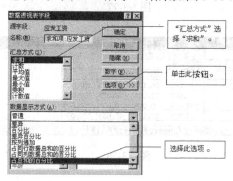

图 3-74

115

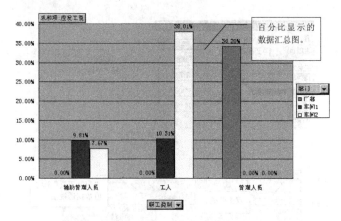

图 3-75

工资练习

	A	B	C	D	E
3	求和项:应发工资	部门			
4	职工类别	厂部	车间1	车间2	总计
5	辅助管理人员	0.00%	9.81%	7.67%	17.48%
6	工人	0.00%	10.31%	38.01%	48.31%
7	管理人员	34.20%	0.00%	0.00%	34.20%
8	总计	34.20%	20.12%	45.68%	100.00%

双击此处。

百分比显示的数据汇总表。

图 3-76

如果选择“占同列数据总和的百分比”或“占同行数据总和的百分比”，还可以计算同一部门不同职工类别应发工资占此部门应发工资总和的百分比，或同一类别不同部门应发工资占此类别应发工资总和的百分比，如图 3-77、图 3-78 所示。

工资练习

	A	B	C	D	E
3	求和项:应发工资	部门			
4	职工类别	厂部	车间1	车间2	总计
5	辅助管理人员	0.00%	48.77%	16.79%	17.48%
6	工人	0.00%	51.23%	83.21%	48.31%
7	管理人员	100.00%	0.00%	0.00%	34.20%
8	总计	100.00%	100.00%	100.00%	100.00%

图 3-77

工资练习

	A	B	C	D	E
3	求和项:应发工资	部门			
4	职工类别	厂部	车间1	车间2	总计
5	辅助管理人员	0.00%	56.13%	43.87%	100.00%
6	工人	0.00%	21.33%	78.67%	100.00%
7	管理人员	100.00%	0.00%	0.00%	100.00%
8	总计	34.20%	20.12%	45.68%	100.00%

图 3-78

4) 计算每一部门每一职工类别的人数

双击"求和项"处,"汇总方式"选择"计数","数据显示方式"选择"普通",如图 3-79 所示。结果如图 3-80、图 3-81 所示。

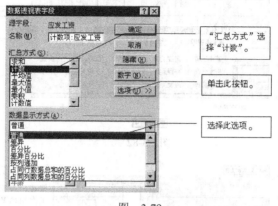

图 3-79

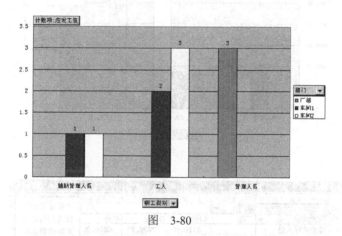

图 3-80

图 3-81

5) 计算每一部门每一职工类别"实发工资"的汇总数

双击"计数项"处,如图 3-81 所示,将"汇总方式"变为"求和",参见图 3-79。选择"视图"|"工具栏"|"数据透视表"命令,打开"数据透视表"窗口,先将"应发工资"项拖至箭头所指处,然后将"实发工资"项拖至箭头所指处,如图 3-82 所示。结果如图 3-83、图 3-84 所示。

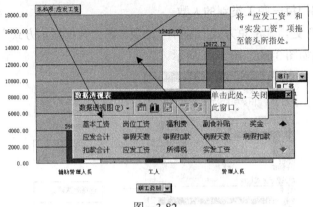

图 3-82

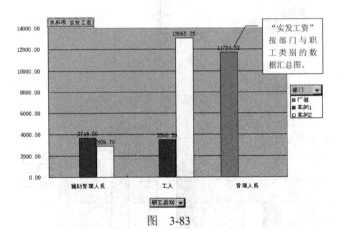

图 3-83

	A	B	C	D	E
3	求和项:实发工资	部门			
4	职工类别	厂部	车间1	车间2	总计
5	辅助管理人员		3719.50	2936.70	6656.20
6	工人		3540.50	13065.25	16605.75
7	管理人员	11754.32			11754.32
8	总计	11754.32	7260.00	16001.95	35016.27

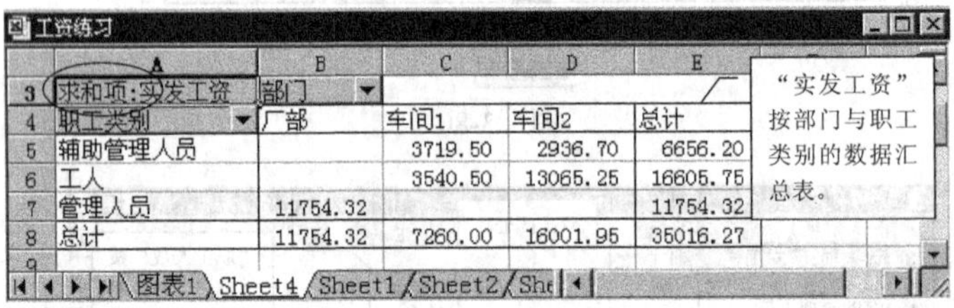

图 3-84

3.4.2 依据性别的统计分析

1) 计算“男”和“女”的平均实发工资

在上面的基础上，双击“求和项”，如图 3-84 所示，将“汇总方式”变为“平均值”，参见图 3-79。选择“视图”|“工具栏”|“数据透视表”命令，打开数据透视表窗口，先将“部门”、“职工类别”项拖至箭头指向的位置，再将“性别”项拖至箭头指向的位置，如图 3-85 所示。结果如图 3-86 所示。

第 3 章 工 资 管 理

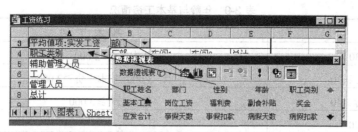

图 3-85

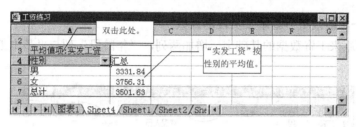

图 3-86

2) 计算"男"和"女"的人数

双击"平均值项"处，如图 3-86 所示，"汇总方式"选择"计数"，如图 3-87 所示。结果如图 3-88 所示。

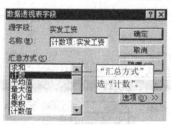

图 3-87

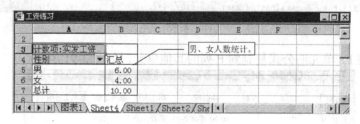

图 3-88

3.4.3 依据年龄段或基本工资段的统计分析

C 公司要求按表 3-9 进行年龄与基本工资分段，并作相应的统计分析。

表 3-9 年龄与基本工资情况

年　　龄	基 本 工 资
年龄<30	基本工资<2 000
40>年龄≥30	3 000>基本工资≥2 000
50>年龄≥40	基本工资≥3 000
年龄≥50	

1) 计算每一年龄段每一基本工资段的人数

第一步：在原来工资数据的基础上，增加两列，"年龄段"列与"基本工资段"列，如图 3-89 所示。

图 3-89

第二步：将 F2 单元的公式设置为：

"=IF(E2>=50,"年龄≥50",IF(E2>=40,"50>年龄≥40",IF(E2>=30,"40>年龄≥30","30>年龄≥20")))"，如图 3-90 所示。

图 3-90

第三步：将 F2 单元的公式复制到 F 列的其他单元，如图 3-91 所示。

图 3-91

第四步：将 I2 单元的公式设置为：
"=IF(H2>=3000,"基本工资≥3000",IF(H2>=2000,"3000>基本工资≥2000","基本工资<2000"))"，如图 3-92 所示。

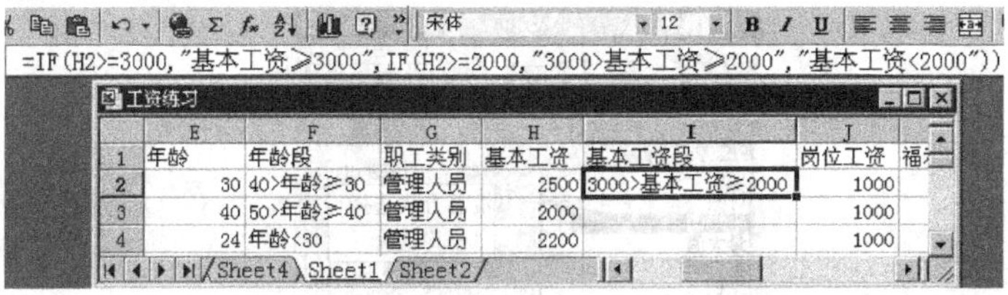

图 3-92

第五步：将 I2 单元的公式复制到 I 列的其他单元，如图 3-93 所示。

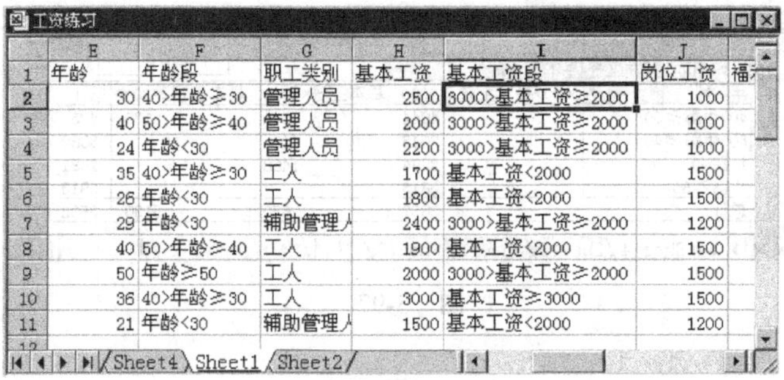

图 3-93

第六步：将当前工作表变为 Sheet4，选择"视图"|"工具栏"|"数据透视表"命令，打开"数据透视表"。单击"更新数据"按钮，出现新增加的两个项目。先将"性别"项拖到箭头指定位置，再分别将"年龄段"和"基本工资段"项拖到箭头指定位置，如图 3-94 所示。结果如图 3-95 所示。

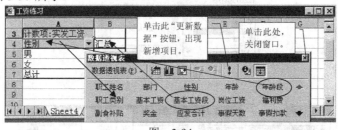

图 3-94

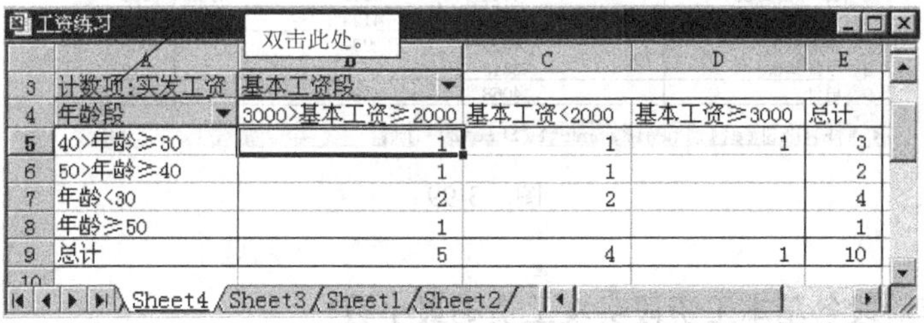

图 3-95

2) 计算每一年龄段每一基本工资段实发工资的平均数

双击"计数项"处,如图 3-95 所示,汇总方式选择"平均值",如图 3-96 所示。结果如图 3-97 所示。

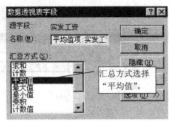

图　3-96

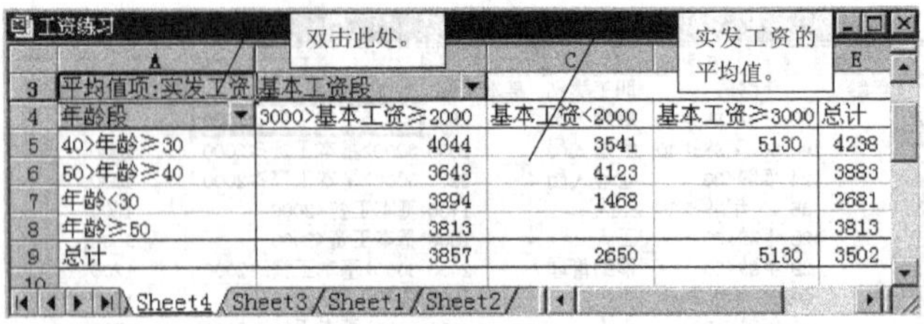

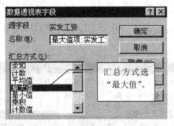

图　3-97

3) 计算每一年龄段每一基本工资段实发工资的最大数

双击"平均值项"处,如图 3-97 所示,汇总方式选择"最大值",如图 3-98 所示。结果如图 3-99 所示。

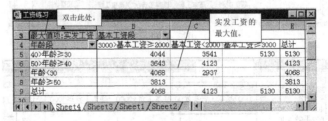

图　3-98

图　3-99

4) 计算各年龄段各基本工资段实发工资的最小数

双击"最大值项"处,如图 3-99 所示,汇总方式选择"最小值",如图 3-100 所示。结果如图3-101所示。

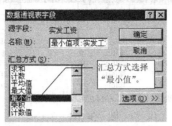

图 3-100

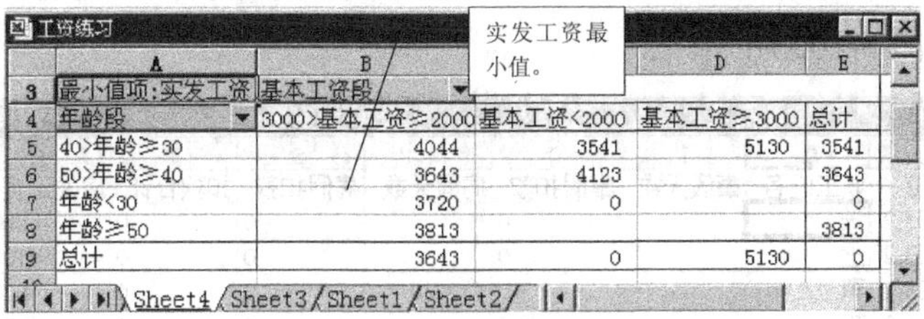

图 3-101

3.4.4 以月份为依据的统计分析

第一步：选择"插入"|"列"命令，加入"月份"列，在A2单元中输入"2003,1"，选择区域A3:A11，再选择"编辑"|"填充"|"向下填充"命令，将A2单元的内容复制到A3:A11，如图3-102所示。

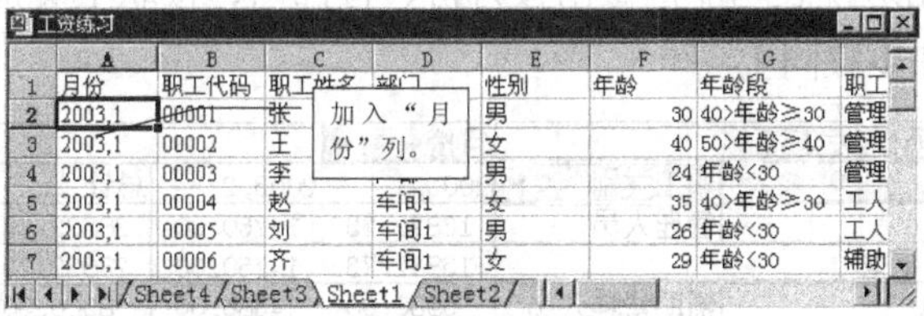

图 3-102

第二步：将2003年1月份的工资情况备份到A12:W21区域。选择A2:W11区域，选择"编辑"|"复制"命令或按Ctrl+C组合键，将光标移到A12，选择"编辑"|"选择性粘贴"命令，选择粘贴"数值"，如图3-103所示。备份结果如图3-104所示。

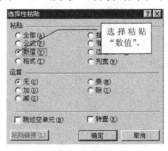

图 3-103

Excel 在财务会计与管理会计中的应用(第 2 版)

	A	B	C	D	E	F	G	H
12	2003,1	00001	张	厂部	男	30	40>年龄≥30	管理
13	2003,1	00002	王	厂部	女	40	50>年龄≥40	管理
14	2003,1	00003	李	厂部	男	24	年龄<30	管理
15	2003,1	00004	赵	车间1	女	35	40>年龄≥30	工人
16	2003,1	00005	刘	车间1	男	26	年龄<30	工人
17	2003,1	00006	齐	车间1	女	29	年龄<30	辅助
18	2003,1	00007	孙	车间2	女	40	50>年龄≥40	工人

说明框：2003 年 1 月份工资情况备份。

图　3-104

第三步：将 A2:A11 单元修改为"2003,2"。假设本月所有职工没有事假或病假，其他工资项目不变，如图 3-105 所示。

	A	C	P	Q	R	S	T	U
1	月份	职工姓名	事假天数	事假扣款	病假天数	病假扣款	扣款合计	应发工资
2	2003,2	张		0		0	0	5250
3	2003,2	王		0		0	0	4700
4	2003,2	李		0		0	0	4800
5	2003,2	赵		0		0	0	4180
6	2003,2	刘		0		0	0	4320
7	2003,2	齐		0		0	0	4380
8	2003,2	孙		0		0	0	4865
9	2003,2	袁		0		0	0	5000
10	2003,2	宫		0		0	0	6050
11	2003,2	任		0		0	0	4025
12	2003,1	张	2	477.2727		0	477.2727	4772.727

图　3-105

第四步：利用数据透视表功能，做出按月份、按部门、按职工类别的应发工资汇总表，如图 3-106 所示，详细步骤同上。

求和项:应发工资		月份		
部门	职工类别	2003,1	2003,2	总计
厂部	管理人员	13872.73	14750.00	28622.73
厂部 汇总		13872.73	14750.00	28622.73
车间1	辅助管理人员	3980.00	4380.00	8360.00
	工人	4180.00	8500.00	12680.00
车间1 汇总		8160.00	12880.00	21040.00
车间2	辅助管理人员	3110.23	4025.00	7135.23
	工人	15415.00	15915.00	31330.00
车间2 汇总		18525.23	19940.00	38465.23
总计		40557.95	47570.00	88127.95

图　3-106

第 4 章
固定资产管理

背景资料

D 公司是一家生产机械设备的企业,企业规模虽然不大,但固定资产较多,而且价值较高。因此,固定资产的管理对于这个企业来说是相当重要的。D 公司有厂部、财务处、结算中心、人事处、计划处、销售处、金工车间、结构车间、机装车间等部门。固定资产的所属部门使用固定资产并负责它的日常维护。目前 D 公司已有各类固定资产 33 台。固定资产的管理集中在财务处,每个固定资产都有自己的一张卡片记录着它增加的方式、开始使用日期、固定资产编码、规格、种类、所属部门、原始价值、累计折旧、净值、折旧方法等信息。固定资产日常管理的业务有:固定资产增加、减少,部门间的调拨,月折旧的计提,折旧数据的汇总分析。D 公司的固定资产分为如下几类:房屋建筑类、机械设备类、制冷设备类、汽车类、电子设备类,它们的编码分别为 02、03、06、05 和 07。

本章内容

- 固定资产初始卡片的录入
- 固定资产增加
- 固定资产减少
- 固定资产部门间调拨
- 固定资产折旧计提
- 固定资产查询
- 固定资产折旧数据的汇总分析

4.1 固定资产初始卡片的录入

固定资产初始卡片的录入是计算机与手工管理固定资产的一个接口,是由原来的手工固定资产管理向用计算机进行固定资产管理的第一步。在这一步中,要求把 D 公司现有 33 台固定资产的卡片上的信息全部录入到 Excel 的工作簿中。

第一步:在 Excel 工作簿中建立固定资产卡片中的所有项目,如图 4-1~图 4-3 所示。

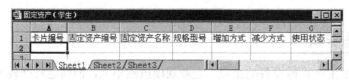

图 4-1

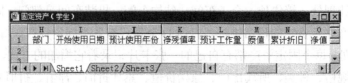

图 4-2

图 4-3

第二步:为了输入数据时方便并防止出错,在"增加方式"列上加有效性控制。光标移到 E2 单元,选择"数据"|"有效性"命令,参数设置如图 4-4 所示。在图 4-4 中的"来源"处,输入固定资产增加方式的种类:在建工程转入、投资者投入、捐赠、直接购入、部门调拨。将 E2 单元的有效性控制复制到 E 列的其他单元,如图 4-5 所示。

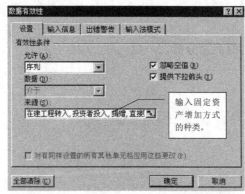

图 4-4

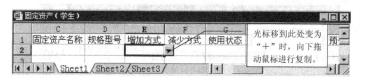

图 4-5

第三步：在"减少方式"列上加有效性控制。光标移到 F2 单元，选择"数据"|"有效性"命令，参数设置如图 4-6 所示。在图 4-6 的"来源"处，输入固定资产减少方式的种类：投资、出售、报废。将 F2 单元的有效性控制复制到 F 列的其他单元，如图 4-7 所示。

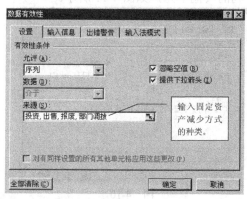

图 4-6

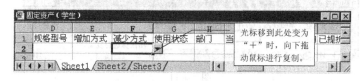

图 4-7

第四步：在"使用状态"列上加有效性控制。光标移到 G2 单元，选择"数据"|"有效性"命令，参数设置如图 4-8 所示。在图 4-8 的"来源"处，输入固定资产的 3 种状态：在用、停用、季节性停用。将 D2 单元的有效性控制复制到 D 列的其他单元，如图 4-9 所示。

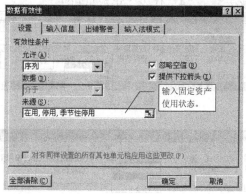

图 4-8

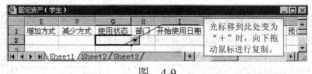

图 4-9

第五步：在"部门"列上加有效性控制。光标移到 H2 单元，选择"数据"|"有效性"命令，参数设置如图 4-10 所示。在图 4-10 的"来源"处，输入 D 企业的所有部门：厂部、财务处、结算中心、人事处、计划处、销售处、金工车间、结构车间、机装车间。将 H2 单元的有效性控制复制到 H 列的其他单元，如图 4-11 所示。

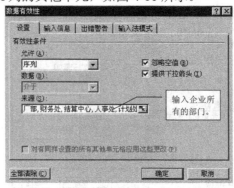

图 4-10

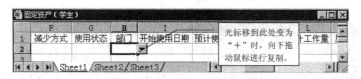

图 4-11

第六步：输入第一张固定资产卡片的信息，卡片编号、固定资产编号、固定资产名称等项目可直接输入，增加方式、减少方式、使用状态、部门可选择输入，净值不必输入，如图 4-12～图 4-16 所示。在折旧方法中，"1"代表"平均年限法"，"2"代表"工作量法"，"3"代表"双倍余额递减法"，"4"代表"年数总和法"。

图 4-12

图 4-13

图 4-14

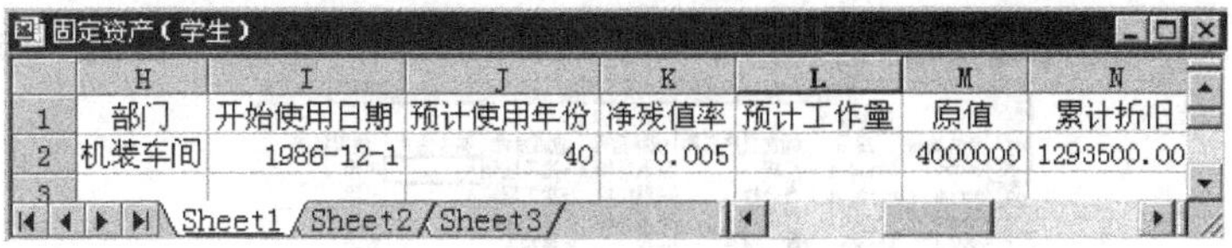

图 4-15

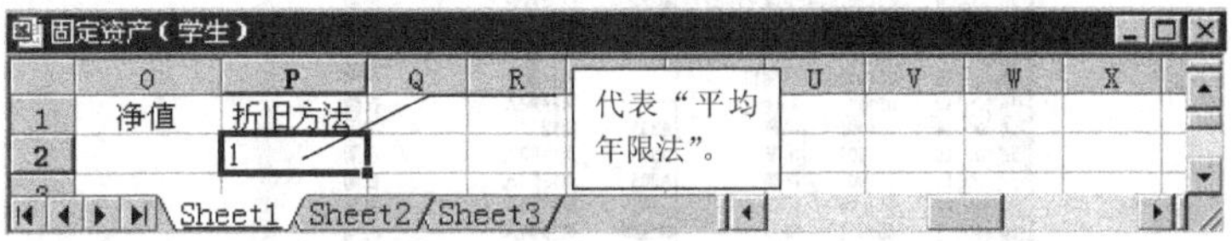

图 4-16

第七步：也可用记录单方式进行输入。选择"数据"|"记录单"命令，出现如图 4-17 所示的记录单。单击图 4-17 中的"新建"按钮，出现如图 4-18 所示的新的记录单，在此记录单中可输入一张新的固定资产卡片。

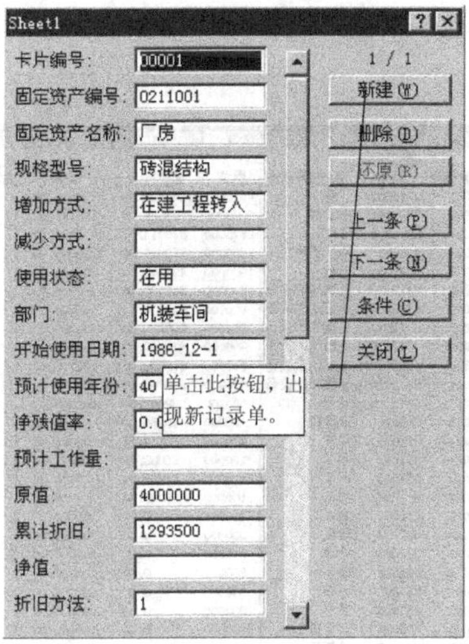

图 4-17　　　　　　　　　　　　　图 4-18

第八步：计算固定资产净值。将 O2 单元的公式设置为"=M2－N2"，即"原值"－"累计折旧"，如图 4-19 所示。并将此单元公式复制到 O 列的其他单元。

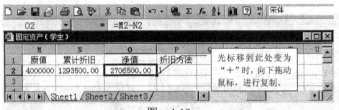

图 4-19

第九步：按照上述步骤，输入 D 公司所有固定资产卡片数据，如图 4-20～图 4-22 所示。为了输入方便，可冻结标题行，光标移到 A2，选择“窗口”|“冻结窗格”命令。

	A	B	C	D	E	F	G
1	卡片编号	固定资产编号	固定资产名称	规格型号	增加方式	减少方式	使用状态
2	00001	0211001	厂房	砖混结构	在建工程转入		在用
3	00002	0212001	办公楼	砖混结构	在建工程转入		在用
4	00003	0213001	库房	砖混结构	在建工程转入		在用
5	00004	022001	职工宿舍	三层	直接购入		在用
6	00005	0311001	冰柜		捐赠		季节性停用
7	00006	031201001	金属切削设备	B600	投资者投入		在用
8	00007	031201002	金属切削设备	B601	投资者投入		在用
9	00008	031201003	金属切削设备	B602	投资者投入		在用
10	00009	031201004	金属切削设备	B603	投资者投入		停用
11	00010	031201005	金属切削设备	B604	投资者投入		在用
12	00011	031201006	金属切削设备	B605	投资者投入		在用
13	00012	031202001	切割机		直接购入		在用
14	00013	06007	制冷机		直接购入		在用
15	00014	051001	吊车	A305	捐赠		在用
16	00015	051002	吊车	A305	直接购入		在用
17	00016	051003	吊车	A305	直接购入		在用
18	00017	051004	吊车	A305	直接购入		在用
19	00018	052001	轿车	桑塔纳	直接购入		在用
20	00019	052002	轿车	桑塔纳	直接购入		在用
21	00020	052003	轿车	桑塔纳	直接购入		在用
22	00021	052004	轿车	桑塔纳	直接购入		在用
23	00022	052005	轿车	桑塔纳	直接购入		在用
24	00023	052006	轿车	桑塔纳	直接购入		在用
25	00024	070001	计算机	IBM	直接购入		在用
26	00025	070002	计算机	IBM	直接购入		在用
27	00026	070003	计算机	IBM	直接购入		在用
28	00027	070004	计算机	IBM	直接购入		在用
29	00028	070005	计算机	IBM	直接购入		在用
30	00029	070006	计算机	COMPAQ	直接购入		在用
31	00030	070007	计算机	COMPAQ	直接购入		在用
32	00031	070008	计算机	COMPAQ	直接购入		在用
33	00032	070009	计算机	COMPAQ	直接购入		在用
34	00033	070010	计算机	COMPAQ	直接购入		在用

图 4-20

	A	B	C	H	I	J	K	L
1	卡片编号	固定资产编号	固定资产名称	部门	开始使用日期	预计使用年份	净残值率	预计工作量
2	00001	0211001	厂房	机装车间	1986-12-1	40	0.005	
3	00002	0212001	办公楼	厂部	1986-12-1	40	0.005	
4	00003	0213001	库房	销售处	1986-12-1	40	0.005	
5	00004	022001	职工宿舍	销售处	1994-12-1	40	0.005	
6	00005	0311001	冰柜	销售处	1994-12-1	10	0.005	
7	00006	031201001	金属切削设备	金工车间	1991-12-1	10	0.005	
8	00007	031201002	金属切削设备	金工车间	1991-12-1	10	0.005	
9	00008	031201003	金属切削设备	金工车间	1991-12-1	10	0.005	
10	00009	031201004	金属切削设备	金工车间	1991-12-1	10	0.005	
11	00010	031201005	金属切削设备	金工车间	1991-12-1	10	0.005	
12	00011	031201006	金属切削设备	金工车间	1991-12-1	10	0.005	
13	00012	031202001	切割机	机装车间	1991-12-1	10	0.005	
14	00013	06007	制冷机	金工车间	1993-1-1	5	0.005	
15	00014	051001	吊车	结构车间	1995-2-1	8	0.005	
16	00015	051002	吊车	结构车间	1995-6-1	8	0.005	
17	00016	051003	吊车	金工车间	1995-9-1	8	0.005	
18	00017	051004	吊车	机装车间	1992-1-1	8	0.005	
19	00018	052001	轿车	厂部	1999-12-20		0.005	1000000
20	00019	052002	轿车	厂部	1999-12-20		0.005	1000000
21	00020	052003	轿车	财务处	1999-12-20		0.005	1000000
22	00021	052004	轿车	人事处	1999-12-20		0.005	1000000
23	00022	052005	轿车	计划处	1999-12-20		0.005	1000000
24	00023	052006	轿车	结算中心	1999-12-20		0.005	1000000
25	00024	070001	计算机	厂部	1999-12-20	5	0.005	
26	00025	070002	计算机	结算中心	1999-12-20	5	0.005	
27	00026	070003	计算机	财务处	1999-12-20	5	0.005	
28	00027	070004	计算机	人事处	1999-12-20	5	0.005	
29	00028	070005	计算机	计划处	1999-12-20	5	0.005	
30	00029	070006	计算机	厂部	1999-12-20	5	0.005	
31	00030	070007	计算机	结算中心	1999-12-20	5	0.005	
32	00031	070008	计算机	财务处	1999-12-20	5	0.005	
33	00032	070009	计算机	人事处	1999-12-20	5	0.005	
34	00033	070010	计算机	计划处	1999-12-20	5	0.005	

图 4-21

	A	B	C	M	N	O	P
1	卡片编号	固定资产编号	固定资产名称	原值	累计折旧	净值	折旧方法
2	00001	0211001	厂房	4000000	1293500.00	2706500.00	1
3	00002	0212001	办公楼	7000000	2263625.00	4736375.00	1
4	00003	0213001	库房	2576000	833014.00	1742986.00	1
5	00004	022001	职工宿舍	2200000	273625.00	1926375.00	1
6	00005	0311001	冰柜	1000000	497500.00	502500.00	1
7	00006	031201001	金属切削设备	800000	636800.00	163200.00	1
8	00007	031201002	金属切削设备	800000	636800.00	163200.00	1
9	00008	031201003	金属切削设备	800000	636800.00	163200.00	1
10	00009	031201004	金属切削设备	800000	636800.00	163200.00	1
11	00010	031201005	金属切削设备	800000	636800.00	163200.00	1
12	00011	031201006	金属切削设备	800000	636800.00	163200.00	1
13	00012	031202001	切割机	600000	398000.00	102000.00	1
14	00013	06007	制冷机	30000	29850.00	150.00	1
15	00014	051001	吊车	100000	60114.58	39885.42	1
16	00015	051002	吊车	100000	55968.75	44031.25	1
17	00016	051003	吊车	100000	52859.38	47140.63	1
18	00017	051004	吊车	100000	98963.54	1036.46	1
19	00018	052001	轿车	300000	0.00	300000.00	2
20	00019	052002	轿车	300000	0.00	300000.00	2
21	00020	052003	轿车	300000	0.00	300000.00	2
22	00021	052004	轿车	300000	0.00	300000.00	2
23	00022	052005	轿车	300000	0.00	300000.00	2
24	00023	052006	轿车	300000	0.00	300000.00	2
25	00024	070001	计算机	100000	0.00	100000.00	3
26	00025	070002	计算机	100000	0.00	100000.00	3
27	00026	070003	计算机	100000	0.00	100000.00	3
28	00027	070004	计算机	100000	0.00	100000.00	3
29	00028	070005	计算机	100000	0.00	100000.00	3
30	00029	070006	计算机	100000	0.00	100000.00	3
31	00030	070007	计算机	100000	0.00	100000.00	4
32	00031	070008	计算机	100000	0.00	100000.00	4
33	00032	070009	计算机	100000	0.00	100000.00	4
34	00033	070010	计算机	100000	0.00	100000.00	4

图 4-22

4.2 固定资产新增

假定当前日期为 2000 年 1 月 20 日，经公司批准，财务处购入 IBM 笔记本计算机一台，价值 2 万元。此计算机的预计残值率为 5‰，预计使用年限为 6 年，将使用双倍余额递减法计提折旧。可采用两种方法将此新增固定资产信息输入计算机。

1) 直接输入

如图 4-23～图 4-26 所示，卡片编号、固定资产编号、固定资产名称等项目直接输入，增加方式、使用状态、部门选择输入。

图 4-23

图 4-24

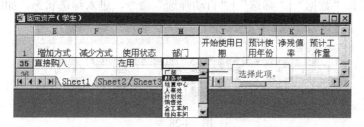

图 4-25

图 4-26

2) 利用记录单进行输入

选择"数据"|"记录单"命令，单击图 4-27 中的"新建"按钮，然后输入新增固定资

产的所有信息，如图 4-27 所示。

图 4-27

4.3 固定资产部门调拨

假设经公司决定，将固定资产编号为"052002"的轿车由厂部调拨给销售处使用，此笔业务的处理过程如下。

第一步：选择"数据"|"筛选"|"自动筛选"命令，进入筛选状态，如图 4-28 所示。

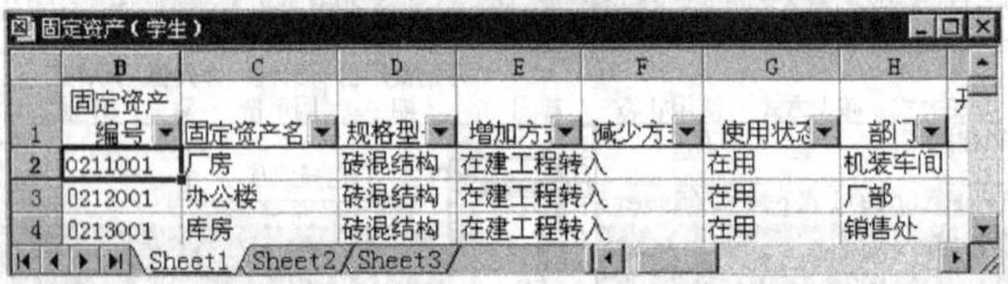

图 4-28

第二步：单击图 4-29 中的"固定资产名称"列按钮，并选择"轿车"，找到部门为"厂部"，编号为"052002"的轿车，如图 4-29 所示。

图 4-29

第三步：在本月，将此固定资产的“减少方式”修改为“部门调拨”，如图 4-30 所示。

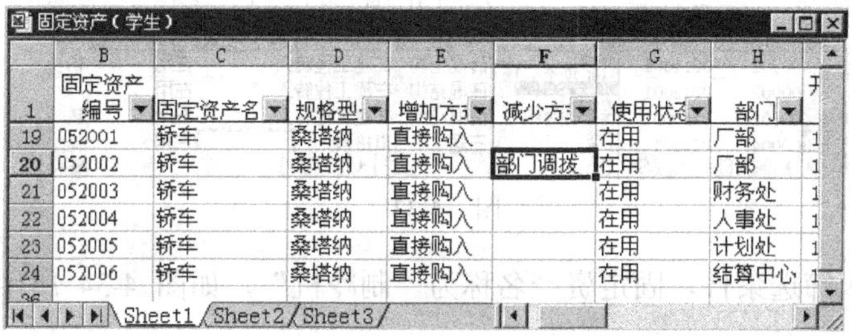

	B 固定资产编号	C 固定资产名	D 规格型	E 增加方	F 减少方	G 使用状态	H 部门
19	052001	轿车	桑塔纳	直接购入		在用	厂部
20	052002	轿车	桑塔纳	直接购入	部门调拨	在用	厂部
21	052003	轿车	桑塔纳	直接购入		在用	财务处
22	052004	轿车	桑塔纳	直接购入		在用	人事处
23	052005	轿车	桑塔纳	直接购入		在用	计划处
24	052006	轿车	桑塔纳	直接购入		在用	结算中心

图　4-30

第四步：在下月，将此固定资产的“增加方式”修改为“部门调拨”，“部门”修改为“销售处”，“减少方式”修改为空，如图 4-31 所示(参照 4.5.3 节第八步)。

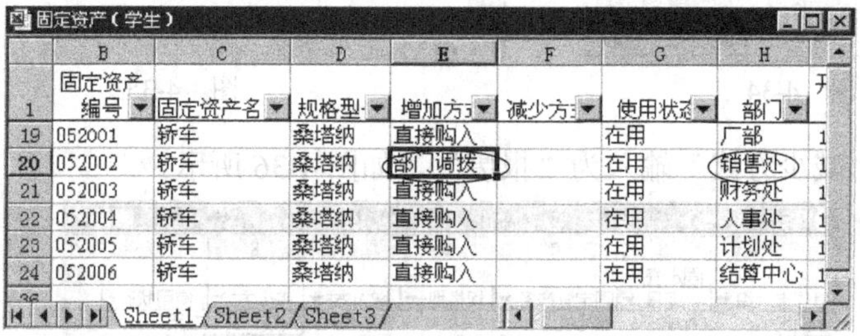

	B 固定资产编号	C 固定资产名	D 规格型	E 增加方	F 减少方	G 使用状态	H 部门
19	052001	轿车	桑塔纳	直接购入		在用	厂部
20	052002	轿车	桑塔纳	部门调拨		在用	销售处
21	052003	轿车	桑塔纳	直接购入		在用	财务处
22	052004	轿车	桑塔纳	直接购入		在用	人事处
23	052005	轿车	桑塔纳	直接购入		在用	计划处
24	052006	轿车	桑塔纳	直接购入		在用	结算中心

图　4-31

4.4　固定资产减少

固定资产编号为“06007”的制冷机折旧已经计提完毕，经公司批准，作报废处理。此固定资产减少业务的处理步骤如下。

第一步：选择“数据”|“筛选”|“自动筛选”命令，进入筛选状态，如图 4-32 所示。

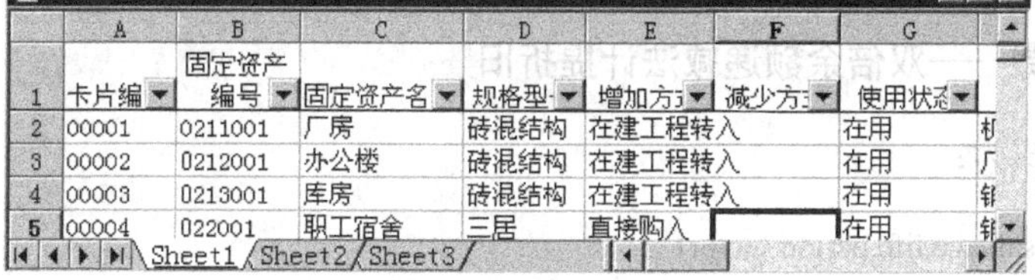

	A 卡片编	B 固定资产编号	C 固定资产名	D 规格型	E 增加方	F 减少方	G 使用状态
2	00001	0211001	厂房	砖混结构	在建工程转入		在用
3	00002	0212001	办公楼	砖混结构	在建工程转入		在用
4	00003	0213001	库房	砖混结构	在建工程转入		在用
5	00004	022001	职工宿舍	三居	直接购入		在用

图　4-32

第二步：单击“固定资产名称”列按钮，并选择“自定义”，如图 4-33 所示。

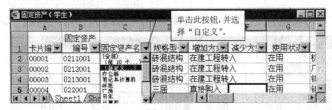

图 4-33

第三步：输入筛选条件，固定资产名称为"制冷机"，如图 4-34 所示。筛选结果如图 4-35 所示。

图 4-34　　　　　　　　　　　图 4-35

第四步：将"减少方式"输入为"报废"，如图 4-36 所示。

图 4-36

4.5 固定资产折旧的计提

4.5.1 固定资产折旧函数介绍

1. DDB()函数——双倍余额递减法计提折旧

此函数的格式为：

DDB(cost,salvage,life,period,factor)

- Cost 为固定资产原值。
- Salvage 为固定资产残值。
- Life 为固定资产预计使用年限或月限。

- Period 为固定资产计提折旧的年份或月份。如果 Life 用年限表示，则要求 Period 用年表示，计算某一年的折旧；如果 Life 用月限表示，则要求 Period 也用月表示，计算某一月的折旧。
- Factor 默认表示为 2，即为双倍余额递减；可以为其他的整数，如为 3，则表示为 3 倍余额递减。

此函数的功能为：用双倍余额递减法或其他指定方法计提固定资产折旧。

例 1 固定资产的原值为 20 000 元，预计净残值率为 5‰，预计使用年限为 6 年，采用双倍余额递减法计提折旧，计算此固定资产第一年的折旧额。计算过程如下。

第一步：光标在 A1 单元处，选择"插入"|"函数"命令或单击"粘贴函数"按钮，选择 DDB()函数，如图 4-37 所示。

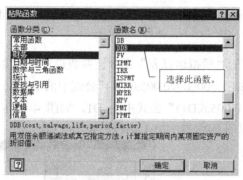

图 4-37

第二步：按要求输入 DDB 函数的参数——固定资产原值、固定资产残值率、预计使用年限、折旧计提年，如图 4-38 所示。要计算的折旧值在 A1 单元中，如图 4-39 所示。

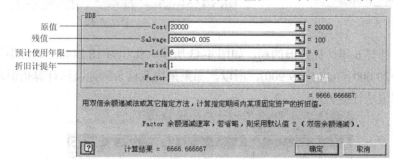

图 4-38

图 4-39

例2 固定资产的原值为 20 000 元，预计净残值率为 5‰，预计使用年限为 6 年，采用双倍余额递减法计提折旧，计算此固定资产 1～6 年的折旧额。

第一步：将各单元的值设置为如图 4-40 所示，并选择区域 A1:B7。

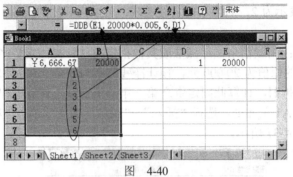

图 4-40

第二步：选择"数据"|"模拟运算表"命令，参数设置如图 4-41 所示，A1:B7 区域中的行数据 B1 将代替"DDB(E1,20000×0.005,6,D1)"公式中的 E1，A1:B7 区域的列数据 A2:A7 将代替"DDB(E1,20000×0.005,6,D1)"公式中的 D1，如图 4-40 所示。计算结果如图 4-42 所示，A2～A7 单元分别为此固定资产第 1 年～第 6 年的折旧。

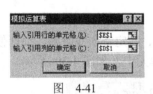

图 4-41 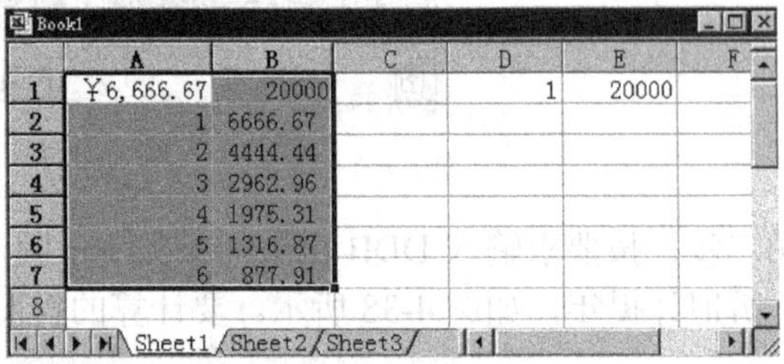   图 4-42

第三步：计算 6 年计提折旧的和，如图 4-43 所示。此和为 18 244.17 元，不等于原值－残值(20 000－20 000×0.005=19 900)，所以，如果采用双倍余额递减法计算折旧，最后两年要采用平均年限法计提折旧。

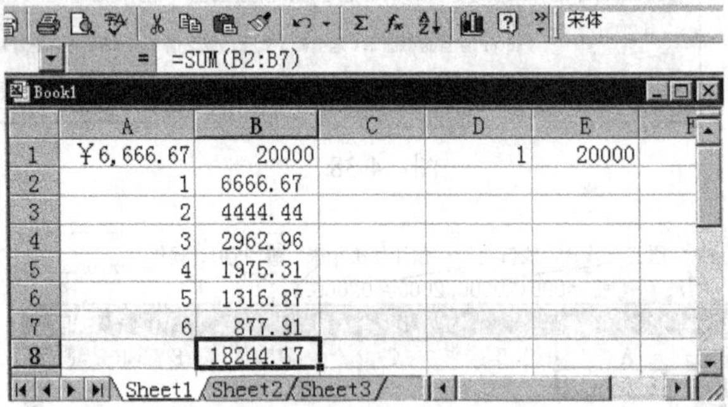

图 4-43

例3 固定资产的原值为 20 000 元，预计净残值率为 5‰，预计使用年限为 6 年，采用双倍余额递减法计提折旧，计算此固定资产第一年第一月的折旧额。

将 A1 单元的公式设置为如图 4-44 所示。A1 单元的值即为此固定资产第一年第一月的折旧额。

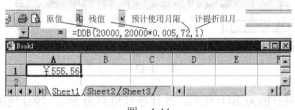

图 4-44

2. SYD 函数——年数总和法计提折旧

SYD 函数的格式为：

SYD(cost,salvage,life,per)。

此函数的功能为：用年数总和法计提固定资产折旧。

例 4 固定资产的原值为 20 000 元，预计净残值率为 5‰，预计使用年限为 6 年，采用年数总和法计提折旧，计算此固定资产第一年的折旧额。计算过程如下。

第一步：光标在 A1 单元处，选择"插入"|"函数"命令或单击"粘贴函数"按钮，选择 SYD() 函数，如图 4-45 所示。

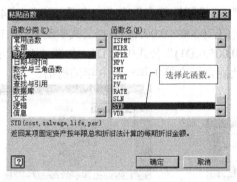

图 4-45

第二步：按要求输入 SYD 函数的参数——固定资产原值、固定资产残值、预计使用年限、折旧计提年，如图 4-46 所示。要计算的折旧值在 A1 单元中，如图 4-47 所示。

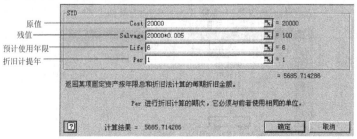

图 4-46

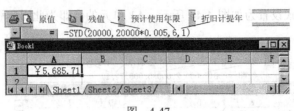

图 4-47

例5 固定资产的原值为 20 000 元,预计净残值率为 5‰,预计使用年限为 6 年,采用年数总和法计提折旧,计算此固定资产 1～6 年的折旧额。

第一步:将各单元的值设置为如图 4-48 所示,并选择区域 A1:B7。

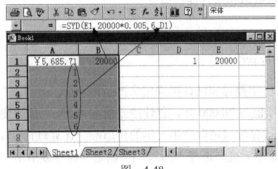

图 4-48

第二步:选择"数据"|"模拟运算表"命令,参数设置如图 4-49 所示,A1:B7 区域中的行数据 B1 将代替"SYD(E1,20000×0.005,6,D1)"公式中的 E1,A1:B7 区域的列数据 A2:A7 将代替"SYD(E1,20000×0.005,6,D1)"公式中的 D1,如图 4-48 所示。计算结果如图 4-50 所示,A2～A7 单元分别为此固定资产第 1 年～第 6 年的折旧。

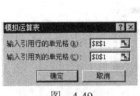

图 4-49

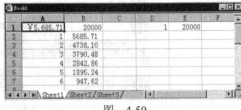

图 4-50

第三步:计算 6 年计提折旧的和,如图 4-51 所示。此和为 19 900,等于原值－残值(2 0000－20 000×0.005=19 900)。

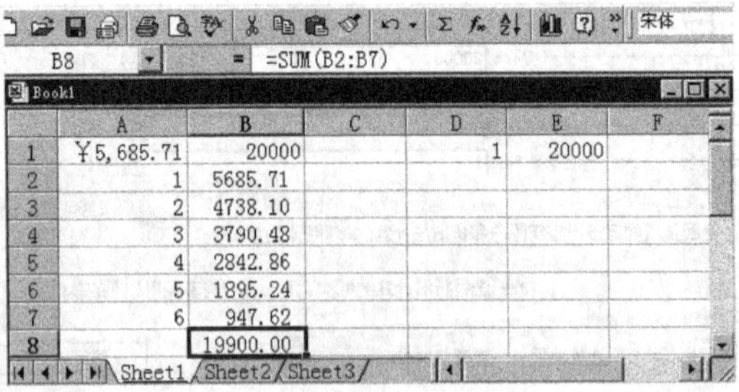

图 4-51

例 6 固定资产的原值为 20 000 元，预计净残值率为 5‰，预计使用年限为 6 年，采用年数总和法计提折旧，计算此固定资产第 1 年第 1 月的折旧额。

将 A1 单元的公式设置为如图 4-52 所示。A1 单元的值即为此固定资产第 1 年第 1 月的折旧额。

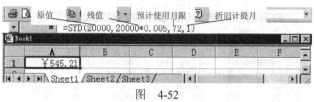

图 4-52

4.5.2 固定资产折旧计提前准备

为了能方便、正确地计提 D 公司每一固定资产折旧，在计提折旧之前要根据当前日期先计算每一固定资产已计提折旧的月份、年份。如果固定资产是按工作量法计提折旧，要输入此工作量。本节接 4.4 节继续。

第一步：将光标移到 I 列，选择“插入”|“列”命令，插入“当前日期”列，如图 4-53 所示。假设当前日期为 2000 年 1 月 30 日。

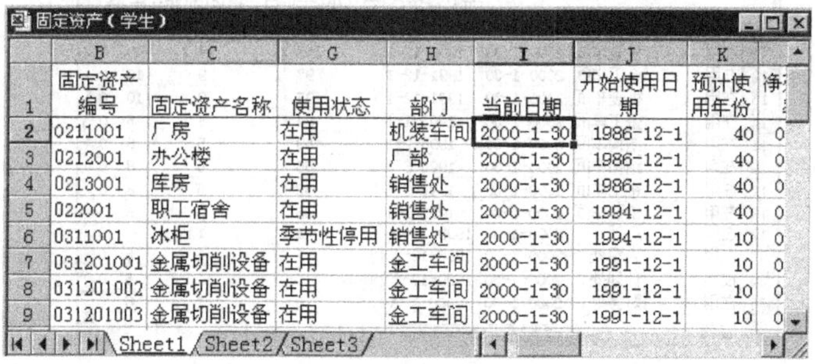

固定资产编号	固定资产名称	使用状态	部门	当前日期	开始使用日期	预计使用年份	净
0211001	厂房	在用	机装车间	2000-1-30	1986-12-1	40	0
0212001	办公楼	在用	厂部	2000-1-30	1986-12-1	40	0
0213001	库房	在用	销售处	2000-1-30	1986-12-1	40	0
022001	职工宿舍	在用	销售处	2000-1-30	1994-12-1	40	0
0311001	冰柜	季节性停用	销售处	2000-1-30	1994-12-1	10	0
031201001	金属切削设备	在用	金工车间	2000-1-30	1991-12-1	10	0
031201002	金属切削设备	在用	金工车间	2000-1-30	1991-12-1	10	0
031201003	金属切削设备	在用	金工车间	2000-1-30	1991-12-1	10	0

图 4-53

第二步：光标移到 K 列，选择“插入”|“列”命令，插入“已计提折旧月份”列，如图 4-54 所示。

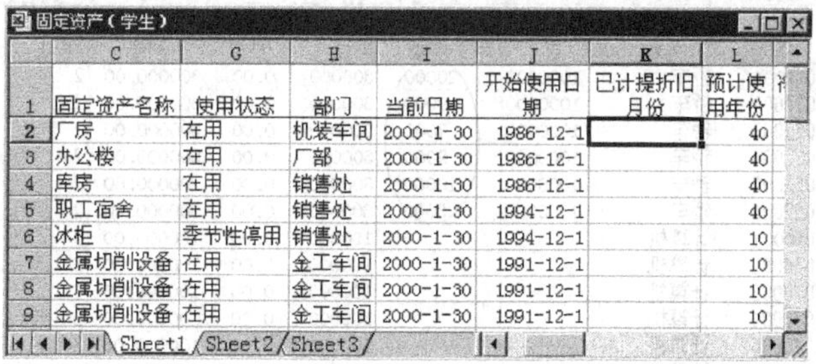

固定资产名称	使用状态	部门	当前日期	开始使用日期	已计提折旧月份	预计使用年份
厂房	在用	机装车间	2000-1-30	1986-12-1		40
办公楼	在用	厂部	2000-1-30	1986-12-1		40
库房	在用	销售处	2000-1-30	1986-12-1		40
职工宿舍	在用	销售处	2000-1-30	1994-12-1		40
冰柜	季节性停用	销售处	2000-1-30	1994-12-1		10
金属切削设备	在用	金工车间	2000-1-30	1991-12-1		10
金属切削设备	在用	金工车间	2000-1-30	1991-12-1		10
金属切削设备	在用	金工车间	2000-1-30	1991-12-1		10

图 4-54

第三步：将 K2 单元的公式设置为“=INT(DAYS360(J2,I2)/30)”，并将此公式复制到 K

列的其他单元，如图 4-55 所示。DAYS360(J2,I2)将计算从固定资产使用日期开始到当前日期的天数(如果每月按 30 天计算)，DAYS360(J2,I2)/30 即为从固定资产使用日期开始到当前日期的月数，此月数不是整数，所以在其前面加一取整函数 INT()。

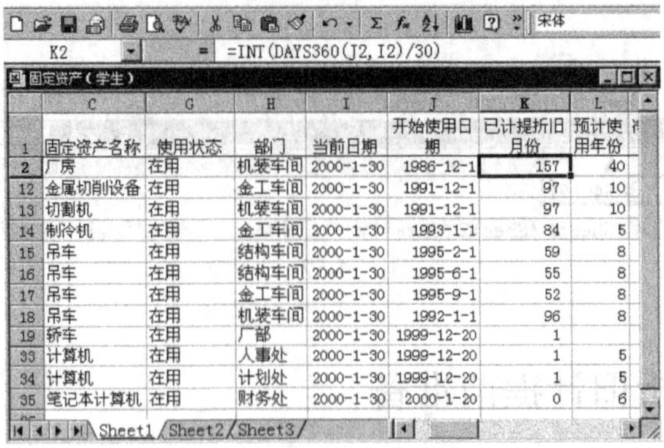

	C	G	H	I	J	K	L
1	固定资产名称	使用状态	部门	当前日期	开始使用日期	已计提折旧月份	预计使用年份
2	厂房	在用	机装车间	2000-1-30	1986-12-1	157	40
12	金属切削设备	在用	金工车间	2000-1-30	1991-12-1	97	10
13	切割机	在用	机装车间	2000-1-30	1991-12-1	97	10
14	制冷机	在用	金工车间	2000-1-30	1993-1-1	84	5
15	吊车	在用	结构车间	2000-1-30	1995-2-1	59	8
16	吊车	在用	结构车间	2000-1-30	1995-6-1	55	8
17	吊车	在用	金工车间	2000-1-30	1995-9-1	52	8
18	吊车	在用	机装车间	2000-1-30	1992-1-1	96	8
19	轿车	在用	厂部	2000-1-30	1999-12-20	1	
33	计算机	在用	人事处	2000-1-30	1999-12-20	1	5
34	计算机	在用	计划处	2000-1-30	1999-12-20	1	5
35	笔记本计算机	在用	财务处	2000-1-30	2000-1-20	0	6

图 4-55

第四步：光标移到 L 列，选择"插入"|"列"命令，插入"已计提折旧年份"列；将 L2 单元的公式设置为"=INT(K2/12)+1"，并将此单元的公式复制到 L 列的其他单元，如图 4-56 所示。

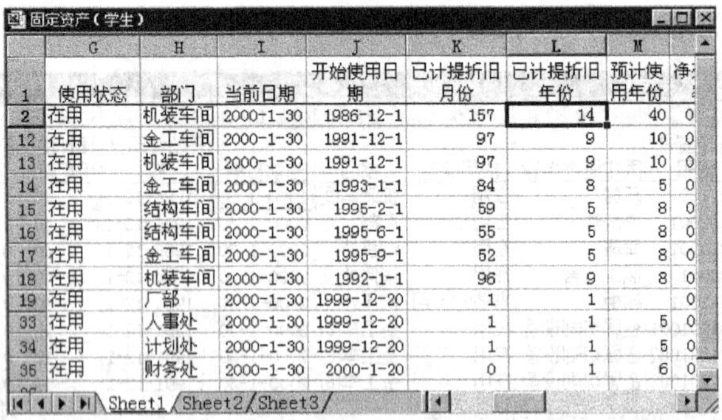

	G	H	I	J	K	L	M
1	使用状态	部门	当前日期	开始使用日期	已计提折旧月份	已计提折旧年份	预计使用年份
2	在用	机装车间	2000-1-30	1986-12-1	157	14	40
12	在用	金工车间	2000-1-30	1991-12-1	97	9	10
13	在用	机装车间	2000-1-30	1991-12-1	97	9	10
14	在用	金工车间	2000-1-30	1993-1-1	84	8	5
15	在用	结构车间	2000-1-30	1995-2-1	59	5	8
16	在用	结构车间	2000-1-30	1995-6-1	55	5	8
17	在用	金工车间	2000-1-30	1995-9-1	52	5	8
18	在用	机装车间	2000-1-30	1992-1-1	96	9	8
19	在用	厂部	2000-1-30	1999-12-20	1	1	
33	在用	人事处	2000-1-30	1999-12-20	1	1	5
34	在用	计划处	2000-1-30	1999-12-20	1	1	5
35	在用	财务处	2000-1-30	2000-1-20	0	1	6

图 4-56

第五步：对按工作量法计提折旧的固定资产输入月工作量，如图 4-57 所示。

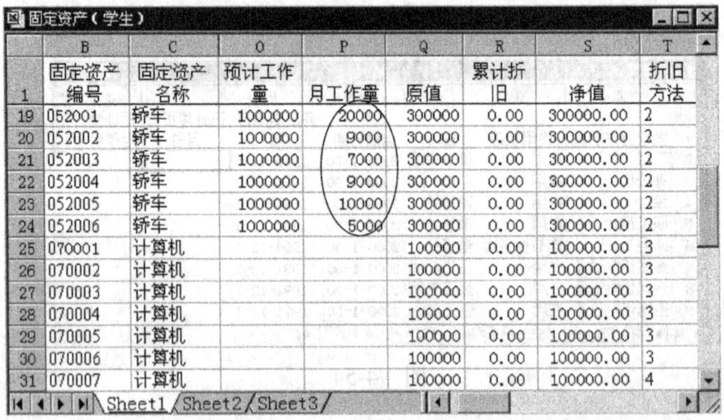

	B	C	O	P	Q	R	S	T
1	固定资产编号	固定资产名称	预计工作量	月工作量	原值	累计折旧	净值	折旧方法
19	052001	轿车	1000000	20000	300000	0.00	300000.00	2
20	052002	轿车	1000000	9000	300000	0.00	300000.00	2
21	052003	轿车	1000000	7000	300000	0.00	300000.00	2
22	052004	轿车	1000000	9000	300000	0.00	300000.00	2
23	052005	轿车	1000000	10000	300000	0.00	300000.00	2
24	052006	轿车	1000000	5000	300000	0.00	300000.00	2
25	070001	计算机			100000	0.00	100000.00	3
26	070002	计算机			100000	0.00	100000.00	3
27	070003	计算机			100000	0.00	100000.00	3
28	070004	计算机			100000	0.00	100000.00	3
29	070005	计算机			100000	0.00	100000.00	3
30	070006	计算机			100000	0.00	100000.00	3
31	070007	计算机			100000	0.00	100000.00	4

图 4-57

4.5.3　固定资产折旧计提

在计提固定资产折旧时，首先要考虑的是根据 D 公司的要求，不同的固定资产要采用不同的方法计提折旧；第二要考虑的是新增固定资产当月不计提折旧；第三要考虑的是折旧已经计提完毕仍继续使用的固定资产不应再提折旧；第四要考虑的是由于各种原因在最后一个月计提折旧时，可能会出现固定资产的剩余价值小于按正常公式计算的折旧值，这时的折旧值应为固定资产的剩余价值。下面将讲述如何根据上述要求对 D 公司的所有固定资产进行计提折旧。

第一步：按 D 公司的要求，不同的固定资产采用不同的方法计提折旧。U 列将存放计提的折旧值。光标移到 U2 单元，将 U2 单元的公式设置为“=IF(T2="1",(1-N2)×Q2/(M2×12),IF(T2="2",(1-N2)×Q2/O2×P2,IF(T2="3",DDB(Q2,Q2×N2,M2,L2)/12,SYD(Q2,Q2×N2,M2,L2)/12)))”，并将 U2 单元的公式复制到 U 列的其他单元，如图 4-58 所示。

=IF(T2="1",(1-N2)*Q2/(M2*12),IF(T2="2",(1-N2)*Q2/O2*P2,IF(T2="3",DDB(Q2,Q2*N2,M2,L2)/12,SYD(Q2,Q2*N2,M2,L2)/12)))

	C	K	L	M	N	O	P	Q	R	S	T	U
1	固定资产名称	已计提折旧月份	已计提折旧年份	预计使用年份	净残值率	预计工作量	月工作量	原值	累计折旧	净值	折旧方法	月折旧额1
2	厂房	157	14	40	0.005			4000000	1293500.00	2706500.00	1	8291.67
3	办公楼	157	14	40	0.005			7000000	2263625.00	4736375.00	1	14510.42
4	库房	157	14	40	0.005			2576000	833014.00	1742986.00	1	5339.83
5	职工宿舍	61	6	40	0.005			2200000	273625.00	1926375.00	1	4560.42
6	冰柜	61	6	10	0.005			1000000	497500.00	502500.00	1	8291.67
7	金属切削设	97	9	10	0.005			800000	636800.00	163200.00	1	6633.33
13	切割机	97	9	10	0.005			500000	398000.00	102000.00	1	4145.83
14	制冷机	84	8	5	0.005			30000	29850.00	150.00	1	497.50
15	吊车	59	5	8	0.005			100000	60114.58	39885.42	1	1036.46
18	吊车	96	9	8	0.005			100000	98963.54	1036.46	1	1036.46
19	轿车	1	1		0.005	1000000	20000	300000	0.00	300000.00	2	5970.00
20	轿车	1	1		0.005	1000000	9000	300000	0.00	300000.00	2	2686.50
25	计算机	1	1	5	0.005			100000	0.00	100000.00	3	3333.33
31	计算机	1	1	5	0.005			100000	0.00	100000.00	4	2763.89
35	笔记本计算	0	1	6	0.005			20000	0.00	20000.00	3	555.56

Sheet1 / Sheet2 / Sheet3

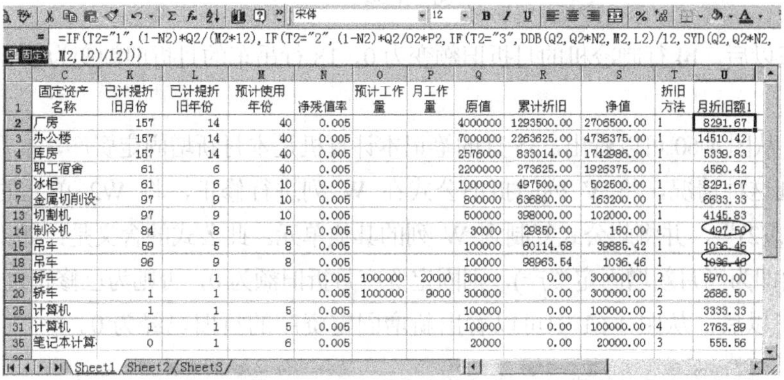

图　4-58

U2 单元的公式可根据图 4-59 来理解。

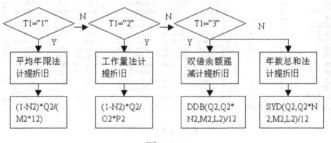

图　4-59

第二步：从图 4-58 可以看出，14 行的制冷机属于折旧已计提完毕，但仍继续使用的固定资产，不应该再计提折旧。18 行的吊车属于最后一个月计提折旧，按正常折旧公式计算的折旧值已大于固定资产剩余的价值。考虑这两种情况，将 U 列的折旧公式在 V 列进行修正，将 V2 单元的公式设置为“=IF(U2>(S2-Q2×N2),(S2-Q2×N2),U2)”，并将其复制到 V 列的其他单元，如图 4-60 所示。这个公式的含义是如果按正常折旧公式计算的月折旧额大于固定资产的剩余价值，则月折旧额为固定资产的剩余价值，否则为按正常折旧公式计算的月折旧额。

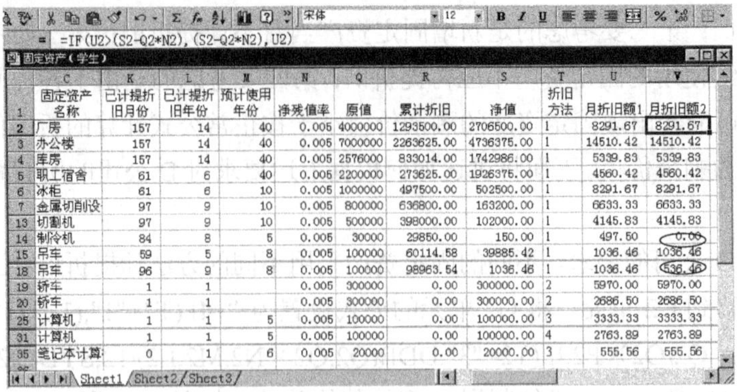
=IF(U2>(S2-Q2*N2),(S2-Q2*N2),U2)

固定资产(学生)

	C	K	L	M	N	Q	R	S	T	U	V
1	固定资产名称	已计提折旧月份	已计提折旧年份	预计使用年份	净残值率	原值	累计折旧	净值	折旧方法	月折旧额1	月折旧额2
2	厂房	157	14	40	0.005	4000000	1293500.00	2706500.00	1	8291.67	8291.67
3	办公楼	157	14	40	0.005	7000000	2263625.00	4736375.00	1	14510.42	14510.42
4	库房	157	14	40	0.005	2576000	833014.00	1742986.00	1	5339.83	5339.83
5	职工宿舍	61	6	40	0.005	2200000	273625.00	1926375.00	1	4560.42	4560.42
6	冰柜	61	6	10	0.005	1000000	497500.00	502500.00	1	8291.67	8291.67
7	金属切削设	97	9	10	0.005	800000	636800.00	163200.00	1	6633.33	6633.33
13	切割机	97	9	10	0.005	500000	398000.00	102000.00	1	4145.83	4145.83
14	制冷机	84	8	5	0.005	30000	29850.00	150.00	1	497.50	0.00
15	吊车	59	5	8	0.005	100000	60114.58	39885.42	1	1036.46	1036.46
18	吊车	96	9	8	0.005	100000	98963.54	1036.46	1	1036.46	536.46
19	轿车	1	1		0.005	300000	0.00	300000.00	2	5970.00	5970.00
20	轿车	1	1		0.005	300000	0.00	300000.00	2	2686.50	2686.50
25	计算机	1	1	5	0.005	100000	0.00	100000.00	3	3333.33	3333.33
31	计算机	1	1	5	0.005	100000	0.00	100000.00	4	2763.89	2763.89
35	笔记本计算	0	1	6	0.005	20000	0.00	20000.00	3	555.56	555.56

Sheet1 / Sheet2 / Sheet3

图 4-60

经过修正以后，14 行制冷机的月折旧额变为 0，18 行吊车的月折旧额变为 536.46 元，如图 4-60 所示。

第三步：从图 4-60 可以看出，35 行的笔记本计算机是本月新增固定资产，本月不应该计提折旧。考虑到这种情况，将 V 列的折旧公式在 W 列进行修正，将 W2 单元的公式设置为“=IF(K2=0,0,V2)”，并将此公式复制到 W 列的其他单元。此公式的含义是：如果“已计提折旧月份”为 0(即为当月新增固定资产)，则固定资产月折旧额为 0，否则为已修正过的月折旧额。

经过修正以后，从图 4-61 中可以看出新增固定资产的折旧已经为 0。

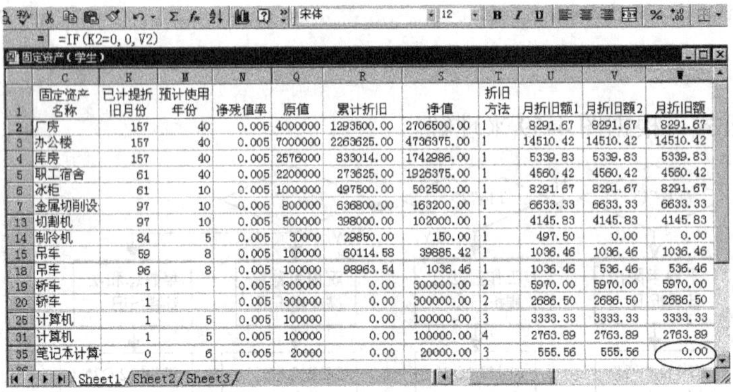
=IF(K2=0,0,V2)

固定资产(学生)

	C	K	M	N	Q	R	S	T	U	V	W
1	固定资产名称	已计提折旧月份	预计使用年份	净残值率	原值	累计折旧	净值	折旧方法	月折旧额1	月折旧额2	月折旧额
2	厂房	157	40	0.005	4000000	1293500.00	2706500.00	1	8291.67	8291.67	8291.67
3	办公楼	157	40	0.005	7000000	2263625.00	4736375.00	1	14510.42	14510.42	14510.42
4	库房	157	40	0.005	2576000	833014.00	1742986.00	1	5339.83	5339.83	5339.83
5	职工宿舍	61	40	0.005	2200000	273625.00	1926375.00	1	4560.42	4560.42	4560.42
6	冰柜	61	10	0.005	1000000	497500.00	502500.00	1	8291.67	8291.67	8291.67
7	金属切削设	97	10	0.005	800000	636800.00	163200.00	1	6633.33	6633.33	6633.33
13	切割机	97	10	0.005	500000	398000.00	102000.00	1	4145.83	4145.83	4145.83
14	制冷机	84	5	0.005	30000	29850.00	150.00	1	497.50	0.00	0.00
15	吊车	59	8	0.005	100000	60114.58	39885.42	1	1036.46	1036.46	1036.46
18	吊车	96	8	0.005	100000	98963.54	1036.46	1	1036.46	536.46	536.46
19	轿车	1		0.005	300000	0.00	300000.00	2	5970.00	5970.00	5970.00
20	轿车	1		0.005	300000	0.00	300000.00	2	2686.50	2686.50	2686.50
25	计算机	1	5	0.005	100000	0.00	100000.00	3	3333.33	3333.33	3333.33
31	计算机	1	5	0.005	100000	0.00	100000.00	4	2763.89	2763.89	2763.89
35	笔记本计算	0	6	0.005	20000	0.00	20000.00	3	555.56	555.56	0.00

Sheet1 / Sheet2 / Sheet3

图 4-61

固定资产本月计提折旧完毕后，下月期末应该如何计提折旧，下面的步骤是下月计提折旧的过程。

第四步：下月期末到来后，首先备份上月固定资产折旧的数据。选择 A2:W35 区域，按 Ctrl+C 组合键或选择“编辑”|“复制”命令，光标移到 A36 单元，选择“编辑”|“选择性粘贴”命令，操作过程如图 4-62 所示，结果如图 4-63 所示。

图　4-62

	A	C	E	F	H	I	J	M	N	Q	R
1	卡片编号	固定资产名称	增加方式	减少方式	部门	当前日期	开始使用日期	预计使用年份	净残值率	原值	累计折
31	00030	计算机	直接购入		结算中心	2000-1-30	1999-12-20	5	0.005	100000	0.0
35	00034	笔记本计算	直接购入		财务处	2000-1-30	2000-1-20	6	0.005	20000	0.0
36	00001	厂房	在建工程转入		机装车间	2000-1-30	1986-12-1	40	0.005	4000000	12935
37	00002	办公楼	在建工程转入		厂部	2000-1-30	1986-12-1	40	0.005	7000000	22636
38	00003	库房	在建工程转入		销售处	2000-1-30	1986-12-1	40	0.005	2576000	8330
48	00013	制冷机	直接购入	报废	金工车间	2000-1-30	1993-1-1	5	0.005	30000	298
49	00014	吊车	捐赠		结构车间	2000-1-30	1995-2-1	8	0.005	100000	60114.
50	00015	吊车	直接购入		结构车间	2000-1-30	1995-6-1	8	0.005	100000	55968.
52	00017	吊车	直接购入		机装车间	2000-1-30	1992-1-1	8	0.005	100000	98963.
53	00018	轿车	直接购入		厂部	2000-1-30	1999-12-20		0.005	300000	
54	00019	轿车	直接购入	部门调拨	厂部	2000-1-30	1999-12-20		0.005	300000	
55	00020	轿车	直接购入		财务处	2000-1-30	1999-12-20		0.005	300000	
68	00033	计算机	直接购入		计划处	2000-1-30	1999-12-20	5	0.005	100000	
69	00034	笔记本计算	直接购入		财务处	2000-1-30	2000-1-20	6	0.005	20000	

图　4-63

第五步：因为上月计提折旧后，累计折旧将发生变化，所以要重新计算累计折旧的余额。将 X2 单元公式设置为“==R2+W2”，并将此公式复制到 X3:X35 区域，X 列为每一固定资产 1 月提完折旧后的累计折旧余额，如图 4-64 所示。

=R2+W2

	A	C	M	N	Q	R	S	T	W	X
1	卡片编号	固定资产名称	预计使用年份	净残值率	原值	累计折旧	净值	折旧方法	月折旧额	
2	00001	厂房	40	0.005	4000000	1293500.00	2706500.00	1	8291.67	1301791.67
3	00002	办公楼	40	0.005	7000000	2263625.00	4736375.00	1	14510.42	2278135.42
4	00003	库房	40	0.005	2576000	833014.00	1742986.00	1	5339.83	838353.83
5	00004	职工宿舍	40	0.005	2200000	273625.00	1926375.00	1	4560.42	278185.42
6	00005	冰柜	10	0.005	1000000	497500.00	502500.00	1	8291.67	505791.67
7	00006	金属切削设	10	0.005	800000	636800.00	163200.00	1	6633.33	643433.33
13	00012	切割机	10	0.005	500000	398000.00	102000.00	1	4145.83	402145.83
14	00013	制冷机	5	0.005	30000	29850.00	150.00	1	0.00	29850.00
15	00014	吊车	8	0.005	100000	60114.58	39885.42	1	1036.46	61151.04
18	00017	吊车	8	0.005	100000	98963.54	1036.46	1	536.46	99500.00
19	00018	轿车		0.005	300000	0.00	300000.00	2	5970.00	5970.00
20	00019	轿车		0.005	300000	0.00	300000.00	2	2686.50	2686.50
25	00024	计算机	5	0.005	100000	0.00	100000.00	3	3333.33	3333.33
31	00030	计算机	5	0.005	100000	0.00	100000.00	4	2763.89	2763.89
35	00034	笔记本计算	6	0.005	20000	0.00	20000.00	3	0.00	0.00
36	00001	厂房	40	0.005	4000000	1293500	2706500	1	8291.6667	
37	00002	办公楼	40	0.005	7000000	2263625	4736375	1	14510.417	
38	00003	库房	40	0.005	2576000	833014	1742986	1	5339.8333	

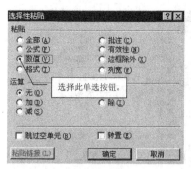

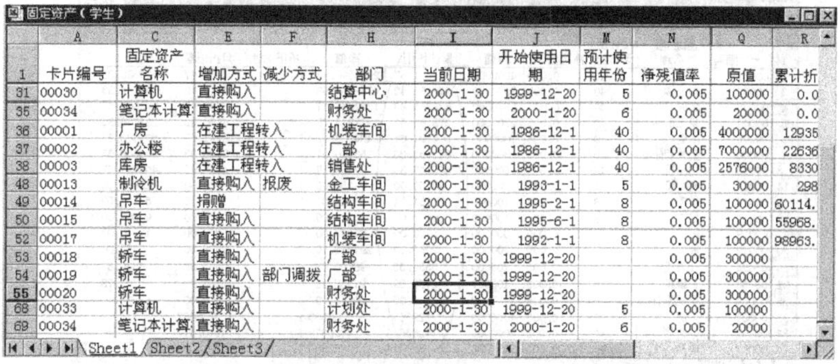

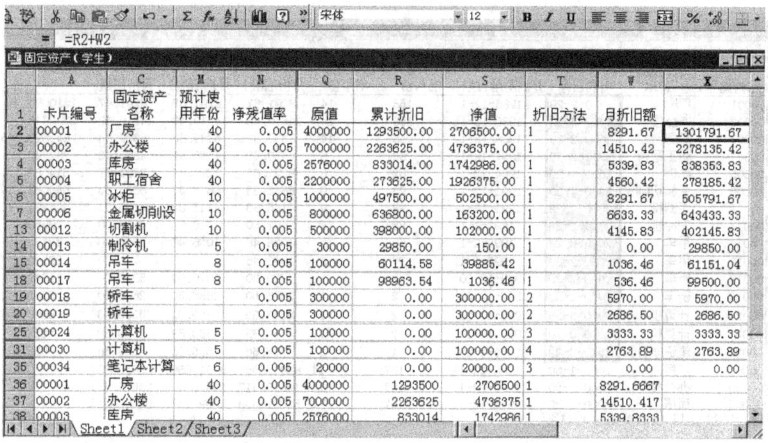

图　4-64

第六步：选择区域 X2:X35，按 Ctrl+C 组合键或选择“编辑”|“复制”命令；再将光标移到 R2，选择“编辑”|“选择性粘贴”命令，操作过程如图 4-65 所示。结果如图 4-66 所示，R2:R35 为 1 月计提完折旧后的各固定资产累计折旧的余额。

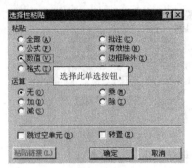

图 4-65

固定资产(学生)

	A	C	M	N	Q	R	S	T	W	X
1	卡片编号	固定资产名称	预计使用年份	净残值率	原值	累计折旧	净值	折旧方法	月折旧额	
2	00001	厂房	40	0.005	4000000	1301791.67	2698208.33	1	8291.67	1310083.33
3	00002	办公楼	40	0.005	7000000	2278135.42	4721864.58	1	14510.42	2292645.83
4	00003	库房	40	0.005	2576000	838353.83	1737646.17	1	5339.83	843693.67
5	00004	职工宿舍	40	0.005	2200000	278185.42	1921814.58	1	4560.42	282745.83
6	00005	冰柜	10	0.005	1000000	505791.67	494208.33	1	8291.67	514083.33
7	00006	金属切削设	10	0.005	800000	643433.33	156566.67	1	6633.33	650066.67
13	00012	切割机	10	0.005	500000	402145.83	97854.17	1	4145.83	406291.67
14	00013	制冷机	5	0.005	30000	29850.00	150.00	1	0.00	29850.00
15	00014	吊车	8	0.005	100000	61151.04	38848.96	1	1036.46	62187.50
18	00017	吊车	8	0.005	100000	99500.00	500.00	1	0.00	99500.00
19	00018	轿车		0.005	300000	5970.00	294030.00	2	5970.00	11940.00
20	00019	轿车		0.005	300000	2686.50	297313.50	2	2686.50	5373.00
25	00024	计算机	5	0.005	100000	3333.33	96666.67	3	3333.33	6666.67
31	00030	计算机	5	0.005	100000	2763.89	97236.11	4	2763.89	5527.78
35	00034	笔记本计算	6	0.005	20000	0.00	20000.00	3	0.00	0.00
36	00001	厂房	40	0.005	4000000	1293500	2706500	1	8291.6667	
37	00002	办公楼	40	0.005	7000000	2263625	4736375	1	14510.417	
38	00003	库房	40	0.005	2576000	833014	1742986	1	5339.8333	

Sheet1 / Sheet2 / Sheet3

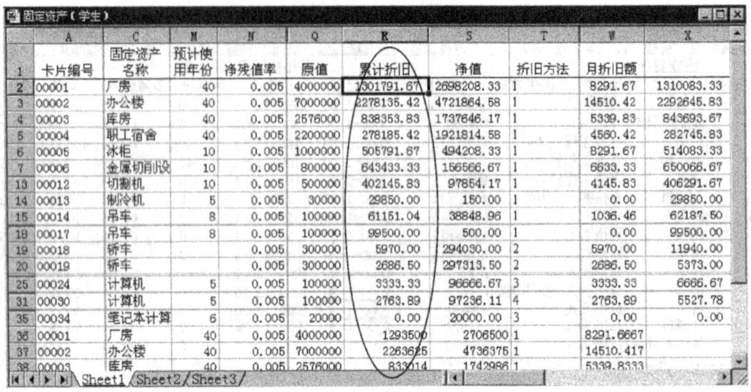

图 4-66

第七步：将“当前日期”列改为“2000-2-29”。将 I2 单元的内容变为“2000-2-29”，选择区域 I2:I35，选择“编辑”|“填充”|“向下填充”命令，结果如图 4-67 所示。这个月每一固定资产的月折旧额自动算出，如图 4-67 中的“月折旧额”列。

固定资产(学生)

	A	C	I	J	K	L	U	V	W	X
1	卡片编号	固定资产名称	当前日期	开始使用日期	已计提折旧月份	已计提折旧年份	月折旧额1	月折旧额2	月折旧额	
2	00001	厂房	2000-2-29	1986-12-1	158	14	8291.67	8291.67	8291.67	1310083.
3	00002	办公楼	2000-2-29	1986-12-1	158	14	14510.42	14510.42	14510.42	2292645.
4	00003	库房	2000-2-29	1986-12-1	158	14	5339.83	5339.83	5339.83	843693.
5	00004	职工宿舍	2000-2-29	1994-12-1	62	6	4560.42	4560.42	4560.42	282745.
6	00005	冰柜	2000-2-29	1994-12-1	62	6	8291.67	8291.67	8291.67	514083.
7	00006	金属切削设	2000-2-29	1991-12-1	98	9	6633.33	6633.33	6633.33	650066.
13	00012	切割机	2000-2-29	1991-12-1	98	9	4145.83	4145.83	4145.83	406291.
14	00013	制冷机	2000-2-29	1993-1-1	85	8	497.50	0.00	0.00	29850.
15	00014	吊车	2000-2-29	1995-2-1	60	6	1036.46	1036.46	1036.46	62187.
18	00017	吊车	2000-2-29	1992-1-1	97	9	1036.46	0.00	0.00	99500.
19	00018	轿车	2000-2-29	1999-12-20	2	1	5970.00	5970.00	5970.00	11940.
20	00019	轿车	2000-2-29	1999-12-20	2	1	2686.50	2686.50	2686.50	5373.
25	00024	计算机	2000-2-29	1999-12-20	2	1	3333.33	3333.33	3333.33	6666.
31	00030	计算机	2000-2-29	1999-12-20	2	1	2763.89	2763.89	2763.89	5527.
35	00034	笔记本计算	2000-2-29	2000-1-20	1	1	555.56	555.56	555.56	555.
36	00001	厂房	2000-1-30	1986-12-1	157	14	8291.6667	8291.6667	8291.6667	
37	00002	办公楼	2000-1-30	1986-12-1	157	14	14510.417	14510.417	14510.417	
38	00003	库房	2000-1-30	1986-12-1	157	14	5339.8333	5339.8333	5339.8333	

Sheet1 / Sheet2 / Sheet3

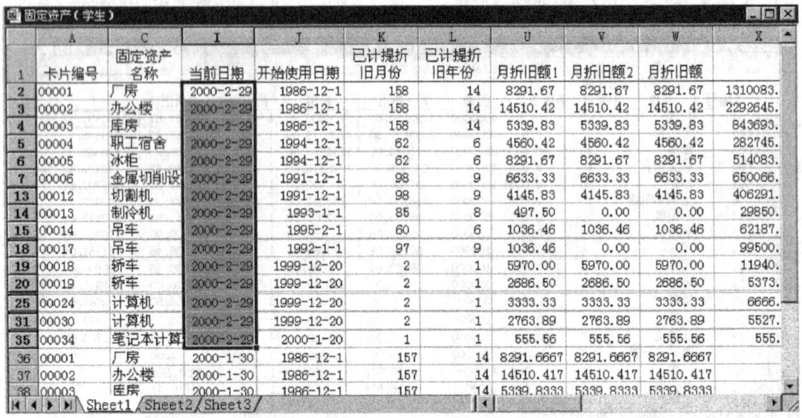

图 4-67

第八步：处理上月部门间调拨的固定资产。选择“数据”|“筛选”|“自动筛选”命令，进入筛选状态；单击“减少方式”列按钮，选择“部门调拨”，如图 4-68 所示。筛选结果如图 4-69 所示。根据 4.3 节的要求，本月图 4-69 中的固定资产将调拨到销售部使用，修改

20 行的"增加方式"为"部门调拨","减少方式"为"空","部门"为"销售处",如图 4-70 所示。

图 4-68

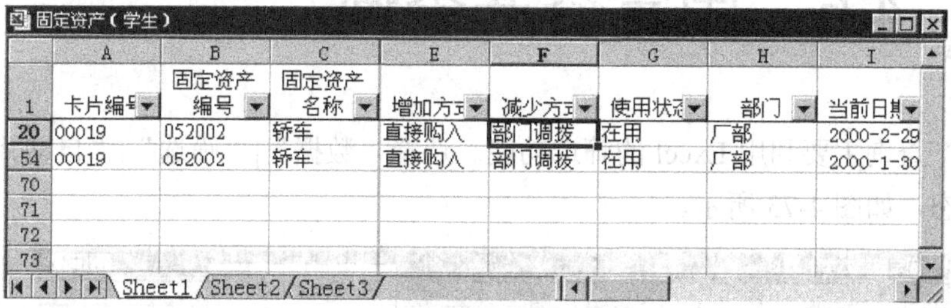

图 4-69

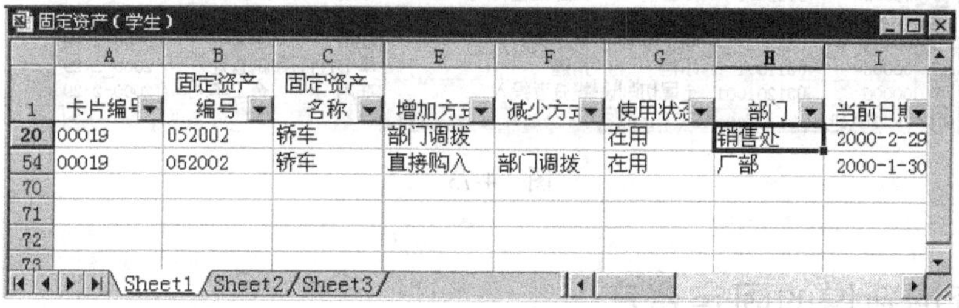

图 4-70

第九步:本月将删除上月减少的固定资产。单击"减少方式"列按钮,选择"非空",筛选结果如图 4-71 所示。光标移到 14 行,选择"编辑"|"删除行"命令,结果如图 4-72 所示。

图 4-71

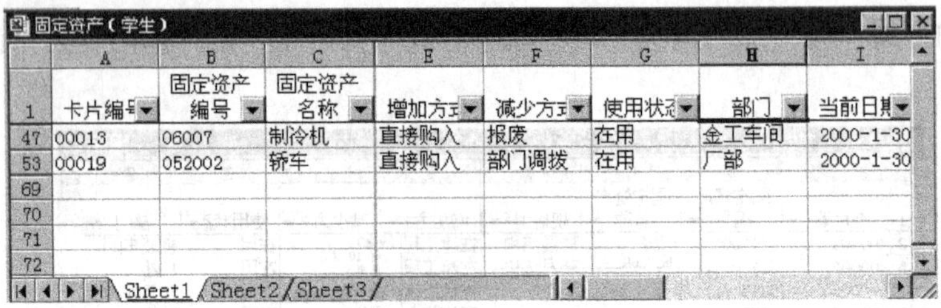

图 4-72

4.6 固定资产查询

固定资产查询主要利用 Excel 的筛选功能。选择"数据"|"筛选"|"自动筛选"命令，进入筛选状态，如图 4-73 所示。

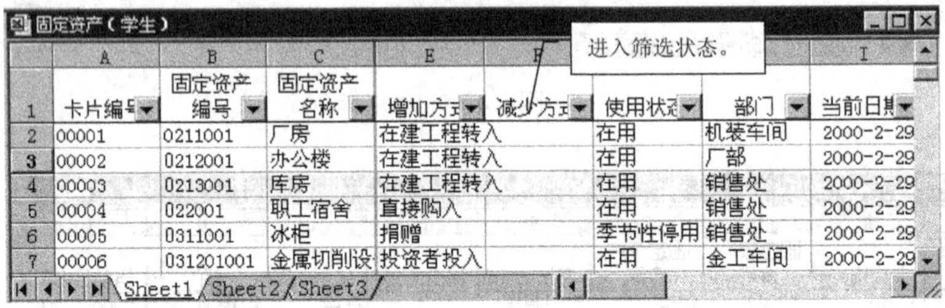

图 4-73

4.6.1 查询新增的固定资产

例如，查询 2003 年 1 月新增的固定资产。

第一步：单击"当前日期"列按钮，选择"2000-2-29"，如图 4-74 所示。

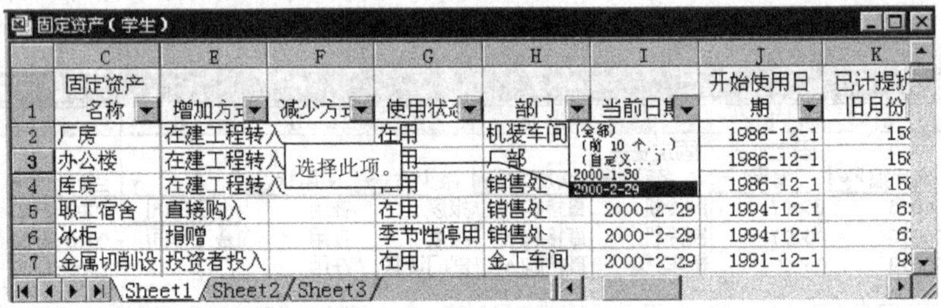

图 4-74

第二步：单击"开始使用日期"列按钮并选择"自定义"，如图 4-75 所示。

图 4-75

第三步:输入"自定义"筛选条件,如图 4-76 所示。筛选结果如图 4-77 所示。

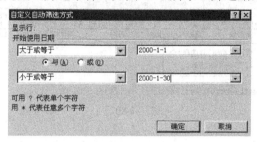

图 4-76

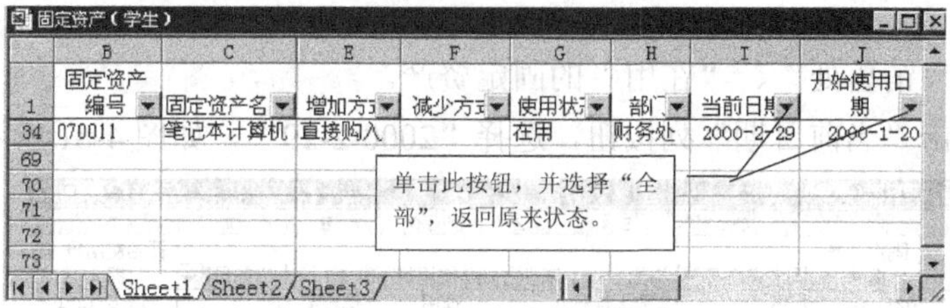

图 4-77

4.6.2 查询减少的固定资产

例如,查询 2003 年 1 月报废的固定资产。

第一步:单击"当前日期"列按钮,选择"2000-1-30",如图 4-78 所示。

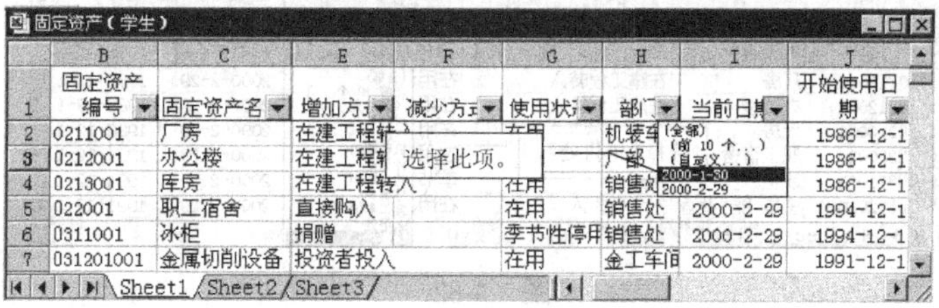

图 4-78

第二步:单击"减少方式"列按钮并选择"报废",如图 4-79 所示。筛选结果如图 4-80 所示。

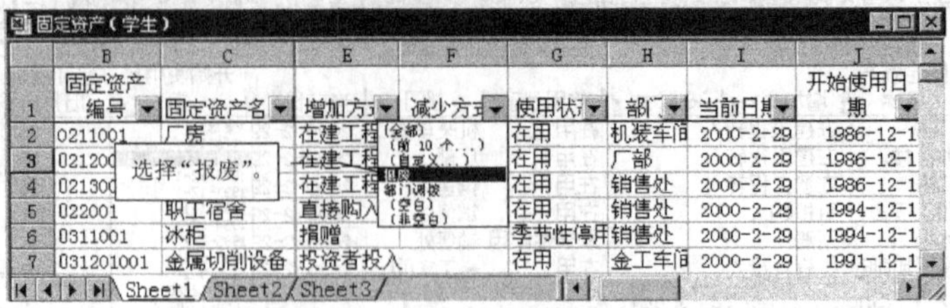

图 4-79

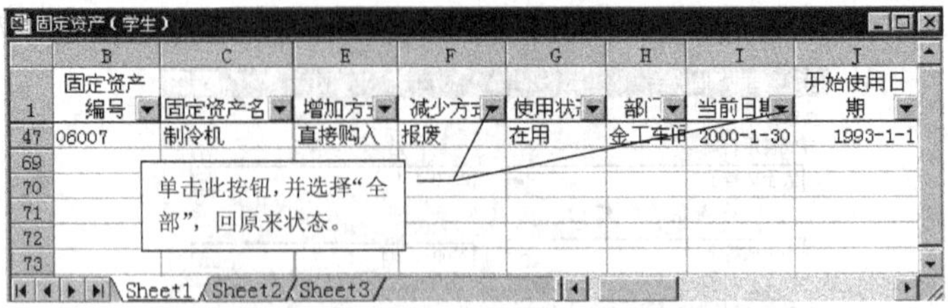

图 4-80

4.6.3 按部门查询固定资产

例如：查询"销售处"、"在用"的固定资产。

第一步：单击"当前日期"列按钮，选择"2000-2-29"，如图 4-81 所示。

图 4-81

第二步：单击"部门"列按钮，选择"销售处"，如图 4-82 所示。

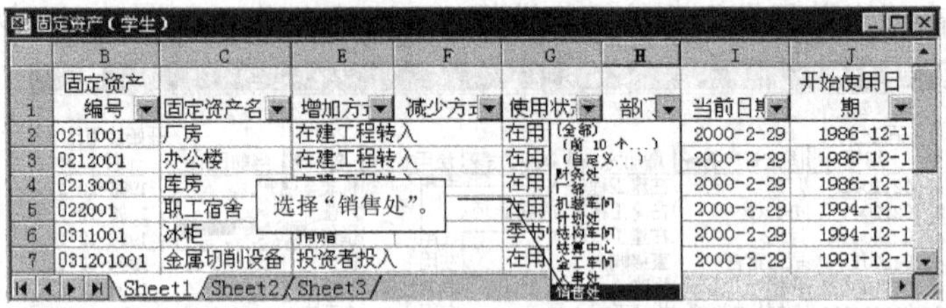

图 4-82

第三步：单击"使用状态"列，选择"在用"，如图 4-83 所示。筛选结果如图 4-84 所示。

图 4-83

图 4-84

4.6.4 按"原值"和"已使用年限"查询固定资产

例如:查询原值大于 30 000 元,已使用年限小于或等于 5 年的固定资产。

第一步:单击"当前日期"列按钮,选择"2000-2-29",如图 4-85 所示。

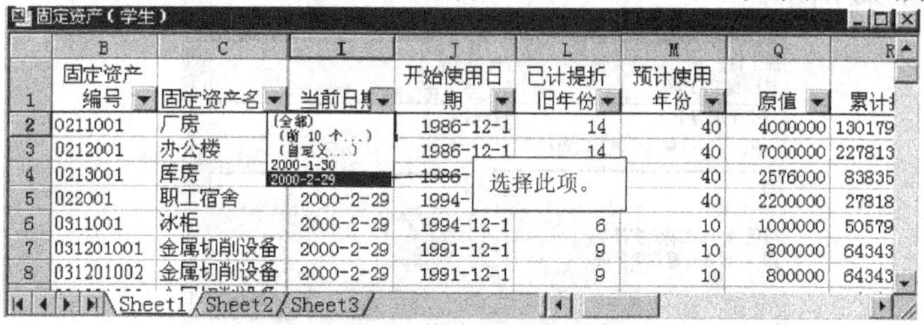

图 4-85

第二步:单击"原值"列按钮,选择"自定义",如图 4-86 所示。

图 4-86

第三步:输入"自定义"的筛选条件(原值大于或等于 300 000 元),如图 4-87 所示。

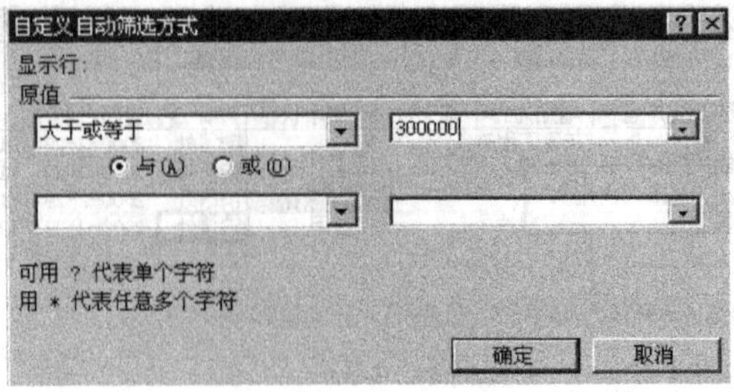

图 4-87

第四步：单击"已计提折旧年份"列按钮，选择"自定义"，如图 4-88 所示。

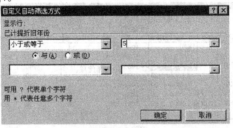

图 4-88

第五步：输入"自定义"的筛选条件(已使用年限小于或等于 5 年)，如图 4-89 所示。最后筛选结果如图 4-90 所示。

图 4-89

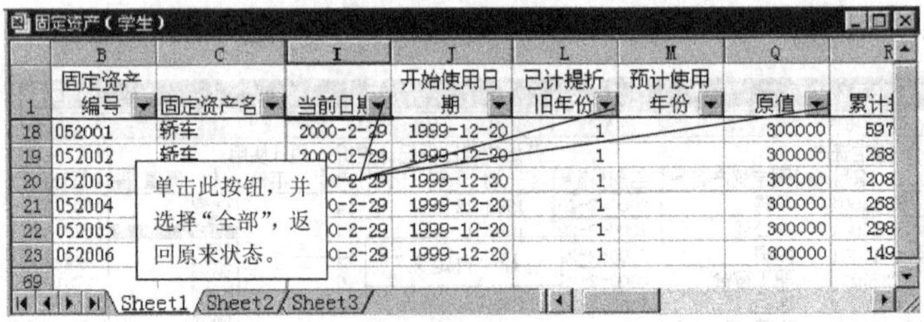

图 4-90

4.6.5 按月折旧额大小查询固定资产

例如：查询折旧已计提完毕、但仍继续使用的固定资产，这样的固定资产当前月份的月折旧额应该为"0"。

第一步：单击"当前日期"列按钮，并选择"2000-2-29"，如图 4-91 所示。

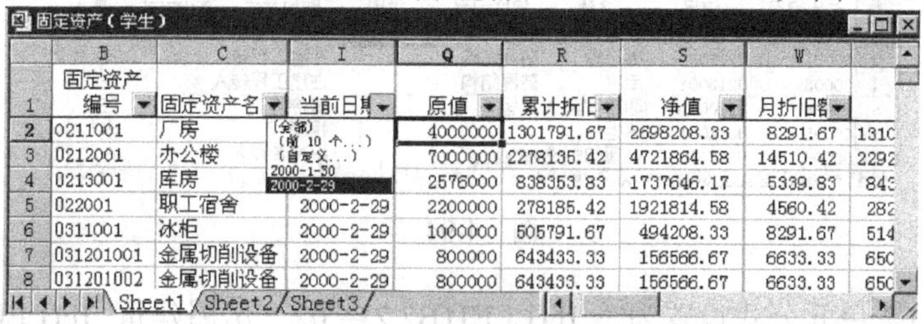

图 4-91

第二步：单击"月折旧额"列按钮，并选择"0"，如图 4-92 所示，结果如图 4-93 所示。

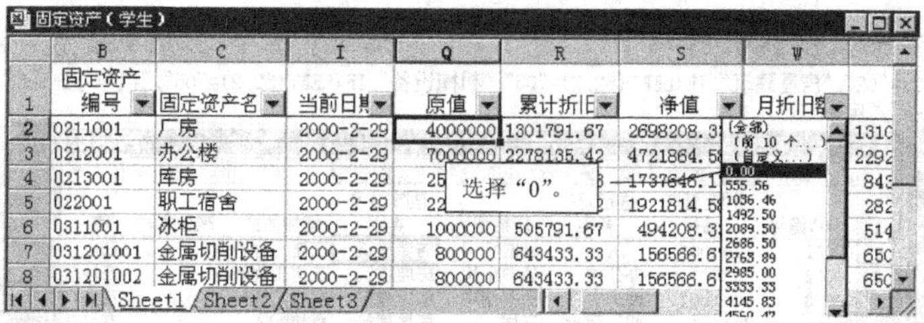

图 4-92

图 4-93

查询结束，再次选择"数据"|"筛选"|"自动筛选"命令，退出筛选状态。

4.7　固定资产折旧数据的汇总分析

每月计提完折旧后，D 公司要求对固定资产的月折旧额数据要分部门、分类别进行汇总分析。根据本章 D 公司的背景资料可以知道，D 公司的固定资产分为 5 类：房屋建筑类、机械设备类、制冷设备类、汽车类、电子设备类，它们的编码分别为 02、03、06、05 和 07。D 公司固定资产月折旧额的汇总分析过程如下。

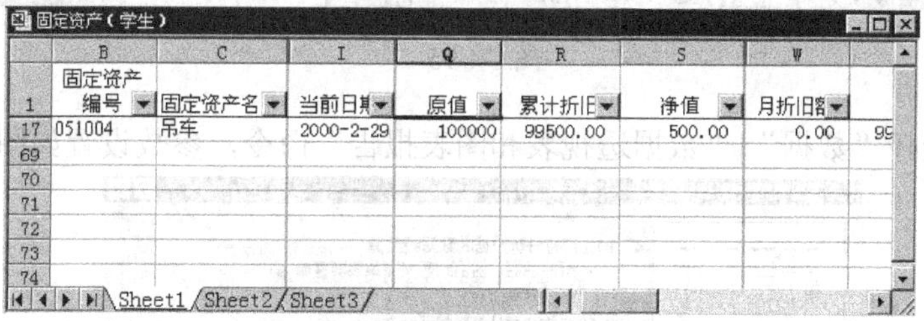

第一步：根据固定资产编码对固定资产进行分类。光标移到 E 列，选择"插入"|"列"命令，插入"固定资产类别"，如图 4-94 所示。

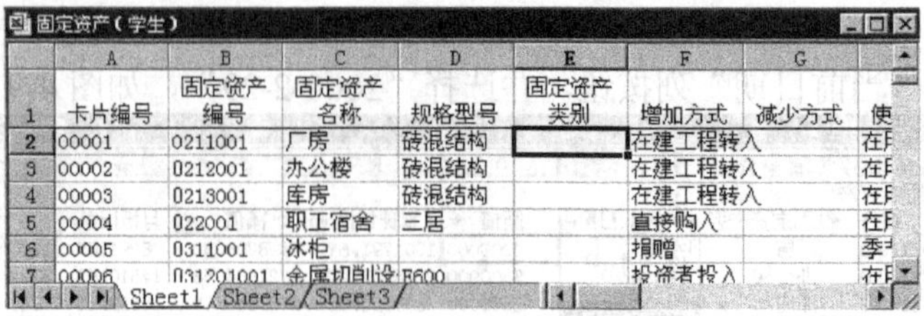

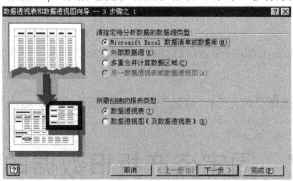

图 4-94

第二步：将 E2 单元公式设置为"=IF(LEFT(B2,2)="02","房屋建筑",IF(LEFT(B2,2)="03","机械设备",IF(LEFT(B2,2)="05","汽车",IF(LEFT(B2,2)="06","制冷设备","电子"))))"，并将 E2 单元的公式复制到 E 列的其他单元，如图 4-95 所示。

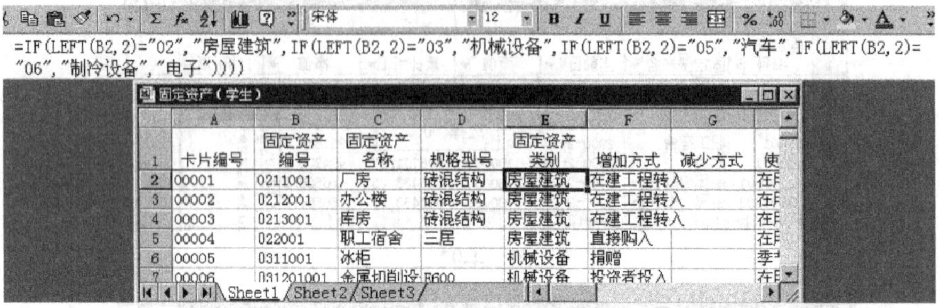

图 4-95

第三步：选择"数据"|"数据透视表和图表报告"命令，参数设置如图 4-96 所示。

图 4-96

第四步：选择要作汇总分析的数据区域(包括 2000 年 1 月、2000 年 2 月所有固定资产的数据)A1:X68，如图 4-97 所示。

图 4-97

第五步：选择数据透视表产生的位置，选择"新建工作表"单选按钮，如图 4-98 所示。

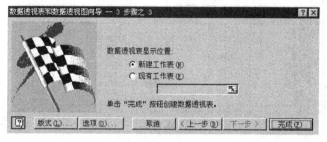

图 4-98

第六步：将"月折旧额"按钮，拖至如图 4-99 所示的箭头所指位置。

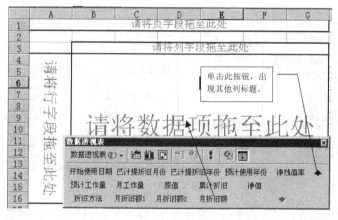

图 4-99

第七步：单击图 4-99 中的"箭头"按钮，将"部门"、"固定资产类别"、"当前日期"按钮分别移到图 4-100 中箭头所指位置。结果如图 4-101 所示。此图中，"当前日期"显示的是"全部"，表示各部门、各固定资产类别的月折旧额是 2000 年 1 月和 2000 年 2 月两个月的累计数。

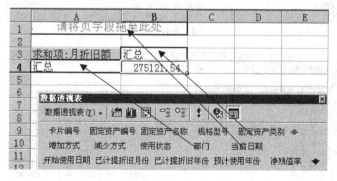

图 4-100

	A	B	C	D	E	F	G
1	当前日期	(全部)					
2							
3	求和项:月折旧额	固定资产类...					
4	部门	电子	房屋建筑	机械设备	汽车	制冷设备	总计
5	财务处	12750.00			4179.00		16929.00
6	厂部	13333.33	29020.83		14626.50		56980.67
7	机装车间		16583.33	8291.67	536.46		25411.46
8	计划处	12194.44			5970.00		18164.44
9	结构车间				4145.83		4145.83
10	结算中心	12194.44			2985.00		15179.44
11	金工车间			79600.00	2072.92	0.00	81672.92
12	人事处	12194.44			5373.00		17567.44
13	销售处		19800.50	16583.33	2686.50		39070.33
14	总计	62666.67	65404.67	104475.00	42575.21	0.00	275121.54

图 4-101

第八步：单击"当前日期"按钮，如图 4-102 所示，选择"2000-1-30"或"2000-2-29"，分别得到 2000 年 1 月和 2000 年 2 月各部门、各固定资产类别的月折旧额汇总数，如图 4-103、图 4-104 所示。

	A	B	C	D	E	F	G
1	当前日期	(全部)		单击此按钮。			
2							
3	求和项:月折旧额	(全部)					
4	部门	2000-1-30		机械设备	汽车	制冷设备	总计
5	财务处	2000-2-29			4179.00		16929.00
6	厂部				14626.50		56980.67
7	机装车间			8291.67	536.46		25411.46
8	计划处				5970.00		18164.44
9	结构车间	确定	取消		4145.83		4145.83
10	结算中心	12194.44			2985.00		15179.44
11	金工车间			79600.00	2072.92	0.00	81672.92
12	人事处	12194.44			5373.00		17567.44
13	销售处		19800.50	16583.33	2686.50		39070.33
14	总计	62666.67	65404.67	104475.00	42575.21	0.00	275121.54

图 4-102

	A	B	C	D	E	F	G
1	当前日期	2000-1-30					
2							
3	求和项:月折旧额	固定资产类...					
4	部门	电子	房屋建筑	机械设备	汽车	制冷设备	总计
5	财务处	6097.22			2089.50		8186.72
6	厂部	6666.67	14510.42		8656.50		29833.58
7	机装车间		8291.67	4145.83	536.46		12973.96
8	计划处	6097.22			2985.00		9082.22
9	结构车间				2072.92		2072.92
10	结算中心	6097.22			1492.50		7589.72
11	金工车间			39800.00	1036.46	0.00	40836.46
12	人事处	6097.22			2686.50		8783.72
13	销售处		9900.25	8291.67			18191.92
14	总计	31055.56	32702.33	52237.50	21555.83	0.00	137551.22

图 4-103

	A	B	C	D	E	F
1	当前日期	2000-2-29		双击此按钮。		
2						
3	求和项:月折旧额	固定资产类...				
4	部门	电子	房屋建筑	机械设备	汽车	总计
5	财务处	6652.78			2089.50	8742.28
6	厂部	6666.67	14510.42		5970.00	27147.08
7	机装车间		8291.67	4145.83	0.00	12437.50
8	计划处	6097.22			2985.00	9082.22
9	结构车间				2072.92	2072.92
10	结算中心	6097.22			1492.50	7589.72
11	金工车间			39800.00	1036.46	40836.46
12	人事处	6097.22			2686.50	8783.72
13	销售处		9900.25	8291.67	2686.50	20878.42
14	总计	31611.11	32702.33	52237.50	21019.38	137570.32

图 4-104

第九步：双击图 4-104 中的"求和项"按钮，出现如图 4-105 所示的对话框。单击"选项"按钮，然后分别选择"数据显示方式"下拉菜单中的"占同行数据总和的百分比"、"占同列数据总和的百分比"和"占总和的百分比"，可分别得到如图 4-106～图 4-108 的百分比分析数据。

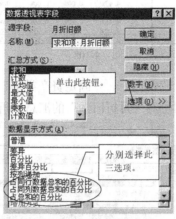

图 4-105

	A	B	C	D	E	F
1	当前日期	2000-2-29				
2						
3	求和项:月折旧额	固定资产类别				
4	部门	电子	房屋建筑	机械设备	汽车	总计
5	财务处	76.10%	0.00%	0.00%	23.90%	100.00%
6	厂部	24.56%	53.45%	0.00%	21.99%	100.00%
7	机装车间	0.00%	66.67%	33.33%	0.00%	100.00%
8	计划处	67.13%	0.00%	0.00%	32.87%	100.00%
9	结构车间	0.00%	0.00%	0.00%	100.00%	100.00%
10	结算中心	80.34%	0.00%	0.00%	19.66%	100.00%
11	金工车间	0.00%	0.00%	97.46%	2.54%	100.00%
12	人事处	69.42%	0.00%	0.00%	30.58%	100.00%
13	销售处	0.00%	47.42%	39.71%	12.87%	100.00%
14	总计	22.98%	23.77%	37.97%	15.28%	100.00%

图 4-106

	A	B	C	D	E	F
1	当前日期	2000-2-29				
2						
3	求和项:月折旧额	固定资产类别				
4	部门	电子	房屋建筑	机械设备	汽车	总计
5	财务处	21.05%	0.00%	0.00%	9.94%	6.35%
6	厂部	21.09%	44.37%	0.00%	28.40%	19.73%
7	机装车间	0.00%	25.35%	7.94%	0.00%	9.04%
8	计划处	19.29%	0.00%	0.00%	14.20%	6.60%
9	结构车间	0.00%	0.00%	0.00%	9.86%	1.51%
10	结算中心	19.29%	0.00%	0.00%	7.10%	5.52%
11	金工车间	0.00%	0.00%	76.19%	4.93%	29.68%
12	人事处	19.29%	0.00%	0.00%	12.78%	6.38%
13	销售处	0.00%	30.27%	15.87%	12.78%	15.18%
14	总计	100.00%	100.00%	100.00%	100.00%	100.00%

图 4-107

图 4-108

第十步：将"当前日期"、"部门"、"固定资产类别"按钮分别移到图4-109所指位置，产生如图4-110所示的按月份对"月折旧额"的汇总分析。

图 4-109

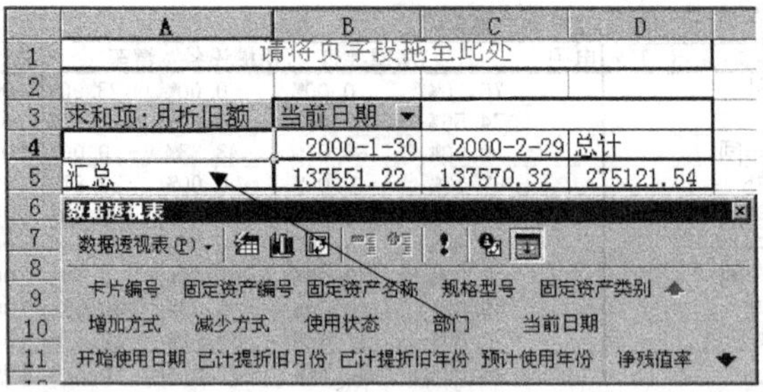

图 4-110

第十一步：将"部门"按钮拖至图4-110箭头所指位置，产生如图4-111所示的按月份、按部门的月折旧额汇总分析。

图 4-111

第 5 章
进销存管理

背景资料

E 公司是一家空调的代理销售商，长期为美的、三菱、日立 3 个品牌的空调产品做代理，因此这家公司的供应商比较固定。主要代理销售空调 1，空调 2，……，空调 8 八种空调。E 公司的主要客户是各大百货商场，比如长安、双安、蓝岛、复兴、东安、王府井等，和街边常见的空调专卖店，客户总数大致有 30 多个。E 公司的年销售额最多可达到一亿元。E 公司的经理想随时了解公司库存、销售情况，以此来决定公司下一步的经营活动。公司的主管会计想随时了解公司客户的应收或预收账款余额和供应商的应付或预付账款余额，以加强对应收、预收账款和应付、预付账款的管理，加快资金回笼，保证公司资金充裕。本章将以 E 公司的业务为实例，讲述如何用 Excel 管理 E 公司的进销存业务，及时为 E 公司的经理与会计主管提供他们所需的信息。

本章内容

- 业务信息初始设置
- 输出信息公式设置
- 业务信息输入及输出
- 各种业务明细账的输出
- 汇总分析

5.1 业务信息初始设置

E 公司经理与会计主管的信息需求,决定了应该输入哪些业务信息,所以首先要对输入的业务信息进行初始设置,也就是设置要输入哪些信息。

5.1.1 付款业务信息初始设置

第一步:设置付款业务需要输入的信息,如图 5-1 所示。

图 5-1

第二步:为了输入方便及防止出错,对"供应商"列添加有效性控制。光标移到 B2 列,选择"数据"|"有效性"命令,操作过程如图 5-2 所示。

第三步:将 B2 单元的有效性控制复制到 B 列的其他单元,如图 5-3 所示。

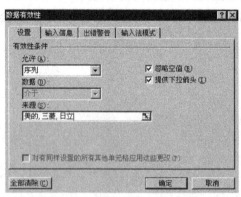

图 5-2

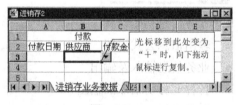

图 5-3

5.1.2 采购业务信息初始设置

第一步:设置采购业务需要输入的信息,如图 5-4 所示。

图 5-4

第 5 章 进销存管理

第二步：为了输入方便及防止出错，对"供应商"列添加有效性控制。光标移到 E2 单元，选择"数据"|"有效性"命令，操作过程如图 5-5 所示。

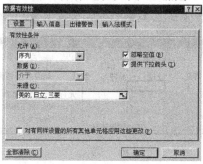

图 5-5

第三步：将 E2 单元的有效性控制复制到 E 列的其他单元，如图 5-6 所示。

图 5-6

第四步：采购金额=采购数量×单价。将 F2 单元的公式设置为"=H2×I2"，并将此公式复制到 F 列的其他单元，如图 5-7 所示。

图 5-7

5.1.3 销售业务信息初始设置

第一步：设置销售业务需要输入的信息，如图 5-8 所示。

图 5-8

第二步：销售金额=销售数量×销售单价。将 M2 单元的公式设置为"=O3×P3"，并将此单元公式复制到 M 列的其他单元，如图 5-9 所示。

图 5-9

5.1.4 收款业务信息初始设置

设置收款业务需要输入的信息，如图 5-10 所示。

图 5-10

5.2 输出信息公式设置

对输入的各种业务信息进行加工，以形成 E 公司经理与会计主管需要的信息，此处的公式设置就是为此目的。

第一步：设置 E 公司经理与会计主管需要的信息，如图 5-11 所示。

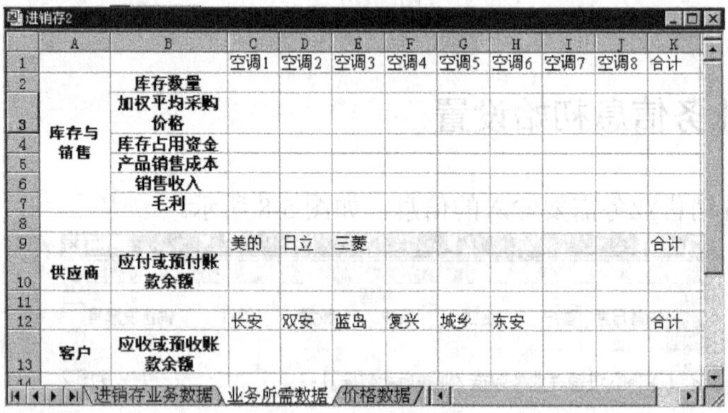

图 5-11

原始业务数据放在"进销存业务数据"工作表中，经过加工后的数据放在"业务所需数据"工作表中。

第二步：设置"库存数量"的取数公式，每种空调的库存数量等于此种空调的采购数量减去此种空调的销售数量。将 C2 单元的公式设置为"=SUMIF(进销存业务数据!$G$3:$G$2000,C1,进销存业务数据!$H$3:$H$2000)-SUMIF(进销存业务数据!$N$3:$N$2000,C1,进销存业务数据!$O$3:$O$2000)"。

如图 5-12 所示，假设此公司每月最多有 2 000 笔采购或销售业务。

图　5-12

第三步：将 C2 单元的公式复制到 D2:J2 区域，如图 5-13 所示。

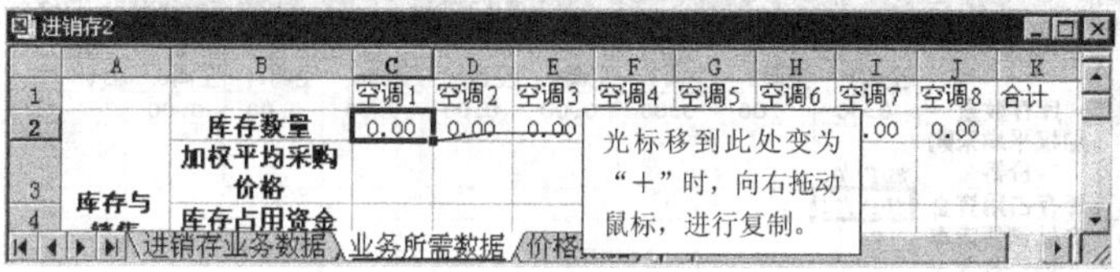

图　5-13

第四步：E 公司经理要求当每种空调的库存数量小于或等于 5 台时，要"红色"显示，以提示及时进货。选择 C2:J2 区域，选择"格式"|"条件格式"命令，操作过程如图 5-14 所示。结果如图 5-15 所示。

图　5-14

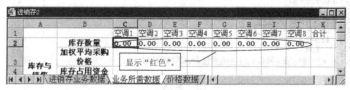

图　5-15

第五步：设置"加权平均采购价格"的公式，每种空调加权平均采购价格等于此种空调采购金额的和除以此种空调采购数量的和。将 C3 单元的公式设置为"=SUMIF(进销存业务数据!$G$3:$G$2000,C1,进销存业务数据!$F$3:$F$2000)/SUMIF(进销存业务数据!$G$3:$G$2000,C1,进销存业务数据!$H$3:$H$2000)"。

因为没有输入数据，所以出现如图 5-16 所示的结果。

图 5-16

第六步：设置"库存占用资金"的取数公式，每种空调的库存占用资金等于此种空调的加权平均采购价格乘以此种空调的库存数量。将 C4 单元的公式设置为"=C2×C3"，如图 5-17 所示。

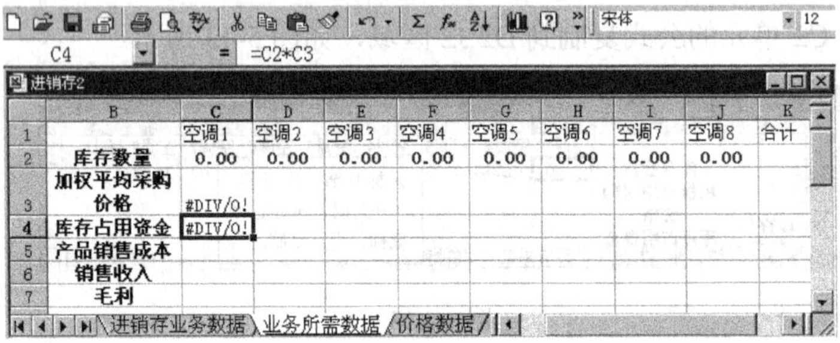

图 5-17

第七步：设置"产品销售成本"的取数公式，每种空调的销售成本等于此种空调的销售数量乘以此种空调的加权平均采购价格。将 C5 单元的公式设置为：
=SUMIF(进销存业务数据!$N$3:$N$2000,C1,进销存业务数据!$O$3:$O$2000)×C3
如图 5-18 所示。

图 5-18

第八步：设置"产品销售收入"的取数公式，每种空调的销售收入等于此种空调销售金额的和。将 C6 单元的公式设置为：
=SUMIF(进销存业务数据!$N$3:$N$2000,C1,进销存业务数据!$M$3:$M$2000)
如图 5-19 所示。

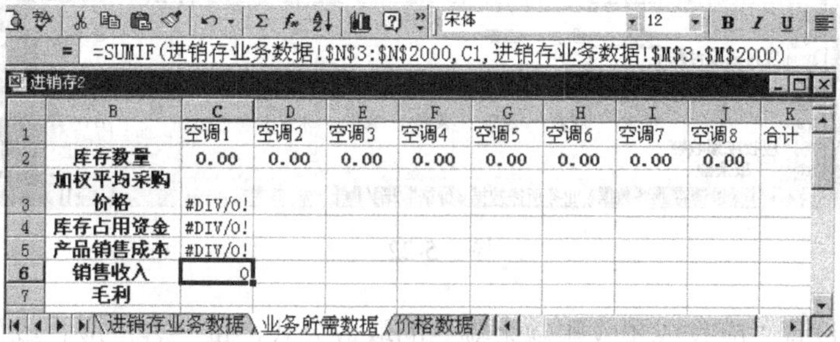

图 5-19

第九步：设置"毛利"的取数公式，每种空调的毛利等于此种空调的销售收入减去此种空调的产品销售成本。将 C7 单元的公式设置为"=C6-C7"，如图 5-20 所示。

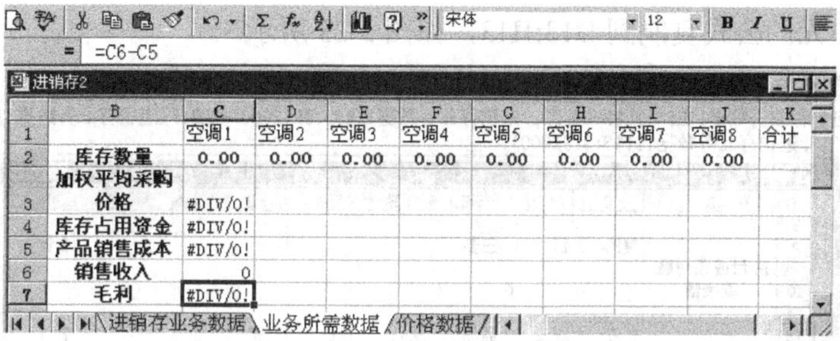

图 5-20

第十步：选择 C3:J7 区域，选择"填充"|"向右填充"命令，将 C3:C7 单元的公式复制到 D3:J7 区域，结果如图 5-21 所示。

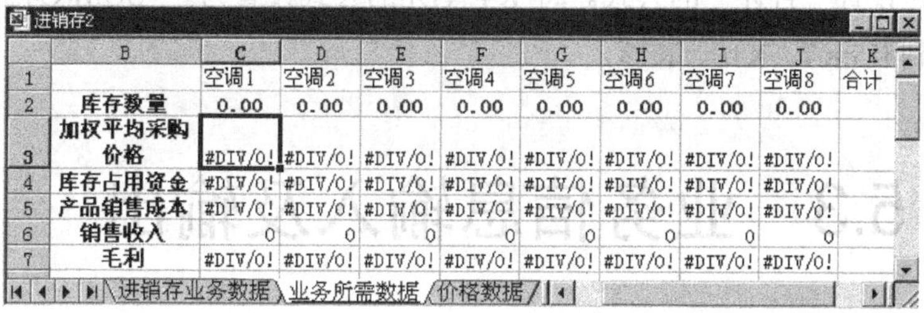

图 5-21

第十一步：设置"应付或预付账款余额"的取数公式，每一供应商应付或预付账款余额等于从此供应商处采购的金额减去对此供应商的付款。将 C10 单元的公式设置为：
=SUMIF(进销存业务数据!$E$3:$E$2000,C9,进销存业务数据!$F$3:$F$2000)-SUMIF(进销存业务数据!$B$3:$B$2000,C9,进销存业务数据!$C$3:$C$2000)
并将 C10 单元的公式复制到 D10:E10 区域，如图 5-22 所示。

图 5-22

第十二步：设置"应收或预收账款余额"的取数公式，每一客户应收或预收账款余额等于对此客户的销售金额减去对此客户的收款额。将 C13 单元的公式设置为：

=SUMIF(进销存业务数据!$L$3:$L$2000,C12,进销存业务数据!$M$3:$M$2000)－SUMIF(进销存业务数据!$S$3:$S$2000,C12,进销存业务数据!$T$3:$T$2000)

并将 C13 单元的公式复制到 D13:H13，如图 5-23 所示。

图 5-23

第十三步：设置"合计"的公式。将 K4 单元的公式设置为"=SUM(C4:J4)"，并将单元的公式复制到 K5:K7、K10、K13。

5.3 业务信息输入及输出

采购、付款、销售业务相继发生后，输入各种业务数据如图 5-24(采购与付款数据)、图 5-25(销售与收款数据)所示。E 公司经理与会计主管需要的各种信息将自动产生，如图 5-26 所示。在图 5-26 中，库存数量小于或等于 5 的单元都以"红色"显示，以提示 E 公司的经理该进货了。

	A	B	C	D	E	F	G	H	I	J
1		付款					采购			
2	付款日期	供应商	付款金额	采购日期	供应商	采购金额	品种	数量	单价	采购发票号
3	2003-3-28	美的	500000	2003-4-1	美的	20000	空调1	20	1000	1000100
4	2003-3-28	日立	250000	2003-4-1	美的	45000	空调2	30	1500	1000101
5	2003-3-28	三菱	300000	2003-4-1	美的	80000	空调3	40	2000	1000102
6				2003-4-1	日立	250000	空调4	50	5000	1000103
7				2003-4-1	美的	174000	空调5	60	2900	1000104
8				2003-4-1	三菱	240000	空调6	40	6000	1000105
9				2003-4-1	美的	180900	空调7	67	2700	1000106
10				2003-4-1	三菱	80000	空调8	20	4000	1000107

图 5-24

	K	L	M	N	O	P	Q	R	S	T
1				销售					收款	
2	销售日期	客户	金额	品种	数量	单价	销售发票号	收款日期	客户	收款金额
3	2003-4-1	长安	32000	空调1	16	2000	9901100			
4	2003-4-1	东安	64000	空调2	20	3200	9901101			
5	2003-4-1	复兴	87500	空调3	35	2500	9901102			
6	2003-4-1	蓝岛	247500	空调4	45	5500	9901103			
7	2003-4-1	城乡	168000	空调5	56	3000	9901104			
8	2003-4-1	双安	228000	空调6	38	6000	9901105			
9	2003-4-1	双安	150000	空调7	50	3000	9901106			
10	2003-4-1	蓝岛	65600	空调8	16	4100	9901107			

图 5-25

“红色”显示

	B	C	D	E	F	G	H	I	J	K
1		空调1	空调2	空调3	空调4	空调5	空调6	空调7	空调8	合计
2	**库存数量**	4.00	10.00	5.00	5.00	4.00	2.00	17.00	4.00	
3	**加权平均采购价格**	1000	1500	2000	5000	2900	6000	2700	4000	
4	**库存占用资金**	4000	15000	10000	25000	11600	12000	45900	16000	139500
5	**产品销售成本**	16000	30000	70000	225000	162400	228000	135000	64000	930400
6	**销售收入**	32000	64000	87500	247500	168000	228000	150000	65600	1042600
7	**毛利**	16000	34000	17500	22500	5600	0	15000	1600	112200
8										
9		美的	日立	三菱						合计
10	**应付或预付账款余额**	-100	0	20000						19900
11										
12		长安	双安	蓝岛	复兴	城乡	东安			合计
13	**应收或预收账款余额**	32000	378000	313100	87500	168000	64000			1042600

图 5-26

当进一步的采购、销售、收款业务发生并输入 Excel 后(如图 5-27、图 5-28 所示)，E 公司经理与会计主管需要的业务数据自动更新，如图 5-29 所示。

	A	B	C	D	E	F	G	H	I	J
1		付款					采购			
2	付款日期	供应商	付款金额	采购日期	供应商	采购金额	品种	数量	单价	采购发票号
3	2003-3-28	美的	500000	2003-4-1	美的	20000	空调1	20	1000	1000100
4	2003-3-28	日立	250000	2003-4-1	美的	45000	空调2	30	1500	1000101
5	2003-3-28	三菱	300000	2003-4-1	美的	80000	空调3	40	2000	1000102
6	2003-4-1	美的	350000	2003-4-1	日立	250000	空调4	50	5000	1000103
7	2003-4-1	日立	120000	2003-4-1	美的	174000	空调5	60	2900	1000104
8	2003-4-1	三菱	260000	2003-4-1	三菱	240000	空调6	40	6000	1000105
9				2003-4-1	美的	180900	空调7	67	2700	1000106
10				2003-4-1	三菱	80000	空调8	20	4000	1000107
11				2003-4-2	美的	36000	空调1	30	1200	1000108
12				2003-4-2	美的	68000	空调2	40	1700	1000109
13				2003-4-2	美的	57000	空调3	30	1900	1000110
14				2003-4-2	日立	110000	空调4	20	5500	1000111
15				2003-4-2	美的	90000	空调5	30	3000	1000112
16				2003-4-2	三菱	234000	空调8	60	3900	1000113
17						0				

图 5-27

进销存2

	K	L	M	N	O	P	Q	R	S	T
1				销售					收款	
2	销售日期	客户	金额	品种	数量	单价	销售发票号	收款日期	客户	收款金额
3	2003-4-1	长安	32000	空调1	16	2000	9901100	2003-4-2	双安	400000
4	2003-4-1	东安	64000	空调2	20	3200	9901101	2003-4-2	东安	90000
5	2003-4-1	复兴	87500	空调3	35	2500	9901102	2003-4-2	复兴	100000
6	2003-4-1	蓝岛	247500	空调4	45	5500	9901103	2003-4-2	城乡	200000
7	2003-4-1	城乡	168000	空调5	56	3000	9901104			
8	2003-4-1	双安	228000	空调6	38	6000	9901105			
9	2003-4-1	双安	150000	空调7	50	3000	9901106			
10	2003-4-1	蓝岛	65600	空调8	16	4100	9901107			
11	2003-4-2	蓝岛	21000	空调1	10	2100	9901108			
12	2003-4-2	双安	33000	空调1	15	2200	9901109			
13	2003-4-2	东安	32000	空调2	10	3200	9901110			
14	2003-4-2	复兴	31000	空调2	10	3100	9901111			
15	2003-4-2	城乡	55800	空调2	18	3100	9901112			
16			0							
17			0							

进销存业务数据 / 业务所需数据 / 价格数

图 5-28

进销存2

	B	C	D	E	F	G	H	I	J	K
1		空调1	空调2	空调3	空调4	空调5	空调6	空调7	空调8	合计
2	库存数量	9.00	12.00	35.00	25.00	34.00	2.00	17.00	64.00	
3	加权平均采购价格	1120	1614.3	1957.1	5142.9	2933.3	6000	2700	3925	
4	库存占用资金	10080	19371	68500	128571	99733	12000	45900	251200	635356
5	产品销售成本	45920	93629	68500	231429	164267	228000	135000	62800	1029544
6	销售收入	86000	182800	87500	247500	168000	228000	150000	65600	1215400
7	毛利	40080	89171	19000	16071	3733.3	0	15000	2800	185856
8										
9		美的	日立	三菱						合计
10	应付或预付账款余额	-99100	-10000	-6000						-115100
11										
12		长安	双安	蓝岛	复兴	城乡	东安			合计
13	应收或预收账款余额	32000	11000	334100	18500	23800	6000			425400
14										

进销存业务数据 / 业务所需数据 / 价格数据

图 5-29

5.4 各种业务明细账的输出

5.4.1 采购明细账的形成

1. 按供应商的采购明细账

第一步：光标在 D2 单元，选择所要形成采购明细账的采购数据区域，如图 5-30 所示。

第 5 章 进销存管理

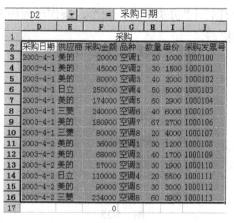

图 5-30

第二步：选择"数据"|"排序"命令，操作过程如图 5-31 所示；操作结果如图 5-32 所示，采购数据先按"供应商"排序，再按"采购日期"进行排序。

图 5-31

图 5-32

第三步：选择"数据"|"分类汇总"命令，操作过程如图 5-33 所示；操作结果如图 5-34 所示，采购金额已按供应商进行汇总，形成按供应商的明细账。

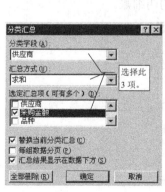

图 5-33

图 5-34

167

第四步：再次选择"数据"|"分类汇总"命令，操作过程如图 5-35 所示，将取消分类汇总，回到图 5-32 所示的状态。

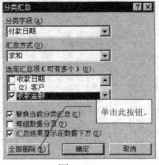

图 5-35

2. 按品种的采购明细账

第一步：同上部分的第一步。

第二步：选择"数据"|"排序"命令，操作过程如图 5-36 所示；操作结果如图 5-37 所示，采购数据先按"品种"排序，再按"采购日期"排序。

图 5-36

图 5-37

第三步：选择"数据"|"分类汇总"命令，操作过程如图 5-38 所示；操作结果如图 5-39 所示，采购金额、数量已按品种进行汇总，形成按品种的明细账。

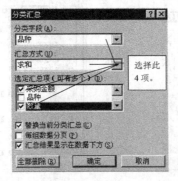

图 5-38

第 5 章　进销存管理

图 5-39

第四步：退出分类汇总状态，同上部分的第四步。

同理可以形成按日期的采购明细账。

3. 计算分供应商和品种的采购汇总数

第一步：选择"数据"|"数据透视表与图表报告"命令，操作过程如图 5-40 所示。

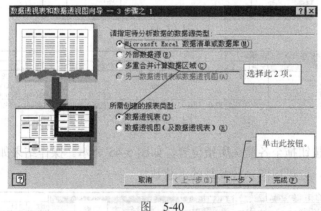

图 5-40

第二步：选择要分析的采购数据所在区域，在此选择 D2:J16，如图 5-41 所示。

图 5-41

第三步：将分析结果放在新建的工作表上，操作如图 5-42 所示。

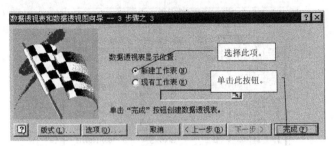

图 5-42

第四步：将各按钮拖至各箭头所指位置，如图 5-43 所示。操作结果如图 5-44 所示，表中数据为采购金额，分供应商、分品种的汇总数。

图 5-43

4	求和项:采购金额	品种							
5	供应商	空调1	空调2	空调3	空调4	空调5	空调6	空调7	空调8	总计
6	美的	56000	113000	137000		264000		180900		750900
7	日立				360000					360000
8	三菱						240000		314000	554000
9	总计	56000	113000	137000	360000	264000	240000	180900	314000	1664900

图 5-44

第五步：将各按钮拖至各箭头所指位置，如图 5-45 所示。操作结果如图 5-46 所示，表中数据为采购数量，分供应商、分品种的汇总数。

图 5-45

4	求和项:数量	品种							
5	供应商	空调1	空调2	空调3	空调4	空调5	空调6	空调7	空调8	总计
6	美的	50	70	70		90		67		347
7	日立				70					70
8	三菱						40		80	120
9	总计	50	70	70	70	90	40	67	80	537

图 5-46

5.4.2 销售明细账的形成

1. 按客户的销售明细账

此明细账的形成过程与 5.4.1 小节中按供应商采购明细账的过程相同，在此不再赘述。此明细账如图 5-47 所示。

	K	L	M	N	O	P	Q
1				销售			
2	销售日期	客户	金额	品种	数量	单价	销售发票号
3	2003-4-1	长安	32000	空调1	16	2000	9901100
4		**长安**	32000				
5	2003-4-1	城乡	168000	空调5	56	3000	9901104
6	2003-4-2	城乡	55800	空调2	18	3100	9901112
7		**城乡**	223800				
8	2003-4-1	东安	64000	空调2	20	3200	9901101
9	2003-4-2	东安	32000	空调2	10	3200	9901110
10		**东安**	96000				
11	2003-4-1	复兴	87500	空调3	35	2500	9901102
12	2003-4-2	复兴	31000	空调2	10	3100	9901111
13		**复兴**	118500				
14	2003-4-1	蓝岛	247500	空调4	45	5500	9901103
15	2003-4-1	蓝岛	65600	空调8	16	4100	9901107
16	2003-4-2	蓝岛	21000	空调1	10	2100	9901108
17		**蓝岛**	334100				
18	2003-4-1	双安	228000	空调6	38	6000	9901105
19	2003-4-1	双安	150000	空调7	50	3000	9901106
20	2003-4-2	双安	33000	空调1	15	2200	9901109
21		**双安**	411000				
22		**总计**	1215400				

图 5-47

2. 按品种的销售明细账

此明细账的形成过程与 5.4.1 小节中按品种采购明细账的过程相同，在此不再赘述。此明细账如图 5-48 所示。

	K	L	M	N	O	P	Q
1				销售			
2	销售日期	客户	金额	品种	数量	单价	销售发票号
3	2003-4-1	长安	32000	空调1	16	2000	9901100
4	2003-4-2	蓝岛	21000	空调1	10	2100	9901108
5	2003-4-2	双安	33000	空调1	15	2200	9901109
6			86000	**空调1**	41		
7	2003-4-1	东安	64000	空调2	20	3200	9901101
8	2003-4-2	城乡	55800	空调2	18	3100	9901112
9	2003-4-2	东安	32000	空调2	10	3200	9901110
10	2003-4-2	复兴	31000	空调2	10	3100	9901111
11			182800	**空调2**	58		
12	2003-4-1	复兴	87500	空调3	35	2500	9901102
13			87500	**空调3**	35		
14	2003-4-1	蓝岛	247500	空调4	45	5500	9901103
15			247500	**空调4**	45		
16	2003-4-1	城乡	168000	空调5	56	3000	9901104
17			168000	**空调5**	56		
18	2003-4-1	双安	228000	空调6	38	6000	9901105
19			228000	**空调6**	38		
20	2003-4-1	双安	150000	空调7	50	3000	9901106
21			150000	**空调7**	50		
22	2003-4-1	蓝岛	65600	空调8	16	4100	9901107
23			65600	**空调8**	16		
24			1215400	**总计**	339		
25			0				

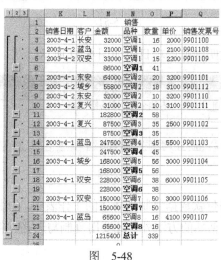

图 5-48

3. 计算分客户和品种的销售汇总数

此汇总数的计算与 5.4.1 小节中分供应商和品种采购汇总数的计算过程相同，在此不再赘述。此汇总数如图 5-49(销售金额)、图 5-50(销售数量)所示。

求和项:金额	品种								
客户	空调1	空调2	空调3	空调4	空调5	空调6	空调7	空调8	总计
长安	32000								32000
城乡		55800			168000				223800
东安		96000							96000
复兴		31000	87500						118500
蓝岛	21000			247500				65600	334100
双安	33000					228000	150000		411000
总计	86000	182800	87500	247500	168000	228000	150000	65600	1215400

图 5-49

求和项:数量	品种								
客户	空调1	空调2	空调3	空调4	空调5	空调6	空调7	空调8	总计
长安	16								16
城乡		18			56				74
东安		30							30
复兴		10	35						45
蓝岛	10			45				16	71
双安	15					38	50		103
总计	41	58	35	45	56	38	50	16	339

图 5-50

5.4.3 应付账款明细账的形成

第一步：选择"插入"|"工作表"命令，如图 5-51 所示。

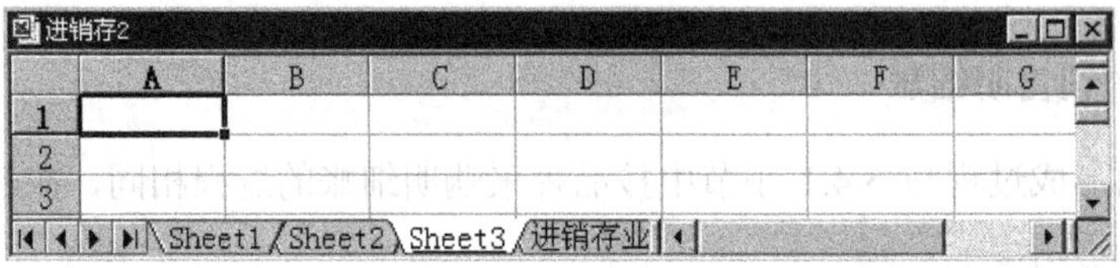

图 5-51

第二步：输入应付账款明细账的项目，如图 5-52 所示。

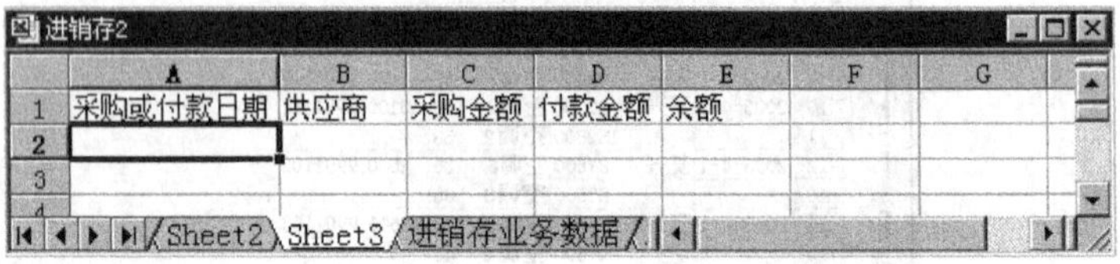

图 5-52

第三步：将采购数据与付款数据复制到新建的工作表中，如图 5-53 所示。在复制的过程中，除了用一般的复制与粘贴的方法外，还要用复制与选择性粘贴的方法，仅复制数据的数值部分。

第四步：将 E2 单元的公式设置为"=C2－D2"，并将 E2 单元的公式复制到 E 列的其他单元，结果如图 5-54 所示。

第5章 进销存管理

	A	B	C	D	E
1	采购或付款日期	供应商	采购金额	付款金额	余额
2	2003-4-1	美的	20000		
3	2003-4-2	美的	36000		
4	2003-4-1	美的	45000		
5	2003-4-2	美的	68000		
6	2003-4-1	美的	80000		
7	2003-4-2	美的	57000		
8	2003-4-1	日立	250000		
9	2003-4-2	日立	110000		
10	2003-4-1	美的	174000		
11	2003-4-2	美的	90000		
12	2003-4-1	三菱	240000		
13	2003-4-1	美的	180900		
14	2003-4-1	三菱	80000		
15	2003-4-2	三菱	234000		
16	2003-3-28	美的		500000	
17	2003-3-28	日立		250000	
18	2003-3-28	三菱		300000	
19	2003-4-1	美的		350000	
20	2003-4-1	日立		120000	
21	2003-4-1	三菱		260000	

图 5-53

	A	B	C	D	E
1	采购或付款日期	供应商	采购金额	付款金额	余额
2	2003-4-1	美的	20000		20000
3	2003-4-2	美的	36000		36000
4	2003-4-1	美的	45000		45000
5	2003-4-2	美的	68000		68000
6	2003-4-1	美的	80000		80000
7	2003-4-2	美的	57000		57000
8	2003-4-1	日立	250000		250000
9	2003-4-2	日立	110000		110000
10	2003-4-1	美的	174000		174000
11	2003-4-2	美的	90000		90000
12	2003-4-1	三菱	240000		240000
13	2003-4-1	美的	180900		180900
14	2003-4-1	三菱	80000		80000
15	2003-4-2	三菱	234000		234000
16	2003-3-28	美的		500000	-500000
17	2003-3-28	日立		250000	-250000
18	2003-3-28	三菱		300000	-300000
19	2003-4-1	美的		350000	-350000
20	2003-4-1	日立		120000	-120000
21	2003-4-1	三菱		260000	-260000

图 5-54

第五步：选择"数据"|"排序"命令，使采购数据分别按供应商、采购与付款日期进行排序，如图5-55所示。

	A	B	C	D	E
1	采购或付款日期	供应商	采购金额	付款金额	余额
2	2003-3-28	美的		500000	-500000
3	2003-4-1	美的	20000		20000
4	2003-4-1	美的	45000		45000
5	2003-4-1	美的	80000		80000
6	2003-4-1	美的	174000		174000
7	2003-4-1	美的	180900		180900
8	2003-4-1	美的		350000	-350000
9	2003-4-2	美的	36000		36000
10	2003-4-2	美的	68000		68000
11	2003-4-2	美的	57000		57000
12	2003-4-2	美的	90000		90000
13	2003-3-28	日立		250000	-250000
14	2003-4-1	日立	250000		250000
15	2003-4-1	日立		120000	-120000
16	2003-4-2	日立	110000		110000
17	2003-3-28	三菱		300000	-300000
18	2003-4-1	三菱	240000		240000
19	2003-4-1	三菱	80000		80000
20	2003-4-1	三菱		260000	-260000
21	2003-4-2	三菱	234000		234000

图 5-55

第六步：选择"数据"|"分类汇总"命令，操作过程如图5-56所示，形成按供应商的应付账款明细账，如图5-57所示。

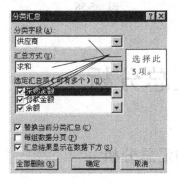

图 5-56

	A	B	C	D	E
1	采购或付款日期	供应商	采购金额	付款金额	余额
2	2003-3-28	美的		500000	-500000
3	2003-4-1	美的	20000		20000
4	2003-4-1	美的	45000		45000
5	2003-4-1	美的	80000		80000
6	2003-4-1	美的	174000		174000
7	2003-4-1	美的	180900		180900
8	2003-4-1	美的		350000	-350000
9	2003-4-2	美的	36000		36000
10	2003-4-2	美的	68000		68000
11	2003-4-2	美的	57000		57000
12	2003-4-2	美的	90000		90000
13		**美的 汇总**	750900	850000	-99100
14	2003-3-28	日立		250000	-250000
15	2003-4-1	日立	250000		250000
16	2003-4-1	日立		120000	-120000
17	2003-4-2	日立	110000		110000
18		**日立 汇总**	360000	370000	-10000
19	2003-3-28	三菱		300000	-300000
20	2003-4-1	三菱	240000		240000
21	2003-4-1	三菱	80000		80000
22	2003-4-1	三菱		260000	-260000
23	2003-4-2	三菱	234000		234000
24		**三菱 汇总**	554000	560000	-6000
25		**总计**	1664900	1780000	-115100
26					

图 5-57

5.4.4 应收账款明细账的形成

与应付账款明细账的形成过程相同，可形成应收账款明细账，如图 5-58 所示。

	A	B	C	D	E
1	销售或收款日期	客户	销售金额	收款金额	余额
2	2003-4-1	长安	32000		32000
3		**长安 汇总**	32000	0	32000
4	2003-4-1	城乡	168000		168000
5	2003-4-2	城乡	55800		55800
6	2003-4-2	城乡		200000	-200000
7		**城乡 汇总**	223800	200000	23800
8	2003-4-1	东安	64000		64000
9	2003-4-2	东安	32000		32000
10	2003-4-2	东安		90000	-90000
11		**东安 汇总**	96000	90000	6000
12	2003-4-1	复兴	87500		87500
13	2003-4-2	复兴	31000		31000
14	2003-4-2	复兴		100000	-100000
15		**复兴 汇总**	118500	100000	18500
16	2003-4-1	蓝岛	247500		247500
17	2003-4-1	蓝岛	65600		65600
18	2003-4-2	蓝岛	21000		21000
19		**蓝岛 汇总**	334100	0	334100
20	2003-4-1	双安	228000		228000
21	2003-4-1	双安	150000		150000
22	2003-4-2	双安	33000		33000
23	2003-4-2	双安		400000	-400000
24		**双安 汇总**	411000	400000	11000
25		**总计**	1215400	790000	425400
26					

图 5-58

5.5 汇总分析

5.5.1 销售收入按月的汇总分析

在上面的例子中，销售数据是一个月的，但在实际工作中，销售数据是数月的，那么，该如何进行按月的销售数据汇总分析？现举例说明，假设销售数据是 4、5 两个月份的，如图 5-59 所示。

	K	L	M	N	O	P	Q
1				销售			
2	销售日期	客户	金额	品种	数量	单价	销售发票号
3	2003-4-1	长安	32000	空调1	16	2000	9901100
4	2003-4-2	蓝岛	21000	空调1	10	2100	9901108
5	2003-4-2	双安	33000	空调1	15	2200	9901109
6	2003-4-1	东安	64000	空调2	20	3200	9901101
7	2003-4-2	城乡	55800	空调2	18	3100	9901112
8	2003-4-2	东安	32000	空调2	10	3200	9901110
9	2003-4-2	复兴	31000	空调2	10	3100	9901111
10	2003-4-1	复兴	87500	空调3	35	2500	9901102
11	2003-4-1	蓝岛	247500	空调4	45	5500	9901103
12	2003-4-1	城乡	168000	空调5	56	3000	9901104
13	2003-4-1	双安	228000	空调6	38	6000	9901105
14	2003-4-1	双安	150000	空调7	50	3000	9901106
15	2003-4-1	蓝岛	65600	空调8	16	4100	9901107
16	2003-5-1	长安	72720	空调1	36	2020	9901108
17	2003-5-2	蓝岛	63600	空调1	30	2120	9901109
18	2003-5-2	双安	77700	空调1	35	2220	9901110
19	2003-5-1	东安	128800	空调2	40	3220	9901111
20	2003-5-2	城乡	118560	空调2	38	3120	9901112
21	2003-5-2	东安	96600	空调2	30	3220	9901113
22	2003-5-2	复兴	93600	空调2	30	3120	9901114
23	2003-5-1	复兴	138600	空调3	55	2520	9901115
24	2003-5-1	蓝岛	358800	空调4	65	5520	9901116
25	2003-5-1	城乡	229520	空调5	76	3020	9901117
26	2003-5-1	双安	349160	空调6	58	6020	9901118
27	2003-5-1	双安	211400	空调7	70	3020	9901119
28	2003-5-1	蓝岛	148320	空调8	36	4120	9901120
29			0				

图 5-59

第一步：光标在 L 列，选择“插入”|“列”命令，在 L 列前增加一列——销售月份，如图 5-60 所示。

	K	L	M	N	O	P	Q	R	S	
1				销售						收
2	销售日期	销售月份	客户	金额	品种	数量	单价	销售发票号	收款日期	客
3	2003-4-1		长安	32000	空调1	16	2000	9901100	2003-4-2	双
4	2003-4-2		蓝岛	21000	空调1	10	2100	9901108	2003-4-2	东

Sheet2 / Sheet3 / Sheet4 \ 进销存业

图 5-60

第二步：将 L3 单元的公式设置为“=MONTH(K3)”，并将 L3 单元的公式复制到 L 列的其他单元，如图 5-61 所示。

	K	L	M	N	O	P	Q	R
1				销售				
2	销售日期	销售月份	客户	金额	品种	数量	单价	销售发票号
3	2003-4-1	4	长安	32000	空调1	16	2000	9901100
4	2003-4-2	4	蓝岛	21000	空调1	10	2100	9901108
5	2003-4-2	4	双安	33000	空调1	15	2200	9901109
20	2003-5-2	5	城乡	118560	空调2	38	3120	9901112
21	2003-5-2	5	东安	96600	空调2	30	3220	9901113
25	2003-5-1	5	城乡	229520	空调5	76	3020	9901117
26	2003-5-1	5	双安	349160	空调6	58	6020	9901118
27	2003-5-1	5	双安	211400	空调7	70	3020	9901119
28	2003-5-1	5	蓝岛	148320	空调8	36	4120	9901120
29				0				

图 5-61

第三步：选择"数据"|"数据透视表与图表报告"命令，操作过程如图 5-62 所示。

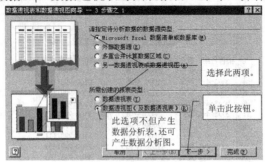

图 5-62

第四步：选择要分析数据所在的区域，在此选择 K2:Q28，如图 5-63 所示。

图 5-63

第五步：数据分析表与图将产生在新的工作表上，操作过程如图 5-64 所示。

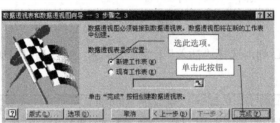

图 5-64

第六步：按图 5-65 所示，将各按钮拖至图中所示位置，将产生销售收入按月份的汇总图与汇总表，如图 5-66、图 5-67 所示。

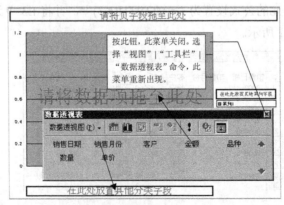

图 5-65

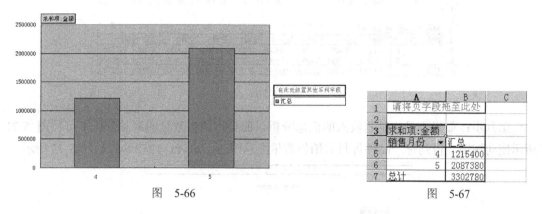

图 5-66　　　　　　　　　　　　　图 5-67

第七步：如果要分品种进行销售收入的按月汇总分析，可按图 5-68 所示拖动按钮，得到每一品种每月销售收入的汇总图与汇总表，如图 5-69、图 5-70 所示。

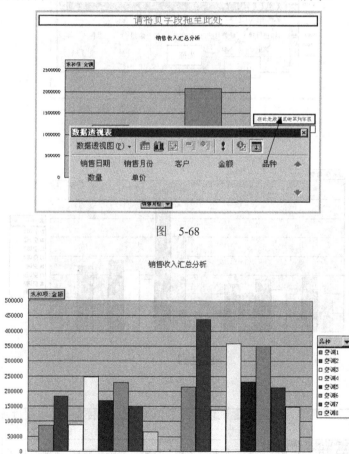

图 5-68

图 5-69

	A	B	C	D	E	F	G	H	I	J
1										
2										
3	求和项:金额	品种 ▼								
4	销售月份 ▼	空调1	空调2	空调3	空调4	空调5	空调6	空调7	空调8	总计
5	4	86000	182800	87500	247500	168000	228000	150000	65600	1215400
6	5	214020	437560	138600	358800	229520	349160	211400	148320	2087380
7	总计	300020	620360	226100	606300	397520	577160	361400	213920	3302780

图 5-70

第八步：如果不是作销售收入的汇总分析，而是作销售数量的汇总分析，可按图 5-71 所示拖动按钮，得到每一品种每月的销售数量汇总图与汇总表，如图 5-72、图 5-73 所示。

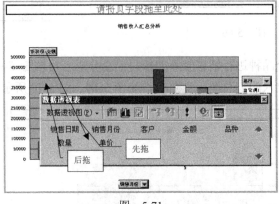

图 5-71

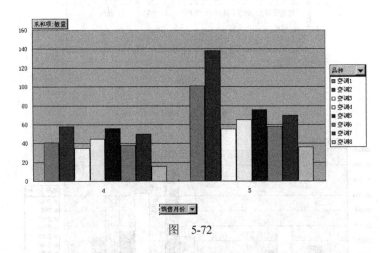

图 5-72

	A	B	C	D	E	F	G	H	I	J
1										
2										
3	求和项:数量	品种 ▼								
4	销售月份 ▼	空调1	空调2	空调3	空调4	空调5	空调6	空调7	空调8	总计
5	4	41	58	35	45	56	38	50	16	339
6	5	101	138	55	65	76	58	70	36	599
7	总计	142	196	90	110	132	96	120	52	938

图 5-73

5.5.2 销售收入按品牌的汇总分析

从前面的采购数据可看出，空调1、空调2、空调3、空调5、空调7属于"美的"品牌，空调4属于"日立"品牌，空调8属于"三菱"品牌，现要计算各品牌销售收入的汇总数。

第一步：光标在P列，选择"插入"|"列"命令，插入"品牌"一列，如图5-74所示。

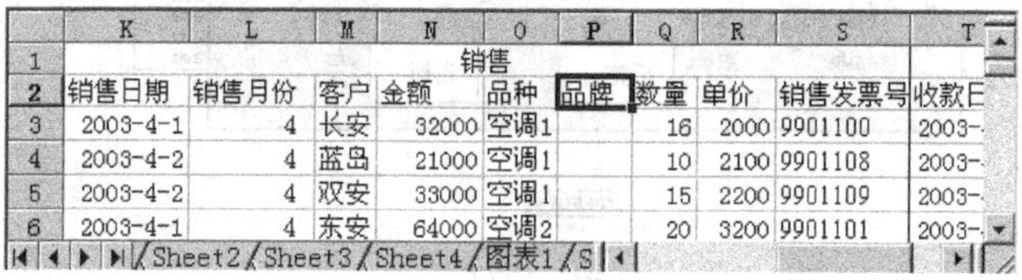

图 5-74

第二步：将P3单元的公式设置为"=IF(O3="空调 4","日立",IF(O3="空调 8","三菱","美的"))"，并将P3单元的公式复制到P列的其他单元，如图5-75所示。

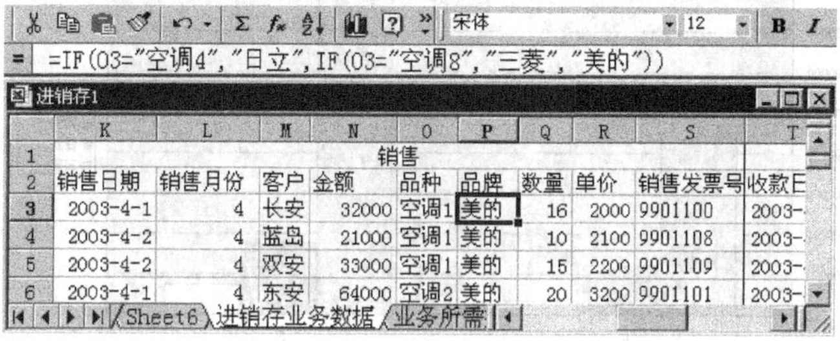

图 5-75

第三步：可在上节的基础上，继续进行分析。单击"更新数据"按钮，"品牌"按钮出现，如图5-76所示。

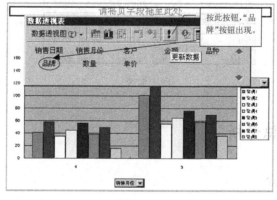

图 5-76

第四步：按图5-77所示，拖动各按钮，即可得到各品牌每月销售收入的汇总图与汇总表，如图5-78、图5-79所示。

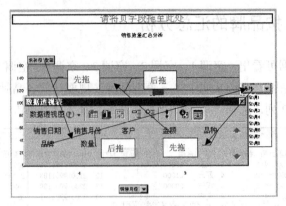

图 5-77

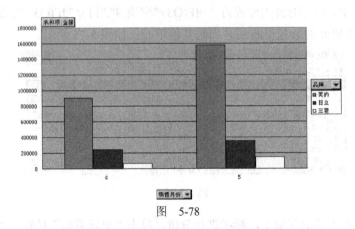

图 5-78

	A	B	C	D	E
1			请将页字段拖至此处		
2					
3	求和项:金额	品牌			
4	销售月份	美的	日立	三菱	总计
5	4	902300	247500	65600	1215400
6	5	1580260	358800	148320	2087380
7	总计	2482560	606300	213920	3302780

图 5-79

5.5.3 毛利的汇总分析

1. DSUM()函数简介

此函数的格式为：

　　DSUM(database,field,criteria)

- Database 指定数据库所在的区域。

- Field 指定数据库中要求和的字段。
- Criteria 是存放指定求和条件的区域。

此函数的功能为对数据库中满足指定条件的指定字段进行求和或汇总。

例如：在图 5-80 中，通过 DSUM(A1:E8,C1,A10:B11)汇总了 4 月份"空调 1"的采购数量。A1:E8 表示数据库所在的区域；C1 表示要对数据库中的采购数量字段进行汇总；A10:B11 是指定条件区域，表示对 4 月份"空调 1"的采购数量进行汇总。

图 5-80

2. 按全月平均法计算每月每品种的加权平均采购成本价格

上节介绍了只有一个月采购数据的情况下，如何计算每一品种的加权平均采购成本价格。现在介绍在数月采购数据并存的情况下，如何按月计算每一品种的加权平均采购成本价格。现假设有两个月的采购数据与销售数据，如图 5-81、图 5-82 所示。

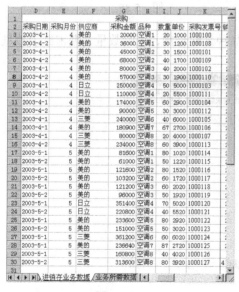

图 5-81

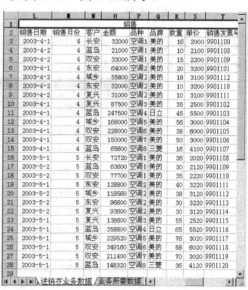

图 5-82

第一步：选择"插入"|"工作表"命令，增加一个新的工作表"加权平均价格"，如图

5-83 所示。

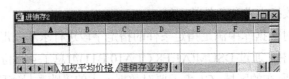

图　5-83

第二步：在计算每月加权平均采购成本价格时，要通过 DSUM()函数计算每月每一品种的采购金额、数量的汇总数及期末结余数量。首先输入 4 月份汇总的指定条件，如图 5-84 所示。

第三步：将 A1:D16 区域的指定条件复制到 A17:D32，并选择“编辑”|“替换”命令，将 A17:D32 区域中的“4”替换成“5”，如图 5-85 所示，这样相当于输入了 5 月份的汇总指定条件。

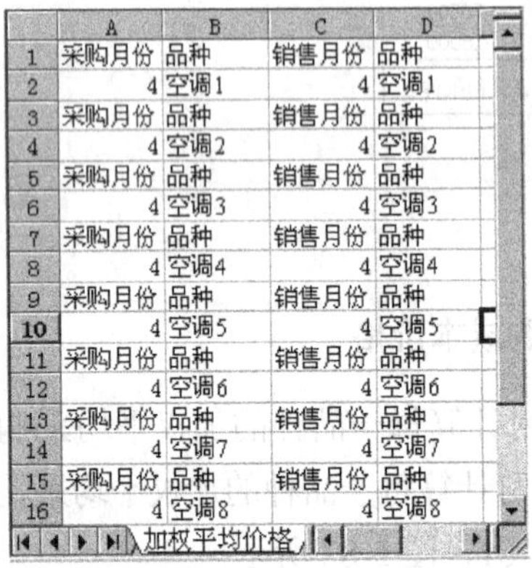

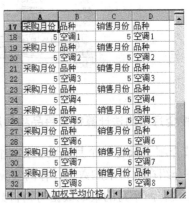

	A	B	C	D
1	采购月份	品种	销售月份	品种
2	4	空调1	4	空调1
3	采购月份	品种	销售月份	品种
4	4	空调2	4	空调2
5	采购月份	品种	销售月份	品种
6	4	空调3	4	空调3
7	采购月份	品种	销售月份	品种
8	4	空调4	4	空调4
9	采购月份	品种	销售月份	品种
10	4	空调5	4	空调5
11	采购月份	品种	销售月份	品种
12	4	空调6	4	空调6
13	采购月份	品种	销售月份	品种
14	4	空调7	4	空调7
15	采购月份	品种	销售月份	品种
16	4	空调8	4	空调8

图　5-84

	A	B	C	D
17	采购月份	品种	销售月份	品种
18	5	空调1	5	空调1
19	采购月份	品种	销售月份	品种
20	5	空调2	5	空调2
21	采购月份	品种	销售月份	品种
22	5	空调3	5	空调3
23	采购月份	品种	销售月份	品种
24	5	空调4	5	空调4
25	采购月份	品种	销售月份	品种
26	5	空调5	5	空调5
27	采购月份	品种	销售月份	品种
28	5	空调6	5	空调6
29	采购月份	品种	销售月份	品种
30	5	空调7	5	空调7
31	采购月份	品种	销售月份	品种
32	5	空调8	5	空调8

图　5-85

第四步：输入各项目名称，为计算每月每一品种采购金额、采购数量、期末结余数量、加权平均采购成本价格作准备，如图 5-86 所示。

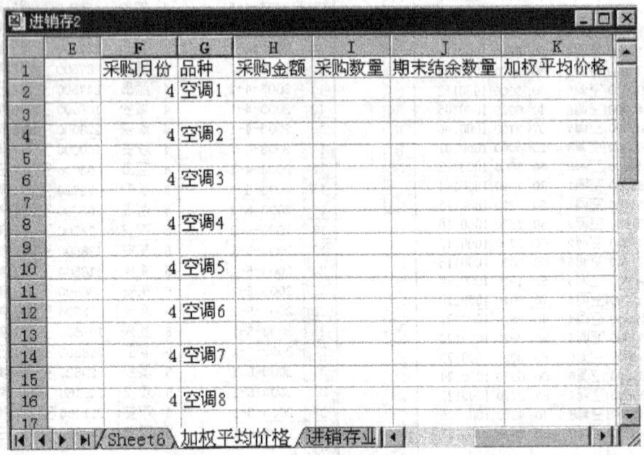

	E	F	G	H	I	J	K
1		采购月份	品种	采购金额	采购数量	期末结余数量	加权平均价格
2		4	空调1				
3							
4		4	空调2				
5							
6		4	空调3				
7							
8		4	空调4				
9							
10		4	空调5				
11							
12		4	空调6				
13							
14		4	空调7				
15							
16		4	空调8				

图　5-86

第五步：将 F2:G16 区域的数据复制到 F18:G32 区域，选择“编辑”|“替换”命令，将 F18:F32 区域中的“4”替换成“5”，如图 5-87 所示。

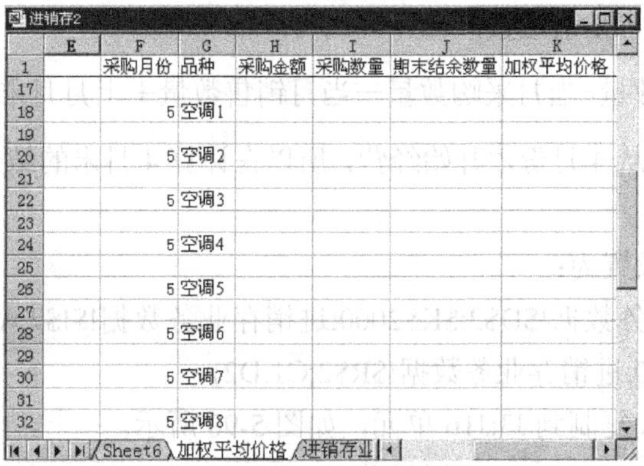

进销存2

	E	F	G	H	I	J	K
1		采购月份	品种	采购金额	采购数量	期末结余数量	加权平均价格
17							
18		5	空调1				
19							
20		5	空调2				
21							
22		5	空调3				
23							
24		5	空调4				
25							
26		5	空调5				
27							
28		5	空调6				
29							
30		5	空调7				
31							
32		5	空调8				

Sheet6 / 加权平均价格 / 进销存业

图 5-87

第六步：计算每月每品种的采购金额。将 H2 单元的公式设置为：

=DSUM(进销存业务数据!$D$2:$K$2000,进销存业务数据!$G$2,A1:B2)

并将 H2 单元的公式复制到 H 列的其他单元，如图 5-88 所示。

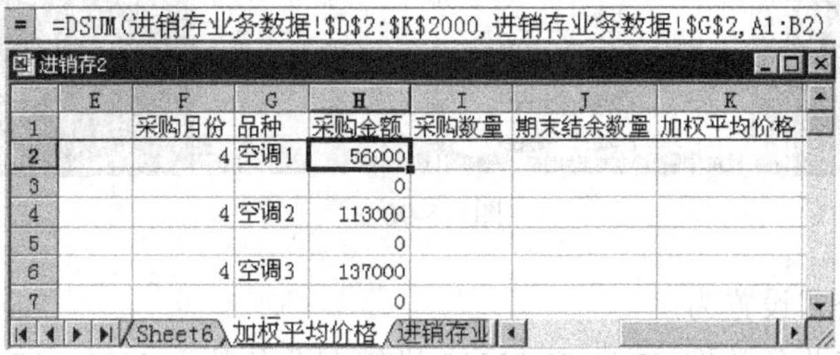

= =DSUM(进销存业务数据!$D$2:$K$2000,进销存业务数据!$G$2,A1:B2)

进销存2

	E	F	G	H	I	J	K
1		采购月份	品种	采购金额	采购数量	期末结余数量	加权平均价格
2		4	空调1	56000			
3				0			
4		4	空调2	113000			
5				0			
6		4	空调3	137000			
7				0			

Sheet6 / 加权平均价格 / 进销存业

图 5-88

在上面的公式中，“进销存业务数据!$D$2:$K$2000”为数据库所在的区域，见图 5-81；“进销存业务数据!$G$2”为数据库中的“金额”字段，见图 5-81；A1:B2 为指定汇总条件区域(采购月份为“4”，品种为“空调 1”)，见图 5-84。

第七步：计算每月每品种的采购数量。将 I2 单元的公式设置为：

=DSUM(进销存业务数据!$D$2:$K$2000,进销存业务数据!$I$2,A1:B2)

并将 I2 单元的公式复制到 I 列的其他单元，如图 5-89 所示。

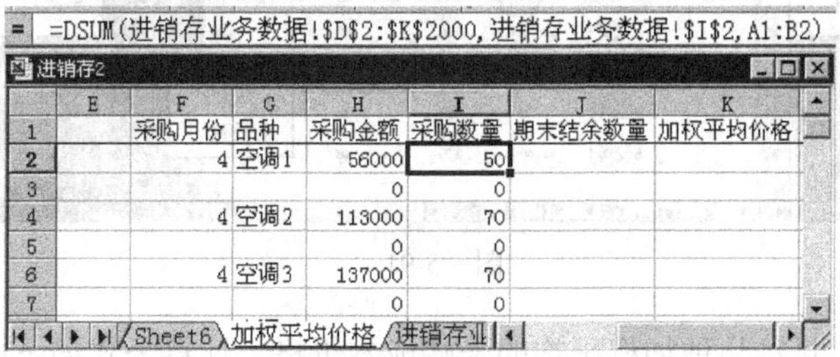

= =DSUM(进销存业务数据!$D$2:$K$2000,进销存业务数据!$I$2,A1:B2)

进销存2

	E	F	G	H	I	J	K
1		采购月份	品种	采购金额	采购数量	期末结余数量	加权平均价格
2		4	空调1	56000	50		
3				0	0		
4		4	空调2	113000	70		
5				0	0		
6		4	空调3	137000	70		
7				0	0		

Sheet6 / 加权平均价格 / 进销存业

图 5-89

第八步：计算每月每品种月末结余数量。每月末各品种结余的数量等于当月采购数量减去销售数量再加上上月末结余数量，计算公式为：

月末结余数量＝当月采购数量－当月销售数量＋上月月末结余数量

本例子假设此公司从 4 月份才开始经营，所以在计算 4 月末的结余数量时，上月月末结余数量为 0。

将 J2 单元的公式设置为：

=DSUM(进销存业务数据!$D$2:$K$2000,进销存业务数据!$I$2,A1:B2)－DSUM(进销存业务数据!$L$2:$R$2000,进销存业务数据!$R$2,C1:D2)

并将 J2 单元的公式复制到 J3:J16 单元，如图 5-90 所示。

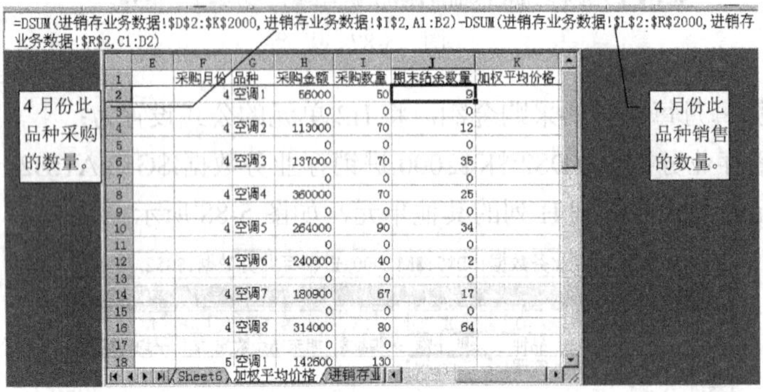

图　5-90

将 J18 单元的公式设置为：

=DSUM(进销存业务数据!$D$2:$K$2000,进销存业务数据!$I$2,A17:B18)－DSUM(进销存业务数据!$L$2:$R$2000,进销存业务数据!$R$2,C17:D18)＋J2

J18 单元为 5 月份月末余额，所以公式中加入了 J2，J2 为 4 月末的余额(见图 5-90)，将 J18 单元公式复制到 J 列其他单元，如图 5-91 所示。

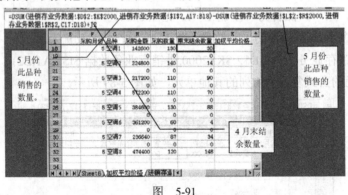

图　5-91

第九步：计算每月每品种加权平均的采购成本价格，计算公式如下：

每月每品种加权平均的采购成本价格=(当月采购金额＋上月末结余数量×上月加权平均采购成本价格)／(当月采购数量＋上月末结余数量)

因为在本例中假设公司从 4 月份才开始经营，所以上月末结余数量为 0，不予考虑。

将 K2 单元的公式设置为"=H2/I2"，H2、I2 分别为"空调 1"的当月采购金额与数量(见图 5-90)，并将 K2 单元的公式复制到 K3:K16 区域，如图 5-92 所示。

采购月份	品种	采购金额	采购数量	期末结余数量	加权平均价格
4	空调1	56000	50	9	1120.00
		0	0	0	#DIV/0!
4	空调2	113000	70	12	1614.29
		0	0	0	#DIV/0!
4	空调3	137000	70	35	1957.14
4	空调4	360000	70	25	5142.86
		0	0	0	#DIV/0!
4	空调5	264000	90	34	2933.33
		0	0	0	#DIV/0!
4	空调6	240000	40	2	6000.00
		0	0	0	#DIV/0!
4	空调7	180900	67	17	2700.00
		0	0	0	#DIV/0!
4	空调8	314000	80	64	3925.00
		0	0	0	#DIV/0!
5	空调1	142600	130	38	

图 5-92

K18 单元为 5 月份的"空调 1"的加权平均采购成本价格，计算时，应考虑 4 月末此品种的结余数量。因此应将 K18 单元的公式设置为"=(H18+K2×J2)/(I18+J2)"，K2、J2 分别为 4 月末此品种的加权平均采购成本价格和结余数量(见图 5-92)，并将 K18 单元的公式复制到 K 列 18 行以下的其他单元，如图 5-93 所示。

采购月份	品种	采购金额	采购数量	期末结余数量	加权平均价格
5	空调1	142600	130	38	1098.42
		0	0	0	#DIV/0!
5	空调2	224800	140	14	1606.39
		0	0	0	#DIV/0!
5	空调3	217200	110	90	1970.34
		0	0	0	#DIV/0!
5	空调4	572200	110	70	5190.90
		0	0	0	#DIV/0!
5	空调5	384600	130	88	2953.25
		0	0	0	#DIV/0!
5	空调6	361200	60	4	6019.35
		0	0	0	#DIV/0!
5	空调7	236640	87	34	2716.73
		0	0	0	#DIV/0!
5	空调8	474500	120	148	3943.48

图 5-93

3. 计算毛利并作汇总分析

目前所有采购与销售业务的数据都保存在"进销存业务数据"这个工作表中，如图 5-81、图 5-82 所示，每月每品种的加权平均采购成本价格保存在"加权平均价格"工作表中。只要根据"加权平均价格"工作表中每月每品种的加权平均采购成本价格,就可计算出每一销售业务的采购成本,毛利自然就计算出来了。

第一步:假设当前工作表为"进销存业务数据"工作表,当前光标在 T 列,选择"插入"|"列"命令,分别插入"成本价"、"索引"、"毛利"列,如图 5-94 所示。

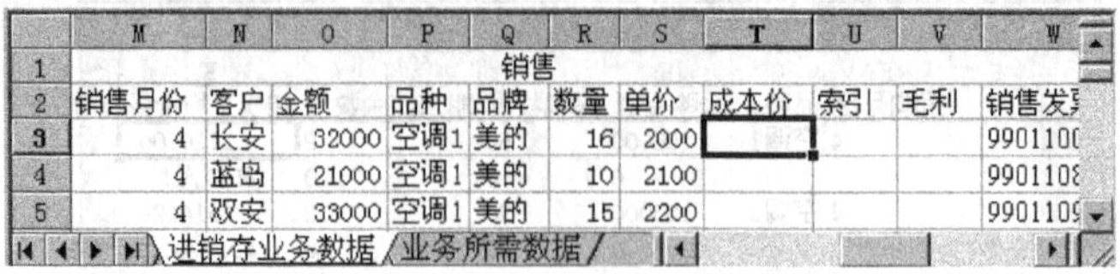

图 5-94

第二步:加入"索引"列的目的是:通过"销售月份"与"品种"这两个关键字,在"加权平均价格"工作表中,找到此销售业务的采购成本价。将 U2 单元的公式设置为"=CONCATENATE(TEXT(M3,"0"),P3)",TEXT()函数把"销售月份"由数字变为字符,CONCATENATE()函数把"销售月份"与"品种"和在一起;并将 U2 单元的公式复制到 U 列的其他单元,如图 5-95 所示。

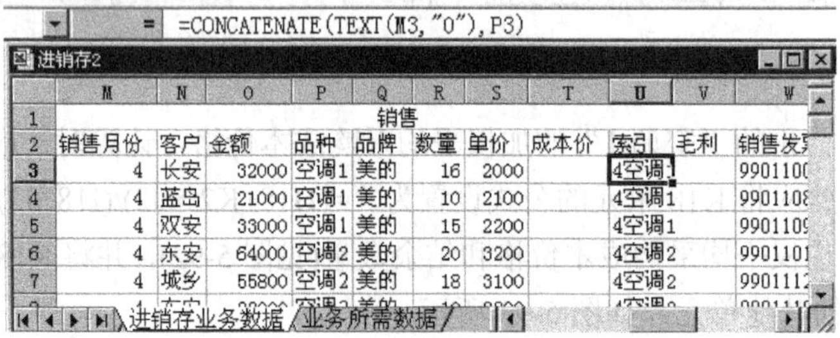

图 5-95

第三步:同样在"加权平均价格"工作表中,也要建立"索引"字段。当前工作表设为"加权平均价格"表,将 E2 单元的公式设为"=CONCATENATE(TEXT(F2,"0"),G2)",并将 E2 单元公式复制到 E 列的其他单元,如图 5-96 所示。

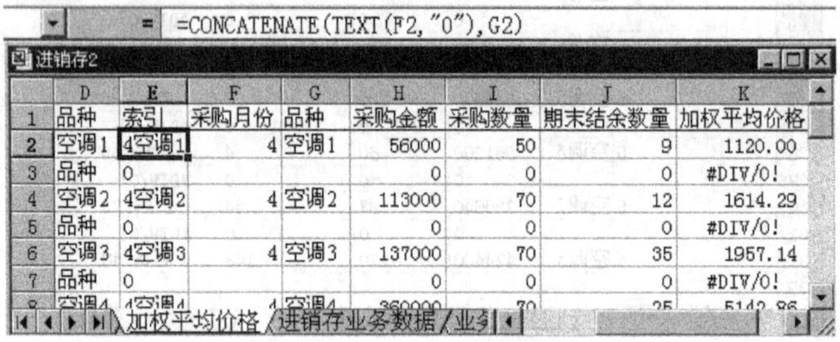

图 5-96

第四步:利用 VLOOKUP 函数(前面已介绍过)通过"索引"字段寻找每一销售业务的成本价。设当前工作表为"进销存业务数据"工作表,将 T3 单元公式设置为:
=VLOOKUP(U3,加权平均价格!$E$2:$K$2000,7)

并将 T3 单元的公式复制到 T 列的其他单元，如图 5-97 所示。

=VLOOKUP(U3,加权平均价格!$E$2:$K$2000,7)

进销存2

	M	N	O	P	Q	R	S	T	U	V	W
1					销售						
2	销售月份	客户	金额	品种	品牌	数量	单价	成本价	索引	毛利	销售发票
3	4	长安	32000	空调1	美的	16	2000	1120	4空调1		9901100
4	4	蓝岛	21000	空调1	美的	10	2100	1120	4空调1		9901108
5	4	双安	33000	空调1	美的	15	2200	1120	4空调1		9901109
6	4	东安	64000	空调2	美的	20	3200	1614.29	4空调2		9901101
7	4	城乡	55800	空调2	美的	18	3100	1614.29	4空调2		9901112

加权平均价格 / 进销存业务数据 / 业务

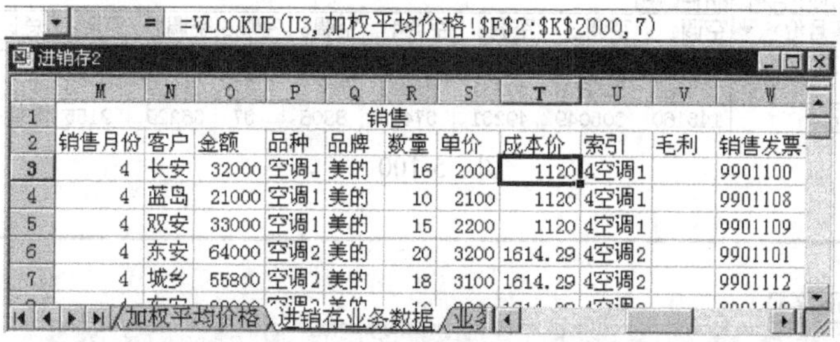

图　5-97

第五步：计算每一销售业务的毛利。每一销售业务毛利的计算公式为：

(销售价－成本价)×数量

将 V2 单元的公式设置为“=(S3-T3)×R3”，并将 V2 公式复制到 V 列的其他单元，如图 5-98 所示。

=(S3-T3)*R3

进销存2

	M	N	O	P	Q	R	S	T	U	V	W
1					销售						
2	销售月份	客户	金额	品种	品牌	数量	单价	成本价	索引	毛利	销售发票
3	4	长安	32000	空调1	美的	16	2000	1120	4空调1	14080	9901100
4	4	蓝岛	21000	空调1	美的	10	2100	1120	4空调1	9800	9901108
5	4	双安	33000	空调1	美的	15	2200	1120	4空调1	16200	9901109
6	4	东安	64000	空调2	美的	20	3200	1614.29	4空调2	31714	9901101
7	4	城乡	55800	空调2	美的	18	3100	1614.29	4空调2	26743	9901112

加权平均价格 / 进销存业务数据 / 业务

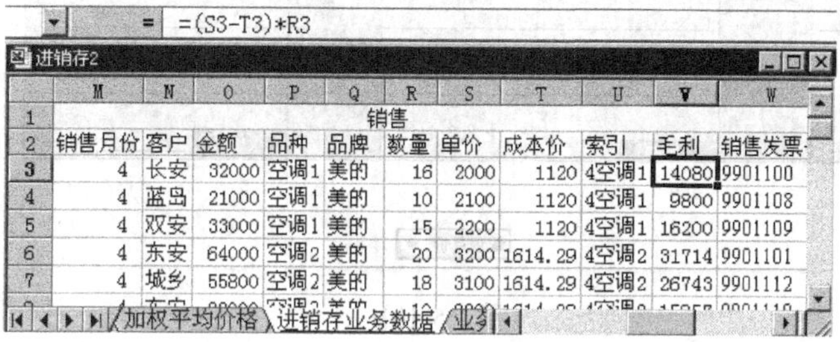

图　5-98

第六步：利用前面介绍的数据透视表功能，对毛利按月份、品种作汇总分析，如图 5-99、图 5-100 所示。也可对毛利按月份、品牌作汇总分析，如图 5-101、图 5-102 所示。

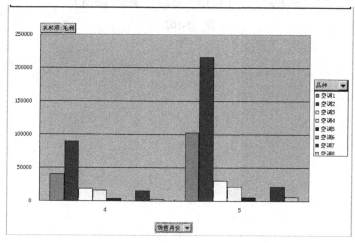

图　5-99

Excel 在财务会计与管理会计中的应用(第 2 版)

	A	B	C	D	E	F	G	H	I	J
3	求和项:毛利	品种								
4	销售月份	空调1	空调2	空调3	空调4	空调5	空调6	空调7	空调8	总计
5	4	40080	89171	19000	16071	3733	0	15000	2800	185856
6	5	103080	215878	30231	21392	5073	37	21229	6355	403274
7	总计	143160	305049	49231	37463	8806	37	36229	9155	589131

图 5-100

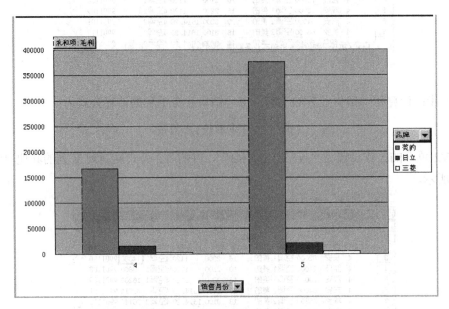

图 5-101

	A	B	C	D	E
3	求和项:毛利	品牌			
4	销售月份	美的	日立	三菱	总计
5	4	166985	16071	2800	185856
6	5	375528	21392	6355	403274
7	总计	542513	37463	9155	589131

图 5-102

第 6 章
货币时间价值的计算

背景资料

货币的时间价值理念强调现在的 1 元钱在未来某时期不再是 1 元钱，而是发生了增值。货币时间价值的本质是价值增值，货币在投入使用后，在循环周转过程中所增加的价值。投资时间越长，循环周转的次数越多，价值增值就越多，货币的时间价值也就越多。从现象上看，货币时间价值与利息、利率相似，不过在计算货币时间价值时应该采取复利计息方式。当已知未来某期的金额、期数、利率时，可以计算现值，类似于求本金；当已知一定数额的本金、期数及利率时，可以求终值，类似于求本利和。

主要内容

Excel 提供了很多函数用于计算货币的时间价值，本章主要介绍实际工作中常用的函数求货币时间价值的方法。

- 利用 PV 函数计算现值
- 利用 NPV 函数计算净现值
- 利用 FV 函数计算终值
- 利用 PMT 函数计算年金
- 用单变量模拟运算表进行年金方案决策
- 双变量模拟运算表的使用
- 利用 IRR 函数计算内涵报酬率
- 利用单变量求解计算内涵报酬率

6.1 利用 PV 函数计算现值

Excel 中提供了可以用来计算现值的 PV 函数。PV 函数是用来计算一段时间内,连续收到、支出一系列固定金额的现值,或一次性收到、偿还额的现值。PV 函数的格式为:

　　PV(Rate,Nper,Pmt,Fv,Type)

其中各参数的含义如下。
- Rate:各期的利率、贴现率或投资者期望的最低报酬率。
- Nper:付款的总期数或项目投资的使用年限。
- Pmt:年金,各期支付的固定金额。
- Fv:终值,一次性收到或偿还金额投资期终了时,本利和或若干期等额收付款后的本利和。若不填则视为 0。
- Type:表示收款或付款日的类型——期初或期末收付款。1 表示每期期初收款或付款;不填或输入 0 则表示每期期末收款或付款。

PV 函数可以用来计算未来某期一次性收到或偿还某一金额的现值。我们只需要知道 Rate、Nper、Fv、Type 的值,便可用 Excel 中的 PV 函数计算复利终值。

6.1.1 利用 PV 函数计算复利现值

例 1 某人现在投资一项目,打算在 5 年后一次性收到 100 000 元,该项目的投资报酬率为 6%,问现在应投资多少金额。

第一步:打开一张 Excel 工作表,如图 6-1 所示,输入计算投资现值所需的相关内容。

第二步:选中 B5 单元格,选择"插入"|"函数"命令或直接单击工具栏上的 ƒ 按钮。如图 6-2 所示。

图 6-1

图 6-2

第三步:在弹出的"粘贴函数"对话框中,选择"财务"类别下的 PV 函数。如图 6-3 所示。

第四步:单击"确定"按钮后,在 PV 对话框中,直接输入各个参数值,计算结果直接显示在下方,如图 6-4 所示。

第 6 章 货币时间价值的计算

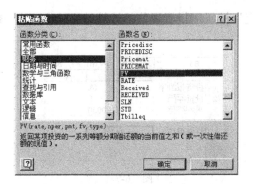

图 6-3

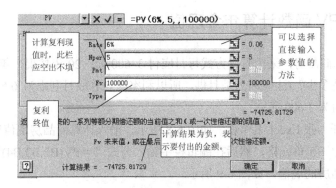

图 6-4

单击 按钮，依次选中 B1、B2、B3 单元格；也可以将计算投资现值的相关参数值输入公式选项板，如图 6-5、图 6-6 所示。

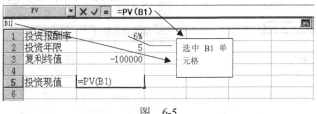

图 6-5

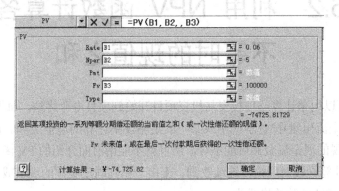

图 6-6

第五步：单击"确定"按钮，投资现值的计算结果就出现在 B5 单元格中。如图 6-7 所示。

图 6-7

6.1.2 利用 PV 函数计算年金现值

例2 有一栋商品房，采用月供方式每月应付 3 600 元，20 年按揭，年利率 6%，那么该商品房的现值是多少？(注：因为是月供，所以利率应换算成月利率为 0.5%，付款次数应为 240 次，年金值为 3 600 元)

第一步：打开一张 Excel 工作表，如图 6-8 所示，输入计算商品房现值所需相关内容。

第二步：选中 B6 单元格，然后在编辑栏中输入公式"=PV(B2,B3,B4)"，在 B6 单元格中即显示出商品房的现值，如图 6-9 所示。

   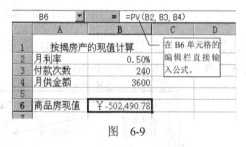

图 6-8   图 6-9

6.2 利用 NPV 函数计算各期金额不等时的现值之和

NPV 函数可以用来计算一项投资从投资项目开始到项目寿命终结，每期现金流量(包括现金流入量和现金流出量)按资本成本或某一固定贴现率计算的现值之和。因为在整个投资项目期，需要贴现的现金流金额可能不等，所以就不能用前面介绍的 PV 函数求现值，因为 PV 函数是用来计算一段时间内，连续收到、支出一系列固定金额的现值或一次性收到、偿还额的现值的。NPV 函数的格式为：

NPV(rate,value1,value2,…)

其中各参数的含义如下。

- Rate：投资的资本成本、投资项目各期现金流量的贴现率。
- value1,value2,…：依序表示未来各期的投资项目现金流量，最多可至29笔。

例3 假设某工厂分期付款购买设备，在签订合同时先付15 000元，第1年末付2 000元，第2至第5年末每年付款1 500元，第6年末再付1 000元。如果年利率为6%，问该设备的现价为多少。有关数据资料如图6-10所示。

	A	B	C	D
1	分期付款设备的现值计算			
2	年利率		6%	
3	首付款		15000	
4				
5	每年末的付款额			
6	第1年		2000	
7	第2年		1500	
8	第3年		1500	
9	第4年		1500	
10	第5年		1500	
11	第6年		1000	
12	1—6年的折现额			
13	分期付款设备的现值			
14				

图 6-10

第一步：选中C12单元格，在弹出的"粘贴函数"对话框中，选择"财务"类别下的NPV函数，如图6-11所示。

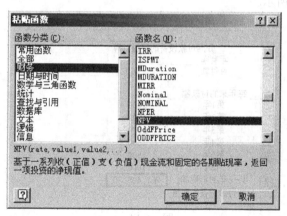

图 6-11

第二步：单击"确定"按钮后，弹出NPV函数设置对话框。在该对话框中，分别输入各个参数对应的单元格，单击"确定"按钮，即可在选定位置得到计算结果。如果需要输入的现金流量期数较多，将右侧滚动条往下拉，即可弹出空白的value值栏，就可接着输入数值了，如图6-12、图6-13所示。

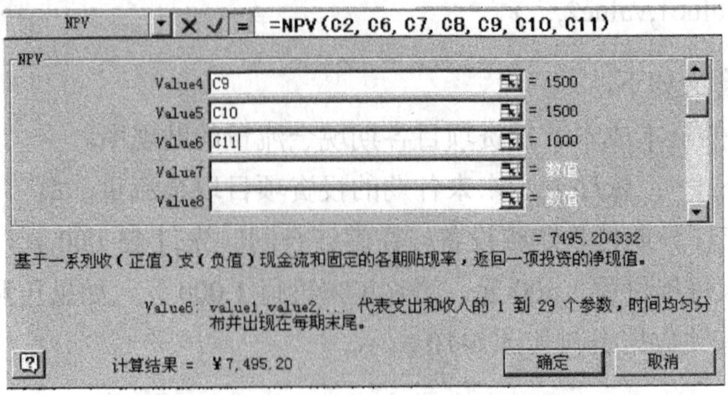

图 6-12

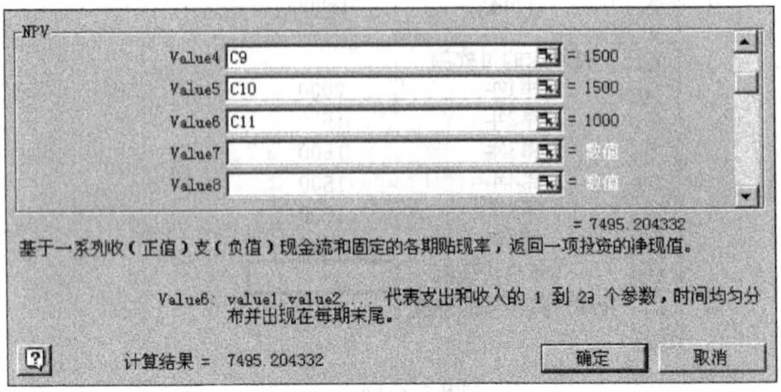

图 6-13

第三步：单击"确定"按钮，1~6年的分期付款设备的折现额的计算结果就出现在C12单元格中，如图6-14所示。

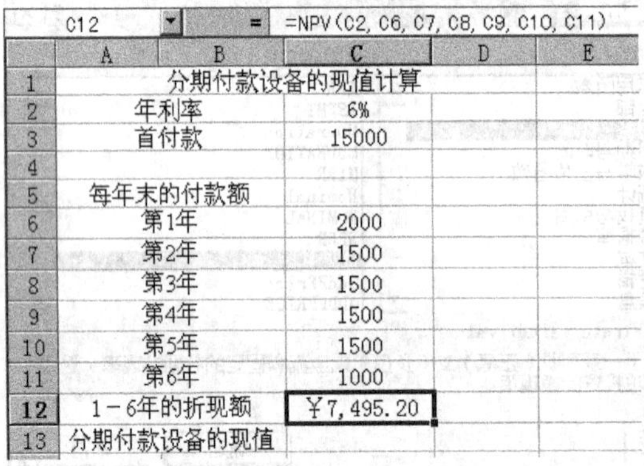

图 6-14

第四步：选中C13单元格，输入公式"＝C3+C12"，分期付款设备的现值即出现在C13单元格中。因为该例题中的分期付款设备有首付款，在计算设备现值时必须考虑。NPV函数的默认值是对每期期末金额进行折现，如果是每期期初折现额，可以经过换算后再利用函数计算，如图6-15所示。

第 6 章 货币时间价值的计算

	A	B	C	D
1	分期付款设备的现值计算			
2	年利率		6%	
3	首付款		15000	
4				
5	每年末的付款额			
6	第1年		2000	
7	第2年		1500	
8	第3年		1500	
9	第4年		1500	
10	第5年		1500	
11	第6年		1000	
12	1－6年的折现额		￥7,495.20	
13	分期付款设备的现值		￥22,495.20	
14				

图 6-15

6.3 利用 NPV 函数计算投资项目净现值

例 4 某公司有一投资项目，其初始投资包括：机器设备投资 70 万元，垫支营运资本 20 万元。该项目寿命期 5 年，固定资产采用直线法折旧，寿命期终了有固定资产残值 5 万元。投产后每年可获得销售收入 60 万元，第 1～2 年付现成本为 30 万元，第 3～5 年付现成本为 35 万元。若企业所得税率为 40%，资金成本率为 10%。要求：评价该投资项目是否可行？相关数据资料如图 6-16 所示。

	A	B	C	D	E	F	G	H	I
1	投资项目可行性分析								
2	初始投资：								
3	机器设备投资		700,000						
4	垫支营运资本		200,000						
5	投资项目寿命期（年）		5						
6	企业所得税率		40%						
7	机器设备期末残值		50,000						
8	投资项目资金成本		10%						
9	投资项目每年的现金流量、现金流量现值及净现值：								
10	年份		销售收入	销售收入（税后）	付现成本	付现成本（税后）	折旧	税收挡板	现金净流量（税后）
11	1		600,000	360,000	300,000		130,000		
12	2		600,000		300,000		130,000		
13	3		600,000		350,000		130,000		
14	4		600,000		350,000		130,000		
15	5		600,000		350,000		130,000		
16			期末收回垫支营运资本						200,000
17			机器设备期末残值						50,000
18			小计						
19	投资项目的现值								
20	投资项目的净现值								

图 6-16

由所得税对现金流量的影响作用，可知：

税后营业现金流量＝销售收入－付现成本－所得税

　　　　　　　　＝销售收入－(营业成本－折旧)－所得税

　　　　　　　　＝营业利润＋折旧－所得税

　　　　　　　　＝税后净利＋折旧

　　　　　　　　＝(销售收入－付现成本－折旧)×(1－税率)＋折旧

　　　　　　　　＝销售收入×(1－税率)－付现成本×(1－税率)－折旧×(1－税率)＋折旧

　　　　　　　　＝销售收入×(1－税率)－付现成本×(1－税率)＋折旧×税率

　　　　　　　　＝税后收入－税后成本＋税负减少(或称税收挡板)

第一步：选中 D11，输入公式"=C11×(1-C$6)"，再将光标移至单元格右下角的填充控制点，向下拖动至 C15，即可在 C11:C15 区域中填充"税后销售收入"的金额，如图 6-17 所示。

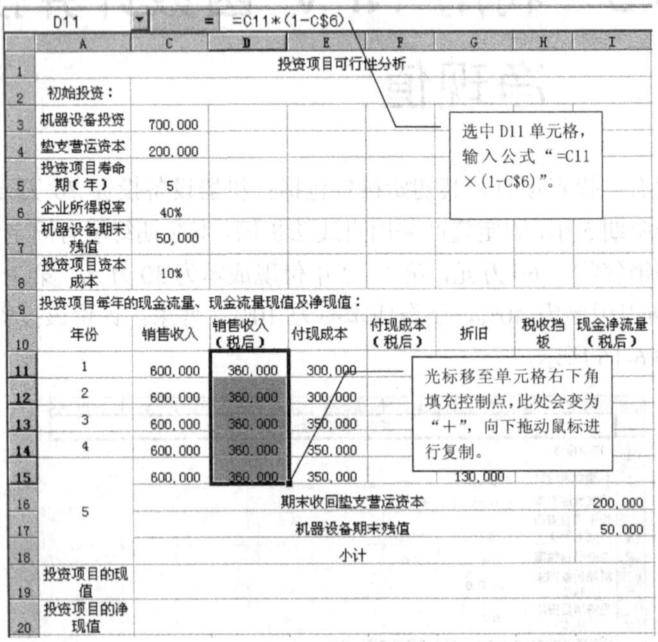

图 6-17

第二步：选中 F11，输入公式"=E11×(1 - C$6)"，再将光标移至单元格右下角的填充控制点，向下拖动至 F15，即可在 F11:F15 区域填充"税后付现成本"的金额。

第三步：选中 G11，输入公式"=(C$3 - C$7)/5"，再将光标移至单元格右下角的填充控制点，向下拖动至 G15，即可在 G11:G15 区域填充"折旧"的金额。

第四步：选中 H11，输入公式"=G$11×C$6"，再将光标移至单元格右下角的填充控制点，向下拖动至 H15，即可在 H11:H15 区域填充"税收挡板"的金额。

第五步：选中 I11，输入公式"=D11 - F11＋H11"，再将光标移至单元格右下角的填充控制点，向下拖动至 I15，即可在 I11:I15 区域填充“税收挡板”的金额。

第六步：期末投资项目的现金流量除了这一年的营业现金净流量(I15)外。还包括两项：一项是“期末收回垫支营运资本(I16)”，一项是“机器设备期末残值(I17)”。所以在 I18 单元格中输入公式“=I15＋I16＋I17”，将第 5 年的现金净流量相加。

第七步：选中 C19 单元格，输入公式“=NPV(C8,I11,I12,I13,I14,I18)”，即可在该单元格中计算出投资项目的现值之和。

第八步：选中 C20 单元格，输入公式“=C19－C3－C4”，即可在该单元格中计算出投资项目的净现值。结论：由于该项目的净现值＞0，所以该投资项目可行。

结果如图 6-18 所示。

C20 = =C19-C3-C4

	A	C	D	E	F	G	H	I
1	投资项目可行性分析							
2	初始投资：							
3	机器设备投资	700,000						
4	垫支营运资本	200,000						
5	投资项目寿命期（年）	5						
6	企业所得税率	40%						
7	机器设备期末残值	50,000						
8	投资项目资本成本	10%						
9	投资项目每年的现金流量、现金流量现值及净现值：							
10	年份	销售收入	销售收入（税后）	付现成本	付现成本（税后）	折旧	税收挡板	现金净流量（税后）
11	1	600,000	360,000	300,000	180,000	130,000	52,000	232,000
12	2	600,000	360,000	300,000	180,000	130,000	52,000	232,000
13	3	600,000	360,000	350,000	210,000	130,000	52,000	202,000
14	4	600,000	360,000	350,000	210,000	130,000	52,000	202,000
15	5	600,000	360,000	350,000	210,000	130,000	52,000	202,000
16		期末收回垫支营运资本						200,000
17		机器设备期末残值						50,000
18		小计						452,000
19	投资项目的现值	￥973,035.37						
20	投资项目的净现值	￥73,035.37						

图　6-18

6.4　利用 FV 函数计算复利终值

如果已知一定数额的本金，要计算在若干年后所拥有的本金和利息的总额，即本利和，就要选用 Excel 提供的 FV 函数了。FV 函数是一个用来计算未来值的函数，可以用此函数评估某项投资最后可以获得的本金、利息之和。

FV 函数的格式为：

FV(Rate，Nper，Pmt，Pv，Type)

其中各参数的含义如下。

- Rate：各期的利率、贴现率或投资者期望的最低报酬率。
- Nper：付款的总期数或项目投资的使用年限。

- Pmt：年金，各期支付的固定金额。
- Pv：本金，期初一次性收到或偿还的金额。若不填则视为 0。
- Type：表示收款或付款日的类型——期初或期末收付款。1 表示每期期初收款或付款；不输入或输入 0 表示每期期末收款或付款。

例 5　将 10 000 元存入银行，利率为 2%，复利计息，求 5 年后的本利和。

第一步：打开一张 Excel 工作表，将数据输入单元格，选中 B5 单元格，如图 6-19 所示。单击工具栏中的 按钮，在弹出的“粘贴函数”对话框中，选择“财务”类别下的 FV 函数。

	A	B	C
1	复利计息的本利和		
2	本金	-10,000	
3	利率	2%	
4	期数	5	
5	5年后的本利和		
6			

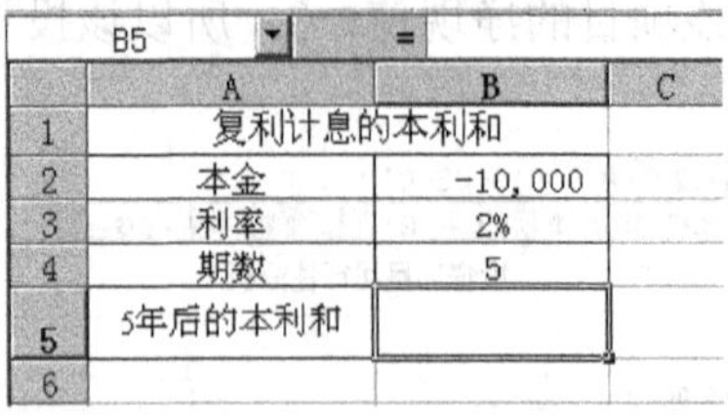

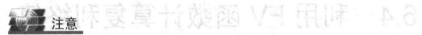

图　6-19

第二步：单击“确定”按钮后，输入公式“=FV(B3,B4,,B2)”，如图 6-20 所示。

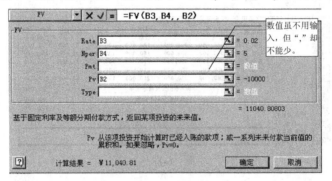

图　6-20

注意

在计算复利终值时，不需要输入参数 Pmt 的数值，但 Pmt 后的“,”却不能漏掉不写！

第三步：单击“确定”按钮，即可在 B5 单元格得到 5 年的本利和，如图 6-21 所示。

	A	B	C
1	复利计息的本利和		
2	本金	-10,000	
3	利率	2%	
4	期数	5	
5	5年后的本利和	￥11,040.81	
6			

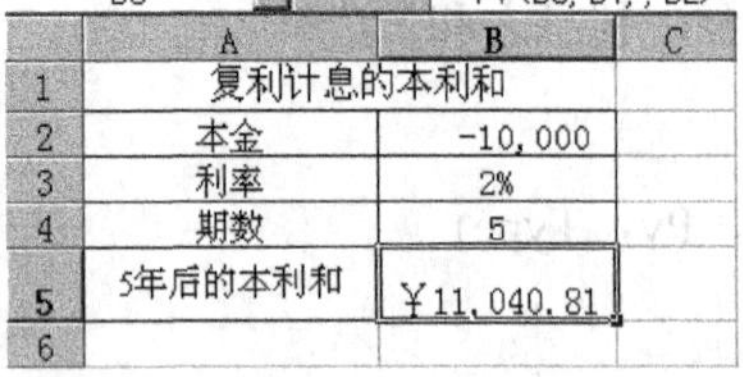

图　6-21

6.5 利用 FV 函数计算年金终值

FV 函数还可以用来计算若干期内连续收付的相等金额(即年金)的复利本利和,即计算年金终值。

例 6 某人每月月初都将 500 元存入银行,利率为 3%,求 8 年后的复利本利和。

第一步:打开一张 Excel 工作表,将数据输入单元格,选中 B6 单元格,如图 6-22 所示。单击工具栏中的 f_x 按钮,在弹出的"粘贴函数"对话框中,选择"财务"类别下的 FV 函数。

	A	B
1	8年后的年金终值	
2	利率	3%
3	期数	8
4	年金	-500
5	期初存款	1
6	8年后的年金终值	

图 6-22

注释

因为是期初存款,所以收付款类型值选择"1"。

第二步:单击"确定"按钮后,输入公式"=FV(B2,B3,B4,,B5)",如图 6-23 所示。

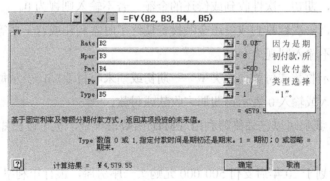

图 6-23

在计算年金终值时,不需要输入参数 PV 的数值,但 PV 后的","却不能漏掉不写!

第三步:单击"确定"按钮,即可在 B6 单元格得到 8 年后的年金终值,如图 6-24 所示。

	A	B	C
	B6	=FV(B2,B3,B4,,B5)	
1	8年后的年金终值		
2	利率	3%	
3	期数	8	
4	年金	-500	
5	期初存款	1	
6	8年后的年金终值	¥4,579.55	
7			

图 6-24

6.6 利用 PMT 函数计算年金

年金是指等额、定期的系列收支。例如分期付款购房、分期偿还贷款、每年相同的营业现金流量等，都属于年金收付形式。Excel 提供了 PMT()函数，用来计算固定期数、利率情况下，每期等额收付款的金额。

PMT()函数的格式为：

　PMT(Rate，Nper，Pv，Fv，Type)

其中各参数的含义如下。

- Rate：各期的利率、贴现率或投资者期望的最低报酬率。
- Nper：付款的总期数或项目投资的使用年限。
- Pv：本金，期初一次性收到或偿还的金额。若不输入则视为 0。
- Fv：终值，一次性收到或偿还金额投资期终了时本利和或若干期等额收付款后的本利和。若不输入则视为 0。
- Type：表示收款或付款日的类型——期初或期末收付款。1 表示每期期初收款或付款；不输入或输入 0 表示每期期末收款或付款。

实际工作中，我们可以已知终值利用 PMT()函数求年金，也可以已知现值利用 PMT()函数求年金。

例 7 某人计划于 20 年后支付 500 000 元购买一座房屋，银行年利率为 6%，问每年末需等额存入多少钱才能保证 20 年后得到 500 000 元。

第一步：打开一张 Excel 工作表，将数据输入单元格，选中 B5 单元格，如图 6-25 所示。单击工具栏中的 ƒ 按钮，在弹出的"粘贴函数"对话框中，选择"财务"类别下的 PMT 函数。

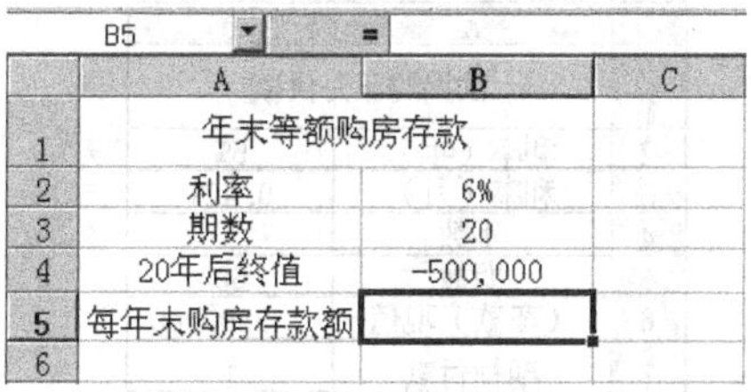

第 6 章 货币时间价值的计算

图 6-25

第二步：单击"确定"按钮后，输入公式"=PMT(B2,B3, ,B4)"，如图 6-26 所示。

第三步：单击"确定"按钮，即可在 B5 单元格中得到 20 年年末等额购房存款金额，如图 6-27 所示。

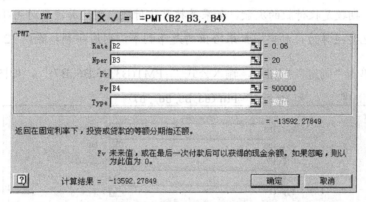

图 6-26

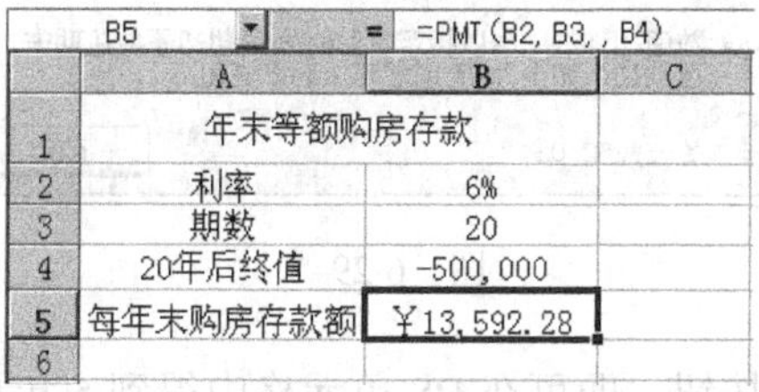

图 6-27

例 8　某款"宝来"牌轿车的现价为 28 万元，某人打算采用每月月初等额付款方式购车，5 年按揭，假设银行年利率为 5%，问该人每月要支付多少钱。

第一步：打开一张 Excel 工作表，将数据输入单元格。其中 B3 输入的是月利率；B5 输入的是按月计算的期数；因为是月初付款，所以在 B7 中输入"1"，代表 Type 的类型，如图 6-28 所示。选中 B8 单元格，并单击工具栏中的 ƒ 按钮，在弹出的"粘贴函数"对话框中，选择"财务"类别下的 PMT 函数。

	A	B
1	按揭购车月供款	
2	利率（年）	5%
3	利率（月）	0.42%
4	年数	5
5	期数	60
6	（车款）现值	280,000
7	期初付款	1
8	月供金额	

图 6-28

 注意

在计算时，期数是收付款的次数，如果是按月收付款，则计算次数时用年数乘以 12；相应地，利率也要换算为月利率，如果给出的是年利率，则用年利率除以 12。

第二步：单击"确定"按钮后，输入公式"=PMT(B3,B5,B6,,B7)"，如图 6-29 所示。

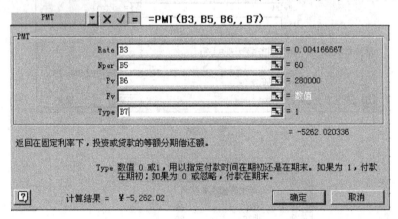

图 6-29

第三步：单击"确定"按钮，即可在 B8 单元格中得到 5 年按揭购买"宝来"轿车的月供款，如图 6-30 所示。

	A	B	C
1	按揭购车月供款		
2	利率（年）	5%	
3	利率（月）	0.42%	
4	年数	5	
5	期数	60	
6	（车款）现值	280,000	
7	期初付款	1	
8	月供金额	￥-5,262.02	
9			

图 6-30

6.7 用单变量模拟运算表进行年金方案决策

例9 假设公司将以 10%的利率借入 50 000 元进行项目投资，项目期为 10 年，问每年至少要收回多少现金，方案才可行。如果借入金额为 80 000 元、100 000 元、150 000 元、200 000 元，其他条件不变，问公司每年分别至少要收回多少现金，方案才可行。

如果按照前面介绍的 PMT 函数的操作步骤，就必须对 50 000 元、80 000 元、100 000 元、150 000 元、200 000 元的现值分别计算一次年金，不仅操作程序繁琐，而且由于结论不能集中显示，比较效果不明显。Excel 是否能够提供一种简便的算法，帮助使用者对上述问题的解答一次完成呢？

答案是 Excel 确实具有这个能力，那就是利用单变量模拟运算表和双变量模拟运算表进行方案决策。

所谓单变量模拟运算表，是指在函数的公式中可以有一个变量值，只要将此变量输入，即可列出该数值变化后所有的计算结果。

第一步：打开一张 Excel 工作表，将数据输入单元格，其中 B2 输入的是年利率，B3 输入的是项目期数，B4 输入某一借款额，如图 6-31 所示。选中 B7 单元格，单击工具栏中的 *fx* 按钮，在弹出的"粘贴函数"对话框中，选择"财务"类别下的 PMT 函数。

	A	B	C
1	某公司不同借款金额下的年金方案决策		
2	年利率	10%	
3	项目期数	10	
4	借款额	-50,000	
5			
6	不同借款额	每期至少应收回的现金额	
7			
8	-50,000		
9	-80,000		
10	-100,000		
11	-150,000		
12	-200,000		
13			

图 6-31

第二步：单击"确定"按钮后，输入公式"=PMT(B2,B3,B4)"，再单击"确定"按钮，即可在 B7 单元格得到 50 000 元借款额的年金金额，如图 6-32 所示。

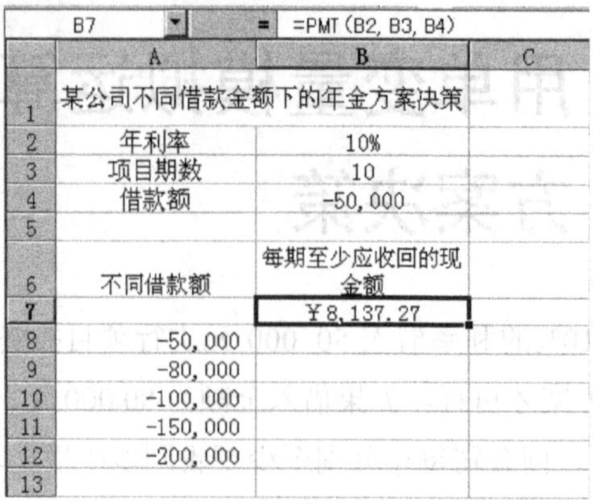

图 6-32

第三步：选取清单区域 A7:B12，建立模拟运算表，如图 6-33 所示。选择"数据"|"模拟运算表"命令，打开"模拟运算表"对话框，如图 6-34 所示。

图 6-33   图 6-34

第四步：由于将不同借款额依序按列设置在 A 列的 A8:A12 区域，因此应将借款额变量设置为列变量，如图 6-35 所示。

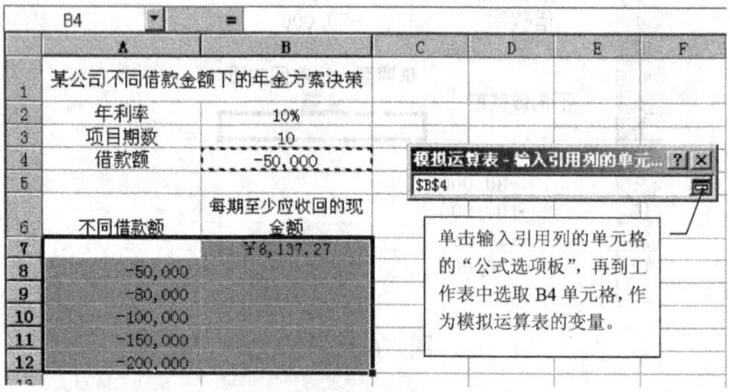

图 6-35

第五步：单击"确定"按钮，不同借款额下的年金值便显示在 B8:B12 区域，如图 6-36 所示。

第 6 章 货币时间价值的计算

图 6-36

 注意

单变量运算表在左上角的单元格中并无任何作用，所以保持空白。在设置列变量时，"设置公式单元格"应位于变量值列的右侧，并且高于"第 1 个变量单元格"一行。在设置行变量时，"设置公式单元格"应位于变量值行的下一行，并且位于"第 1 个变量单元格"左列，如图 6-37 所示。

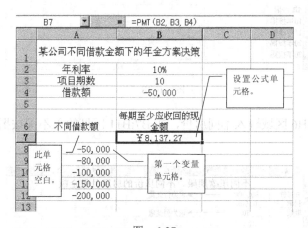

图 6-37

6.8 双变量模拟运算表的使用

双变量模拟运算表可以计算有两个变量的公式。在计算年金的函数 PMT(Rate,Nper,Pv,Fv,Type)中，双变量模拟运算表可以同时让两个参数成为变量，然后计算年金值。

205

6.8.1 利用双变量模拟运算表进行年金方案决策

例 10 房地产商开发的楼盘中大小户型、各种价位的都有,同时还会提供不同年限的月供方案,一般购房户在选购住房时要考虑诸多因素,例如房价、按揭年限等,从而在众多方案中选择适合自己的方案。假设某开发商的一处楼盘可供选择的房价有 20 万元、30 万元、40 万元、50 万元、60 万元、80 万元,提供 5 年、10 年、15 年、20 年、30 年的按揭方案。张三是位刚参加工作的年轻人,他最关注每月的月供额,最高不能超过 2000 元,已知银行贷款利率为 6%,请用双变量模拟运算表帮助张三选择方案。

第一步:打开一张 Excel 工作表,在 B2 单元格输入房价 800 000,将此单元格设置为行变量;在 B3 单元格计算并输入月利率为 6%/12=0.5%;在 B4 单元格计算并输入 5 年按揭的月份数为 5×12=60,将此单元格设置为列变量,如图 6-38 所示。

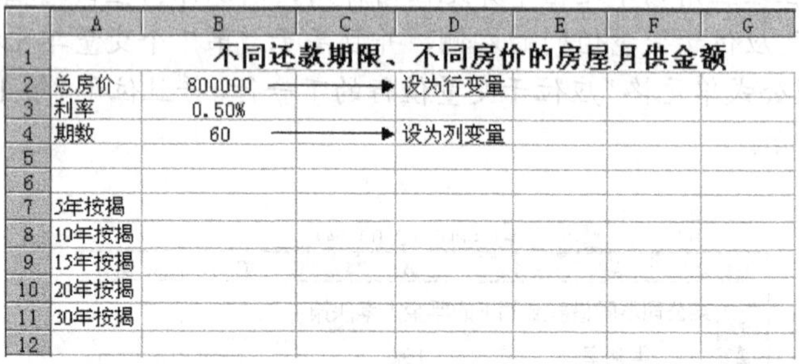

图 6-38

第二步:在 C6:H6 区域输入不同房价,在 B7:B11 区域输入不同按揭年数的月份数,如图 6-39 所示。

图 6-39

第三步:选中 B6 单元格,并单击工具栏中的 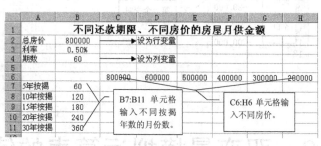 按钮,在弹出的"粘贴函数"对话框中,选择"财务"类别下的 PMT 函数。单击"确定"按钮后,输入公式"=PMT(B3,B4,B2)"。单击"确定"按钮,即可在 B6 单元格得到房价 80 万元 5 年按揭的月供金额,如图 6-40 所示。

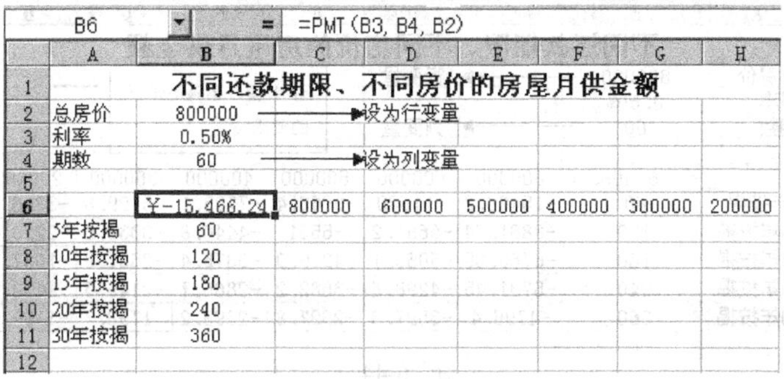

第6章 货币时间价值的计算

图 6-40

第四步：选取清单区域 B6:H11，建立模拟运算表。选择"数据"|"模拟运算表"命令，打开"模拟运算表"对话框，如图 6-41 所示。

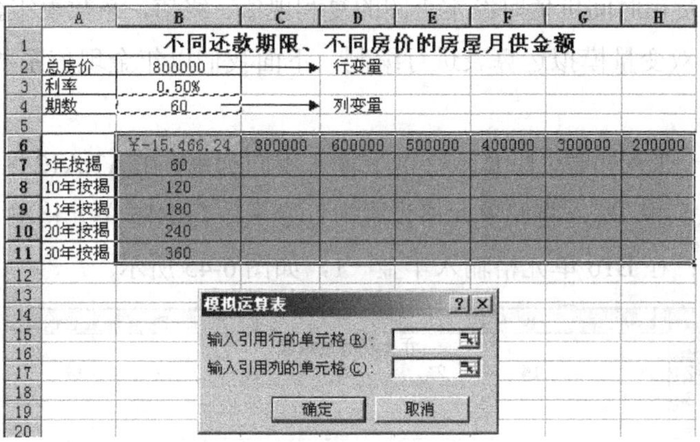

图 6-41

第五步：分别指定$B$2 为行变量单元格，$B$4 为列变量单元格，单击"确定"按钮，在 C7:H11 区域便显示不同还款期限、不同房价的房屋月供金额，如图 6-42、图 6-43 所示。例如：E8 单元格的数值表示 50 万元房价、10 年按揭的月供金额。

图 6-42　　　　　　　　　　　图 6-43

第六步：按照张三的要求，工作表中有 4 套方案满足月供不超过 2000 元的条件，可供张三购房时选择，如图 6-44 所示。

Excel 在财务会计与管理会计中的应用(第 2 版)

	A	B	C	D	E	F	G	H
1	不同还款期限、不同房价的房屋月供金额							
2	总房价	800000		行变量				
3	利率	0.50%			有 4 套方案满足张三的要求			
4	期数	60		列变量				
5								
6		¥-15,466.24	800000	600000	500000	400000	300000	200000
7	5年按揭	60	-15466.2	-11600	-9666.4	-7733.1	-5799.8	-3866.6
8	10年按揭	120	-8881.64	-6661.2	-5551	-4440.8	-3330.6	-2220.4
9	15年按揭	180	-6750.85	-5063.1	-4219.3	-3375.4	-2531.6	-1687.7
10	20年按揭	240	-5731.45	-4298.6	-3582.2	-2865.7	-2149.3	-1432.9
11	30年按揭	360	-4796.4	-3597.3	-2997.8	-2398.2	-1798.7	-1199.1

图 6-44

6.8.2 利用双变量模拟运算表编制年金现值系数表

我们平时计算货币时间价值时经常查阅的复利现值、终值，系数表年金现值、终值，以及系数表也可以用双变量模拟运算表进行编制，下面我们以年金现值系数表为例说明编制步骤。

第一步：打开一张工作表，在 B2:G2 区域输入不同利率；在 A3:A12 区域输入不同年限；在 B14 单元格输入利率 1%，将此单元格设置为行变量；在 B15 单元格输入年限 1，将此单元格设置为列变量；在 B16 单元格输入年金－1，如图 6-45 所示。

	A	B	C	D	E	F	G
1				年金现值系数表			
2		1%	2%	3%	4%	5%	6%
3	1						
4	2						
5	3						
6	5						
7	6						
8	7						
9	8						
10	9						
11	10						
12							
13							
14	利率	1%					
15	年限	1					
16	年金	-1					
17							

图 6-45

第二步：选中 A2 单元格，并单击工具栏中的 ƒx 按钮，在弹出的"粘贴函数"对话框中，选择"财务"类别下的 PV 函数。单击"确定"按钮后，输入公式"=PV(B14,B15,B16)"；单击"确定"按钮，即可在 A2 单元格得到年金为 1 元、利率 1%、1 年期的年金现值金额，如图 6-46 所示。

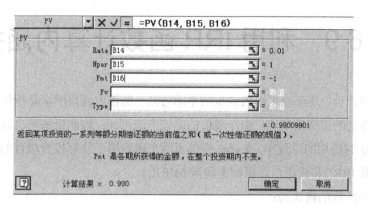

图 6-46

第三步：选取清单区域 A2:G12，建立模拟运算表。选择"数据"|"模拟运算表"命令，分别指定$B$14为行变量单元格，$B$15为列变量单元格，如图 6-47 所示。

第四步：单击"确定"按钮，在 A2:G12 区域便显示不同利率、不同年限，1 元年金的年金现值系数，如图 6-48 所示。

图 6-47

	A	B	C	D	E	F	G
1				年金现值系数表			
2	0.990	1%	2%	3%	4%	5%	6%
3	1	0.990	0.980	0.971	0.962	0.952	0.943
4	2	1.970	1.942	1.913	1.886	1.859	1.833
5	3	2.941	2.884	2.829	2.775	2.723	2.673
6	4	3.902	3.808	3.717	3.630	3.546	3.465
7	5	4.853	4.713	4.580	4.452	4.329	4.212
8	6	5.795	5.601	5.417	5.242	5.076	4.917
9	7	6.728	6.472	6.230	6.002	5.786	5.582
10	8	7.652	7.325	7.020	6.733	6.463	6.210
11	9	8.566	8.162	7.786	7.435	7.108	6.802
12	10	9.471	8.983	8.530	8.111	7.722	7.360
13							
14	利率	1%					
15	年限	1					
16	年金	-1					

图 6-48

6.9 利用 IRR 函数计算内涵报酬率

投资项目的评价,还可以采用内涵报酬率的方法。所谓内涵报酬率是指投资项目在投资有效期内实际得到的投资报酬率。由净现值的确定方法可知:内涵报酬率也就是使投资项目的净现值等于 0 时所用的贴现率。Excel 提供了两个函数用于计算投资项目的内涵报酬率:内涵报酬率函数 IRR()和修正内涵报酬率函数 MIRR()。

内涵报酬率函数的格式为:

IRR(values,guess)

其中各参数的含义如下。

- values:可以是一个数组,也可以是对数字单元格的引用。它至少含有一个正数和一个负数,否则内涵报酬率可能会是无限解。IRR 函数根据 values 参数中数字的顺序来解释现金流量的顺序,所以输入的现金流量也必须按照正确的顺序排列;如果某些年份为 0,也必须按顺序输入;每期现金流量不一定相等,但必须是等间距发生的,如同每月一次或每年一次。现金流量的第一个值必须为投资成本(以负值表示),后接几个属于收入的现金流量。
- Guess:内涵报酬率的猜测值。Excel 从 Guess 猜测数开始,IRR 反复计算,直到误差值小于 0.000 01%。如果反复计算 20 次后,依旧无法求出结果,IRR 函数则会返回错误值#NUM!若省略,IRR 默认值为 0.1。

例 11 某企业投资 100 万元于某种有价证券,3 年后收回 150 万元,求其内涵报酬率。

选中 B6 单元格,并单击工具栏中的 ![fx] 按钮,在弹出的"粘贴函数"对话框中,选择"财务"类别下的 IRR 函数。单击"确定"按钮后,输入公式"=IRR(B2:B5)";再单击"确定"按钮,即可在 B6 单元格得到 IRR 的数值,如图 6-49 所示。

	A	B	C
1	某种有价证券的内涵报酬率		
2	期初投资	-1000000	
3	第一年	0	
4	第二年	0	
5	第三年	1500000	
6	IRR	14.47%	
7			

图 6-49

6.10 利用单变量求解货币时间价值

如上例,假设我们变动期初余额的值,将其定为 120 万元,3 年后收回 150 万元,求其内涵报酬率。可以直接将 B2 单元格的值改为 –1 200 000,则在 B6 单元格之间显示 IRR 的值,如图 6-50 所示。

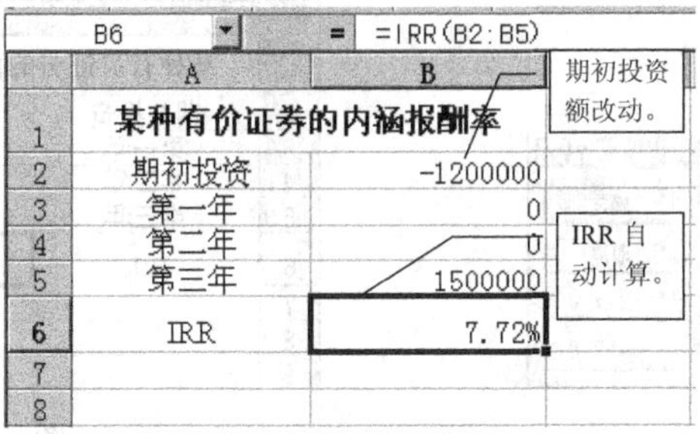

图 6-50

现假设企业要求的最低投资报酬率不低于 10%,还要求投资项目在 3 年末可以收回 150 万元,则期初投资应为多少?如果按照上述做法,将 B6 单元格改为 10%,逆向求期初投资,采用上述方法在 B2 单元格就得不出结果,如图 6-51 所示。

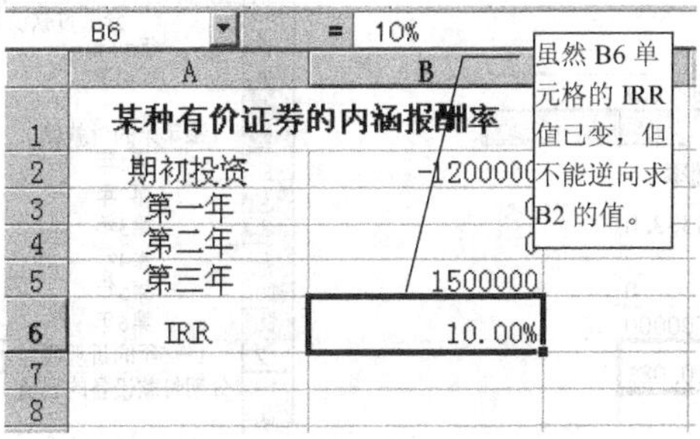

图 6-51

这时,我们可以利用 Excel 中的"单变量求解"命令解决问题。其操作步骤如下。

第一步:单击要进行求解的单元格 B6,选择"工具"|"单变量求解"命令,打开"单变量求解"对话框,如图 6-52 所示。

第二步:在"目标值(V):"处单击,并输入内涵报酬率的变量 10%;在"可变单元格(C):"处单击,选中 B2 单元格,如图 6-53 所示。

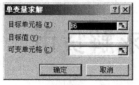

图 6-52

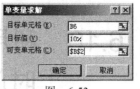

图 6-53

第三步：单击“确定”按钮，将出现“单变量求解状态”对话框，如图 6-54 所示。

第四步：工作表中也已显示出当前求解的状态，并已于 B2 单元格中计算出：当 IRR 为 10%时，期初投资为－1 124 369.8 元，如图 6-55 所示。

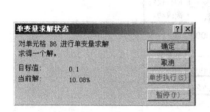

图 6-54

	A	B
1	某种有价证券的内涵报酬率	
2	期初投资	-1124369.8
3	第一年	0
4	第二年	0
5	第三年	1500000
6	IRR	10.08%
7		
8		
9		

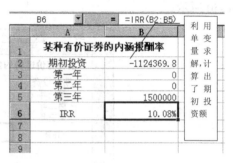

图 6-55

第五步：如果要在工作表中保留当前的计算结果，可单击“确定”按钮，如图 6-56 所示；如果要还原为原工作表内容，则单击“取消”按钮。

再如我们利用 NPV 函数计算了本章例 3 中设备的现价，有关数据资料如图 6-57 所示。

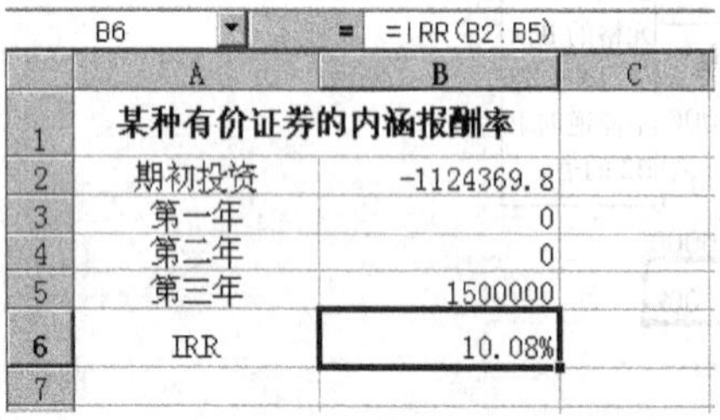

	A	B	C
1	某种有价证券的内涵报酬率		
2	期初投资	-1124369.8	
3	第一年	0	
4	第二年	0	
5	第三年	1500000	
6	IRR	10.08%	
7			

图 6-56

	A	B	C	D	E
1		分期付款设备的现值计算			
2		年利率	6%		
3		首付款	15000		
4					
5		每年末的付款额			
6		第1年	2000		
7		第2年	1500		
8		第3年	1500		
9		第4年	1500		
10		第5年	1500		
11		第6年	1000		
12		1－6年的折现额	￥7,495.20		
13		分期付款设备的现值	￥22,495.20		
14					

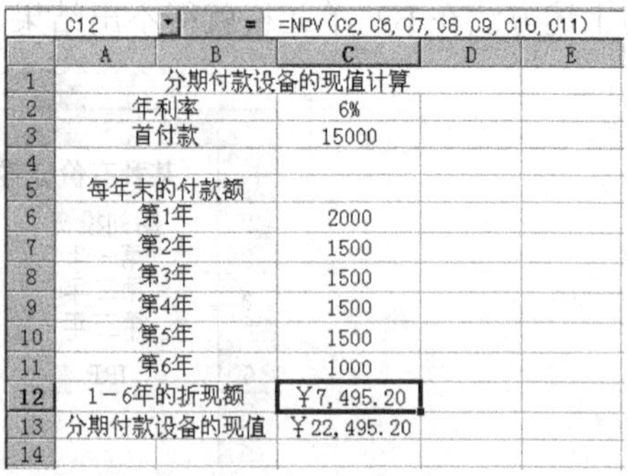

图 6-57

现假设 1～6 年的折现额为 8 500 元，请问利率应为多少？同样，我们不能在 C12 单元格中直接输入 8 500 元，就期望 Excel 自动逆向计算出利率的值；又由于各期付款额不同，也不能利用 Excel 提供的 RATE()计算利率，只能用单变量求解。步骤如下。

第一步：单击要进行求解的单元格 B12，选择“工具”|“单变量求解”命令，打开“单变量求解”对话框；在“目标值(V)：”处单击，输入“8 500”；在“可变单元格(C)：”处单击，选中 C2 单元格，如图 6-58 所示。

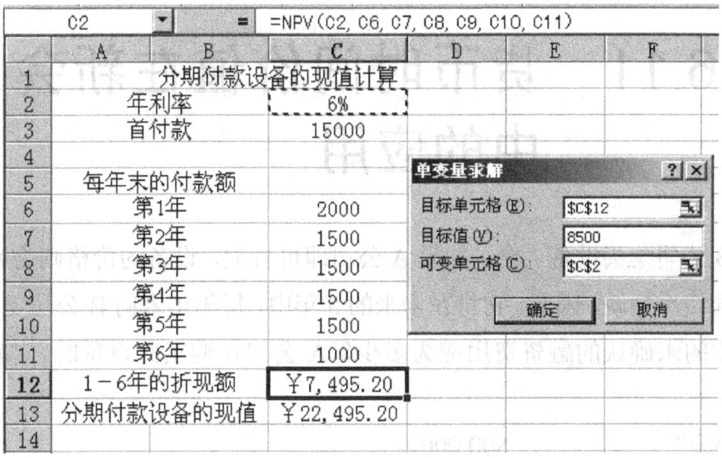

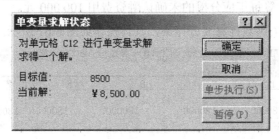

图　6-58

第二步：单击“确定”按钮，将出现“单变量求解状态”对话框，如图 6-59 所示。

图　6-59

第三步：工作表中已显示出当前求解的状态，并已于 C2 单元格计算出：当 1～6 年的折现额为 8 500 元时，利率为 2%，如图 6-60 所示。

	A	B	C	D
1	分期付款设备的现值计算			
2		年利率	2%	
3		首付款	15000	
4				
5		每年末的付款额		
6		第1年	2000	
7		第2年	1500	
8		第3年	1500	
9		第4年	1500	
10		第5年	1500	
11		第6年	1000	
12		1－6年的折现额	￥8, 500. 00	
13		分期付款设备的现值	￥23, 500. 00	
14				

图　6-60

6.11 货币时间价值在新会计准则中的应用

A公司向B公司购买设备一台。如果A公司即可付款，设备的价格则为800 000元。但由于目前A公司资金短缺，因此，它将在未来的5年中，每年年末向B公司支付180 000元。那么每年应分摊的未确认的融资费用应为多少？A公司在购买此设备时，编制了如下会计分录。

借： 固定资产　　　　　　800 000
　　未确认融资费用　　　100 000
　　贷：长期其他应付款　　　　900 000

下面讲解，如何计算每年应分摊的未确认融资费用100 000元。

第一步：利用IRR()函数计算要分摊率，具体操作如图6-61所示。

	A	B	C	D	E	F	G
1							分摊率
2	-800000	180000	180000	180000	180000	180000	4%

图 6-61

第二步：分别计算在每年年末支付的180 000元中，支付的利息部分和本金部分。每年支付的利息部分，即为每年应分摊的未确认的融资费用，具体操作如图6-62所示，结果如图6-63所示。

	A	B	C	D	E	F	G
1							分摊率
2	-800000	180000	180000	180000	180000	180000	=IRR(A2:F2)
3	支付日期	支付总和	支付的利息部分	支付的本金部分	剩余本金		
4	2007,1,1				800000		
5	2007,12,31	180000	=E4*$G$2	=B5-C5	=E4-D5		
6	2008,12,31	180000	=E5*$G$2	=B6-C6	=E5-D6		
7	2009,12,31	180000	=E6*$G$2	=B7-C7	=E6-D7		
8	2010,12,31	180000	=E7*$G$2	=B8-C8	=E7-D8		
9	2011,12,31	180000	=E8*$G$2	=B9-C9	=E8-D9		
10		=SUM(B5:B9)	=SUM(C5:C9)	=SUM(D5:D9)			

图 6-62

第6章 货币时间价值的计算

	A	B	C	D	E	F	G
1							分摊率
2	-800000	180000	180000	180000	180000	180000	4%
3	支付日期	支付总和	支付的利息部分	支付的本金部分	剩余本金		
4	2007,1,1				800,000		
5	2007,12,31	180000	32473	147527	652,473		
6	2008,12,31	180000	26484	153516	498,957		
7	2009,12,31	180000	20253	159747	339,210		
8	2010,12,31	180000	13769	166231	172,979		
9	2011,12,31	180000	7021	172979	0		
10		900000	100000	800000			

图 6-62

A 公司在每年年末，应该编制如下会计分录：

2007 年年末，借：长期其他应付款　　　　180 000
　　　　　　　　贷：银行存款　　　　　　　　　180 000
　　　　　　　借：财务费用　　　　　　　32 473
　　　　　　　　贷：未确认融资费用　　　　　　32 473

2008 年年末，借：长期其他应付款　　　　180 000
　　　　　　　　贷：银行存款　　　　　　　　　180 000
　　　　　　　借：财务费用　　　　　　　26 484
　　　　　　　　贷：未确认融资费用　　　　　　26 484

2009 年年末，借：长期其他应付款　　　　180 000
　　　　　　　　贷：银行存款　　　　　　　　　180 000
　　　　　　　借：财务费用　　　　　　　20 253
　　　　　　　　贷：未确认融资费用　　　　　　20 253

2010 年年末，借：长期其他应付款　　　　180 000
　　　　　　　　贷：银行存款　　　　　　　　　180 000
　　　　　　　借：财务费用　　　　　　　13 769
　　　　　　　　贷：未确认融资费用　　　　　　13 769

2011 年年末，借：长期其他应付款　　　　180 000
　　　　　　　　贷：银行存款　　　　　　　　　180 000
　　　　　　　借：财务费用　　　　　　　7 021
　　　　　　　　贷：未确认融资费用　　　　　　7 021

第 7 章
财务预测

背景资料

ABC 公司是一家经营五金家电的批发企业,是本地工商银行的老客户。该公司从 2000 年以来一直在使用一笔数额为 50 万元的贷款,企业财务状况稳定,基本能够维持现金收支平衡。可到了 2003 年底,公司财务经理发现,随着销售的不断增长,公司应收款项、存货不断增加,现金余额逐年减少,现金收支已无法平衡;而且几家重要的供应商表示,如果再不能及时地收到货款,将对 ABC 公司采取一手交钱一手交货的政策,这将导致 ABC 公司更加陷入困境。于是,公司财务经理决定向工商银行要求增加贷款,其预测方法采用 Excel 中的回归分析方法和销售百分比法,财务经理预测现金与有价证券将至少提高到占销售净额的 5%才能维持日常的现金收支平衡,应付账款的周转天数为既定的 59 天。已知企业所得税率为 40%,股利支付率为 50%,银行利率为 10%。

本章主要内容

本章将以 ABC 公司为实例,讲述如何用 Excel 进行财务预测。

- 利用 CORREL 函数显示销售净额与报表项目的相关程度
- 利用 Excel 的图表功能预测销售净额与报表项目的相关程度(在图表中加趋势线)
- 利用 Excel 的图表功能预测 2004 年的销售净额
- 利用 SLOPE 函数确定销售净额与报表项目的关系
- 利用销售百分比法确定销售净额与报表项目的关系,计算外部融资需要量
- 模拟财务报表,编制财务计划
- 利用 Excel 的人工重算功能计算利息费用
- 利用 Excel 编制报表

不同的公司有不同的规模和不同的产品,其财务规划也不尽相同,但在以下几个方面具有共性:

- 销售额预测。所有的财务计划都要求预测销售额。由于销售取决于未来的经济状况,而未来的经济状况又是不确定的,因此要完全准确地预测销售额是不可能的。企业可借助于宏观经济方面的专家以及产业发展规划来进行销售预测。预测总是困难的,

尤其是对未来的预测。Excel 提供了许多函数和方法，利用线性回归和非线性回归的方法进行销售预测。财务上还有一种简化而有效的方法，那就是将利润表和资产负债表中的报表项目与未来的销售联系起来，这就是销售百分比预测法。本章将分别举例说明这几种方法的应用。

- 预测资产需要量。财务计划要确定计划的资本性支出以及计划的净营运资本支出。
- 预测外部融资需要量。融资需要量的规划，必须事先明确公司的股利政策和债务政策，同时考虑采用何种融资方式来满足这一需要量。融资需要量基本上都是以对外筹资需要量这一口径来描述的，即：

对外融资需要量＝预计资产总量－已有资金来源和负债的自发性增长－内部融资量

- 模拟预测报表。财务计划还要求编制预测资产负债表、预测利润表和预测资金现金流量表。
- 经济假设。财务规划必须明确企业在整个计划期内所处的经济环境，并据此作出相应的假设。在诸多的经济假设中必须要确定一个利率水平。此外，本例假定：在整个规划期间所处的经济环境不会有太大变化；资产、负债等与销售净额高度相关的项目在规划期内保持高度相关，并且比例关系不变，同时规定盈利模式、分配模式不变。

ABC 公司 2000—2003 年财务报表如图 7-1 所示。

	A	B	C	D	E
1	ABC公司2000年～2003年财务报表			单位：百万元	
2		利润表			
3		2000	2001	2002	2003
4	销售净额	111.90	137.64	161.04	206.13
5	销售成本	94.00	116.99	136.88	177.27
6	**毛利**	17.90	20.65	24.16	28.86
7	行政、销售与管理费用	10.19	12.39	16.10	22.67
8	利息支出	1.00	1.03	1.10	0.90
9	**税前利润**	6.71	7.23	6.96	5.29
10	所得税	2.68	2.89	2.78	2.12
11	**税后利润**	4.03	4.34	4.18	3.17
12	股利	2.01	2.17	2.09	1.59
13					
14		资产负债表			
15	现金与有价证券	6.71	5.51	6.44	4.12
16	应收账款	13.43	17.89	20.94	28.86
17	存货	11.19	13.76	19.32	22.67
18	预付费用	0.14	0.12	0.15	0.18
19	**流动资产小计**	31.47	37.28	46.85	55.83
20	固定资产净额	1.28	1.24	2.95	2.87
21	**资产合计**	32.75	38.52	49.80	58.70
22	银行借款	0.50	0.50	0.50	0.50
23	应付账款	10.67	14.93	24.76	33.12
24	应付工资	0.05	0.07	0.10	0.18
25	**流动负债小计**	11.22	15.50	25.36	33.80
26	长期负债	9.60	9.10	8.60	7.60
27	**负债合计**	20.82	24.60	33.96	41.40
28	普通股	1.50	1.50	1.50	1.50
29	留存收益	10.43	12.42	14.34	15.80
30	所有者权益合计	11.93	13.92	15.84	17.30
31	负债与所有者权益合计	32.75	38.52	49.80	58.70

图 7-1

7.1 利用 CORREL 函数显示销售净额与报表项目的相关程度

销售百分比预测法的理论依据是:销售成本、费用以及大部分流动资产与流动负债项目都存在随销售变动而变动的趋势。在对 ABC 公司 2000—2003 年的报表项目进行审核时,发现销售成本、费用、大部分流动资产、长期资产、应付款项、预提费用与销售额的增长密切相关;而其他项目与销售不存在线性关系,包括现金与有价证券、短期借款、应付票据、长期负债和股东权益项目等,这是可以验证的。Excel 提供了反映两组变量之间相关程度的方法,可以验证销售与报表项目的相关程度。利用 CORREL 函数即相关系数函数,可以计算销售净额与报表项目的相关程度。

CORREL 函数是表示相关程度强弱、相关方向异同的量数的一个很有用的函数。CORREL 函数的格式为:

CORREL(array1,array2)

相关系数是一个介于 –1 到 +1 的数字。其计算结果可有下述 3 种(如表 7-1 所示):

表 7-1 相关系数及计算结果

相 关 系 数	计 算 结 果
相关系数=0	无关
相关系数>0	正相关
相关系数<0	负相关

当相关系数的绝对值为 0.4~0.6 时,即为中度相关;为 0.6~0.8 时,即为高度相关;若为 0.8 以上,则为非常高度相关。

第一步:现以计算销售净额与销售成本的相关程度为例来说明 CORREL 函数的用法。选中 F5 单元格,选择"插入"|"函数"命令或直接单击工具栏中的 ƒx 按钮,在弹出的"粘贴函数"对话框中,选择"统计"类别下的 CORREL 函数。单击"确定"按钮后,打开 CORREL 设置对话框,如图 7-2 所示。

图 7-2

第二步：直接输入公式"=CORREL(B4:E4, B5:E5)"，或单击公式选项板图标，选定要进行相关程度计算的单元格区域，如图 7-3 所示。

图 7-3

第三步：单击"确定"按钮，计算结果便显示在 F5 单元格中，如图 7-4 所示。

	A	B	C	D	E	F
1	ABC公司2000年~2003年财务报表			单位：百万元		
2		利润表				
3		2000	2001	2002	2003	
4	销售净额	111.90	137.64	161.04	206.13	
5	销售成本	94.00	116.99	136.88	177.27	100.00%
6	毛利	17.90	20.65	24.16	28.86	
7	行政、销售与管理费用	10.19	12.39	16.10	22.67	
8	利息支出	1.00	1.03	1.10	0.90	
9	税前利润	6.71	7.23	6.96	5.29	
10	所得税	2.68	2.89	2.78	2.12	
11	税后利润	4.03	4.34	4.18	3.17	
12	股利	2.01	2.17	2.09	1.59	

图 7-4

 注意

销售净额与销售成本的相关程度非常高，为 100%。

第四步：分别计算行政费用、销售与管理费用、利息支出、应收账款、存货、预付费用、固定资产净额、应付账款、应付工资等与销售净额的相关程度，计算公式及计算结果如图 7-5 所示。

	A	B	C	D	E	F
1	ABC公司2000年~2003年财务报表			单位：百万元		
2		利润表				
3		2000	2001	2002	2003	CORREL
4	销售净额	111.90	137.64	161.04	206.13	
5	销售成本	94.00	116.99	136.88	177.27	100.00%
6	毛利	17.90	20.65	24.16	28.86	
7	行政、销售与管理费用	10.19	12.39	16.10	22.67	99.47%
8	利息支出	1.00	1.03	1.10	0.90	-50.21%
9	税前利润	6.71	7.23	6.96	5.29	
10	所得税	2.68	2.89	2.78	2.12	
11	税后利润	4.03	4.34	4.18	3.17	
12	股利	2.01	2.17	2.09	1.59	
13						
14		资产负债表				
15	现金与有价证券	6.71	5.51	6.44	4.12	-83.03%
16	应收账款	13.43	17.89	20.94	28.86	99.88%
17	存货	11.19	13.76	19.32	22.67	97.41%
18	预付费用	0.14	0.12	0.15	0.18	82.52%
19	流动资产小计	31.47	37.28	46.85	55.83	
20	固定资产净额	1.28	1.24	2.95	2.87	82.74%
21	资产合计	32.75	38.52	49.80	58.70	
22	银行借款	0.50	0.50	0.50	0.50	N
23	应付账款	10.67	14.93	24.76	33.12	98.57%
24	应付工资	0.05	0.07	0.10	0.18	98.58%
25	流动负债小计	11.22	15.50	25.36	33.80	
26	长期债	9.60	9.10	8.60	7.60	N
27	负债合计	20.82	24.60	33.96	41.40	
28	普通股	1.50	1.50	1.50	1.50	N
29	留存收益	10.43	12.42	14.34	15.80	N
30	所有者权益合计	11.93	13.92	15.84	17.30	
31	负债与所有者权益合计	32.75	38.52	49.80	58.70	

图 7-5

从图 7-5 的计算结果可知：

(1) 销售净额确实与销售成本、行政费用、销售与管理费用以及大部分流动资产与流动负债项目存在非常高的相关程度。

(2) 有一些项目与销售净额的相关程度有疑问，如现金与有价证券、利息支出的相关系数为负，不符合常理，但确实与 ABC 公司的实际情况相符。如前所述，随着销售的不断增长，公司应收款项、存货不断增加，ABC 公司的现金余额逐年减少，所以才出现现金与有价证券和销售净额负相关的情况，即随着销售净额的增加，现金与有价证券金额减少。又由于 ABC 公司一直以来虽然资金短缺但没有进行融资规划，所以导致 ABC 公司陷入困境，从利息支出减少恰好说明公司资金短缺的问题。

(3) 因为需要利用历史数据预测 2004 年的外部融资需要量，所以先假定外部筹资项目"短期银行借款"、"长期负债"与销售净额不相关，用"N"表示；同时假定所有者权益项目也与销售净额不相关，用"N"表示。

7.2 利用 Excel 的图表功能预测销售净额与报表项目的相关程度

预测相关程度的另一种方式为：绘制数据 XY 散点图，并在图表中加趋势线，利用 Excel 的图表功能进行销售预测。本节仍以销售净额与销售成本为例来说明具体做法。

第一步：单击 按钮启动"图表向导"，选择绘制"XY 散点图"，如图 7-6 所示。

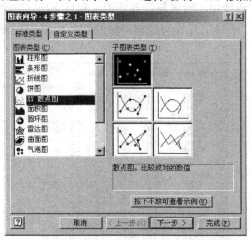

图 7-6

第二步：单击 下一步> 按钮，选取 B4:E5 数据区域，选择"行"；单击 下一步> 按钮，在"标题"栏中输入"销售净额与销售成本关系图"，在图例中取消"显示图例"；单击 下一步>

按钮,选择"作为其中对象插入";单击"完成"按钮,获得图表,如图7-7所示。

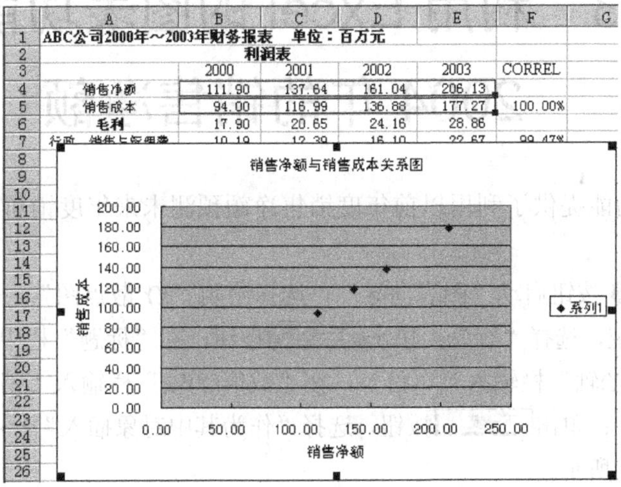

图 7-7

第三步:选择图内任一数据点,选择"图表"|"添加趋势线"命令,选择"线性"类型;在"选项"选项卡中选择"设置截距为0"、"显示公式"、"显示R平方值";单击"确定"按钮,即可在图表上得到"回归方程式"和"相关系数R平方值",如图7-8所示。

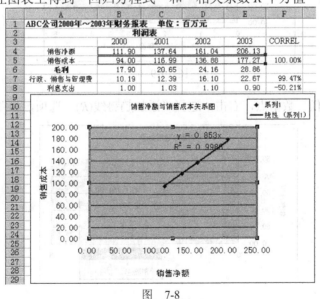

图 7-8

> **注释**
>
> 销售净额(Y)与销售成本(X)的线性方程式为 $Y = 0.853X$,R^2(相关系数) = 0.998 8,近似为1,说明销售净额每增加1元,销售成本增加0.853元。

7.3 利用 Excel 的图表功能预测 2004 年的销售净额

Excel 的图表功能提供了利用以前年度销售净额预测未来年度销售净额的方法。步骤如下。

第一步：单击 按钮启动"图表向导"，选择绘制"XY 散点图"；单击 下一步> 按钮，选取 B4:E4 数据区域，选择"行"；单击 下一步> 按钮，在"标题"栏中输入"销售净额预测图"，在"数值(X)轴"栏输入"年份"，在"数值(Y)轴"栏输入"销售净额"，在图例中取消"显示图例"；单击 下一步> 按钮，选择"作为其中对象插入"；单击"完成"按钮，获得图表，如图 7-9 所示。

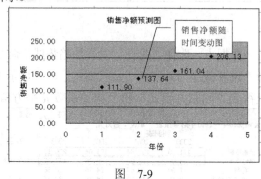

图 7-9

第二步：单击任一数据点，右击，选择"添加趋势线(R)"选项，如图 7-10 所示。

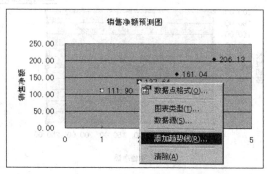

图 7-10

第三步："添加趋势线"对话框提供了多种趋势预测和回归分析的类型，根据"销售净额预测图"的图形特征，选择与其最相近的类型。从图形特征看"线性"、"乘幂"、"指数"的图形特征都较相似，分别进行比较，如图 7-11 所示。

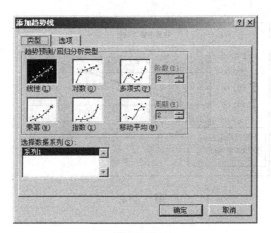

图 7-11

第四步:选择"线性"趋势预测,打开"选项"选项卡,将趋势预测前推 1 个单位,选择"设置截距(s)=0"、"显示公式"、"显示 R 平方值",如图 7-12 所示。单击"确定"按钮,即可在图表上得到"回归方程式"和"相关系数 R 平方值",如图 7-13 所示。

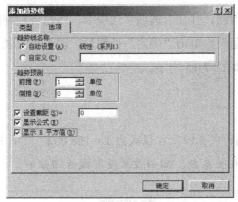

图 7-12

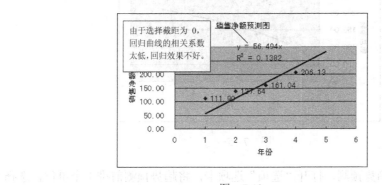

图 7-13

如果不选择"设置截距(s)=0",则回归效果很好,如图 7-14 所示。

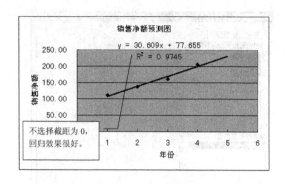

图 7-14

注释

销售净额(Y)与年份(X)的线性方程式为 $Y = 30.609X + 77.655$，R^2(相关系数) = 0.9745，按此线性方程预测 2004 年销售净额为：$30.609 \times 5 + 77.655 = 230.7$。

若选择"乘幂"趋势预测，打开"选项"选项卡，将趋势预测前推 1 个单位，选择"显示公式"、"显示 R 平方值"，单击"确定"按钮后，即可在图表上得到"回归方程式"和"相关系数 R 平方值"，如图 7-15 所示。

注释

销售净额(Y)与年份(X)的乘幂回归方程式为 $Y = 108.03X^{0.4162}$，R^2(相关系数) = 0.9422，相关系数小于线性回归的相关系数，回归效果没有线性回归好。

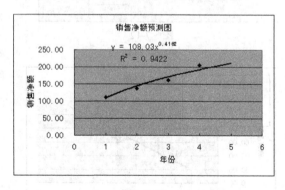

图 7-15

若选择"指数"趋势预测，打开"选项"选项卡，将趋势预测前推 1 个单位，选择"显示公式"、"显示 R 平方值"，单击"确定"按钮，即可在图表上得到"回归方程式"和"相关系数 R 平方值"，如图 7-16 所示。

第 7 章 财务预测

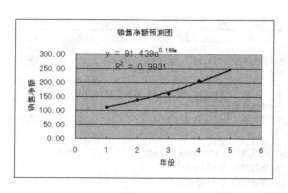

图 7-16

注释

销售净额(Y)与年份(X)的指数回归方程式为 $Y = 91.439e^{0.199x}$，R^2(相关系数) = 0.9931，相关系数在几种回归方式中最高，回归效果最好。

综合上述几种方法，则利用指数回归的方程相关系数最高，回归效果最好。需要说明的是，实际工作中，利用回归分析方法得到的结果，可以只作为最终决策的参考，企业还要综合考虑其他相关变动因素。因为回归分析是在一定假设基础上做出的，如果假设条件发生变化，则回归结果不一定准确。

7.4 预测 2004 年的销售净额

ABC 企业的销售净额每年按一定比率增长，有的企业按照销售净额的增长率预测未来年度的销售净额，如图 7-17 所示。

	A	B	C	D	E	F
1			按销售增长率预测销售净额			
2		2000	2001	2002	2003	2004
3	销售净额	111.90	137.64	161.04	206.13	预测
4	增长率		23.00%	17.00%	28.00%	?
5						

图 7-17

按照历史数据，ABC 公司 2001 年增长率为 23%，2002 年增长率为 17%，2003 年增长率为 28%，增长率三年加权平均的结果为((23%＋17%＋28%)/3＝22.67%)，ABC 公司 2003 年销售净额为 206.13 百万元，所以 2004 年预测销售净额按三年加权平均增长率计算为 206.13＋206.13×22.67%＝252.86 百万元。

按线性回归方程计算的结果为 30.609×5＋77.655＝230.7。选中 B5 单元格，输入公式"Y＝30.609×5＋77.655"，即可在 B5 单元格得到按线性回归的计算结果，如图 7-18 所示。

	A	B	C	D	E	F
1		2000	2001	2002	2003	2004
2	销售净额	111.90	137.64	161.04	206.13	预测
3						
4	2004年	线性回归	指数回归	乘幂回归	增长率加权平均	财务经理预测
5	销售净额预测值	230.70			252.86	257.66
6						
7	项目	公式			结果	
8	线性回归	Y=30.609X+77.655			230.7	
9	指数回归	Y=91.439e$^{0.199x}$				
10	乘幂回归	Y=108.03X$^{0.4162}$				
11		X=5				

图 7-18

指数回归的方程为：$Y=91.439e^{0.199x}$。Excel 提供的 EXP() 函数用于计算指数，具体步骤如下。

第一步：选中 C5 单元格，选择"插入"|"函数"命令或直接单击工具栏中的 f_x 按钮，在弹出的"粘贴函数"对话框中，选择"数学与三角函数"类别下的 EXP 函数，单击"确定"按钮，如图 7-19 所示。

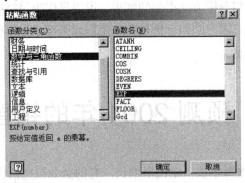

图 7-19

第二步：在 EXP 参数设置对话框中输入"0.199*5"，单击"确定"按钮，如图 7-20 所示。

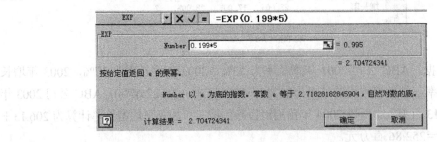

图 7-20

第三步：选中 C5 单元格，在 EXP() 函数计算基础上再乘以 91.439，才完整地输入了计算公式"$Y=91.439e^{0.199x}$",在 C5 单元格中即可显示按指数回归的计算结果 247.32,如图 7-21 所示。

图 7-21

按乘幂方程计算的结果为 $Y=108.03X^{0.4162}=211.08$,财务经理考虑多方因素最终将 2004 年销售净额增长率确定为 25%,按财务经理预测的增长率计算为 $206.13+206.13×25\%=257.66$ 百万元。计算结果如图 7-22 所示。

注释

企业最终按照财务经理的预测值确定 2004 年销售净额的预测值。

图 7-22

7.5 利用 SLOPE 函数确定销售净额与报表项目的关系

Excel 提供的 SLOPE 函数,可以利用已知自变量数据点与因变量数据点,计算直线回归方程式中的斜率。在本例中,若将销售净额视为自变量,将与销售净额高度相关的报表项目视为因变量,则利用 SLOPE 函数计算出的斜率就表示报表项目占销售净额的百分比。

SLOPE 函数的格式为:

SLOPE(因变量数据点，自变量数据点)

选取销售成本、行政费用、销售与管理费用、应收账款、存货等与销售净额高度相关的报表项目，利用 SLOPE 函数计算这些项目的销售额百分比，计算公式及计算结果分别如图 7-23、图 7-24 所示。

	A	B	C	D	E	F	G
1	ABC公司2000年～2003年财务报表					单位：百万元	
2							
3							
4		2000	2001	2002	2003	2004	SLOPE ( )
5	销售净额	111.9	137.64	161.04	206.13	257.66	
6	销售成本	94	116.99	136.88	177.27		=SLOPE(B6:E6,B5:E5)
7	行政、销售与管理费用	10.19	12.39	16.1	22.67		=SLOPE(B7:E7,B5:E5)
8	应收账款	13.43	17.89	20.94	28.86		=SLOPE(B8:E8,B5:E5)
9	存货	11.19	13.76	19.32	22.67		=SLOPE(B9:E9,B5:E5)
10	固定资产净额	1.28	1.24	2.95	2.87		=SLOPE(B10:E10,B5:E5)
11	应付账款	10.67	14.93	24.76	33.12		=SLOPE(B11:E11,B5:E5)
12	应付工资	0.05	0.07	0.1	0.18		=SLOPE(B12:E12,B5:E5)

图 7-23

	A	B	C	D	E	F	G
1	ABC公司2000年～2003年财务报表					单位：百万元	
2							
3							
4		2000	2001	2002	2003	2004	SLOPE ( )
5	销售净额	111.90	137.64	161.04	206.13	257.66	
6	销售成本	94.00	116.99	136.88	177.27		88.21%
7	行政、销售与管理费用	10.19	12.39	16.10	22.67		13.57%
8	应收账款	13.43	17.89	20.94	28.86		16.21%
9	存货	11.19	13.76	19.32	22.67		12.68%
10	固定资产净额	1.28	1.24	2.95	2.87		1.97%
11	应付账款	10.67	14.93	24.76	33.12		24.81%
12	应付工资	0.05	0.07	0.10	0.18		0.14%

图 7-24

7.6 利用销售百分比法确定销售净额与报表项目的关系、计算外部融资需要量

销售百分比法的理论依据是：销售成本、费用以及大部分流动资产与流动负债项目都存在随销售变动而变动的趋势。显然，这种方法并非对公司财务报表的所有项目都适用，某些个别项目仍需要进行单独预测。不过，对于大部分会计报表项目，销售百分比预测法既简单又合乎逻辑的估计。虽然利用销售百分比法进行财务预测简单而合乎逻辑，但是由于影响销售额的因素较多，所以最终进行财务预测时要综合考虑各方面因素。前面介绍的回归分析的

方法和利用函数得出的计算结果也仅仅作为参考，个别项目仍需要进行单独预测，即使已经预测的项目也要根据情况进行调整。

具体步骤如下。

第一步：将2003年的财务报表数据列在一张表中，将不随销售净额变动的项目用N标出，如图7-25所示。

	A	B	C	D	E
1	销售百分比法预测2004年财务报表			单位：百万元	
2					
3			利润表		
4		2003	销售百分比	2004年预测值	说明
5	销售净额	206.13			较2003年增长25%
6	销售成本	177.27			
7	**毛利**	28.86			
8	行政、销售与管理费用	22.67			
9	利息支出	0.90	N	0.90	暂不变
10	**税前利润**	5.29			
11	所得税	2.12			税前利润×40%
12	**税后利润**	3.17			
13	股利	1.59			股利=税后利润×50%
14					

15	资产负债表			
16	现金与有价证券	4.12		销售净额的5%
17	应收账款	28.86		
18	存货	22.67		
19	预付费用	0.18	0.20	大致估算为0.2
20	固定资产净额	2.87	2.80	见注释
21	**资产合计**	58.70		
22	流动负债：			
23	银行借款	0.50	0.50	不变
24	应付账款	33.12		保证应付账款周转天数为59天的应付账款预测值
25	应付工资	0.18		
26	长期负债即将到期部分	1.00	1.00	见注释
27	长期负债	6.60	6.60	已扣除即将到期部分
28	**负债合计**	41.40		
29	普通股	1.50	N	1.50	不变
30	留存收益	15.80		年初+税后利润×50%
31	所有者权益合计	17.30		
32	**权益合计**	58.70		
33	外部融资需求量			

图 7-25

注释

(1) 将2004年销售净额增长率确定为较2003年增长25%。

(2) 因为外部融资需要量没有确定，所以利息支出无法确定，先假定不变，待外部融资需要量确定后再调整。

(3) 所得税为税前利润的40%。

(4) 股利支出为税后利润的50%。

(5) 利润表中销售成本、行政、销售与管理费用需要根据销售百分比法确定2004年预测值。

(6) 现金与有价证券最低应保证为销售净额的5%。

(7) 资产负债表中应收账款、存货、应付工资需要根据销售百分比法确定2004年预测值。

(8) 预付费用大致估算为0.2百万元。

(9) 根据预算，ABC公司2004年将新增价值0.6百万元的固定资产，减少价值0.17百万元的固定资产，扣除折旧0.5百万元，2004年预测固定资产净值为2.87+0.6-0.17-0.5=2.80百万元。

(10) 短期银行借款余额先假定不变，仍为0.5百万元。

(11) 保证应付账款周转天数为59天的应付账款预测值；应付账款周转天数持续增高，从2000年的39天到2003年的65天，这大大占用了资金，应予以控制，有计划地降低应付账款周转天数，如图7-26所示。

(12) 长期负债中有1百万元2004年到期，所以单独列为1年内到期的长期负债。

(13) 预计2004年ABC公司没有外部股权筹资的计划，所以普通股的余额不变。
(14) 留存收益按"年初数+税后利润×50%"计算。

	A	B	C	D	E	F	G
1		2000	2001	2002	2003	2004	
2	销售净额	111.90	137.64	161.04	206.13		应付账款周转天数持续增高，应控制
3	销售成本		94	116.99	136.88	177.27	
4	应付账款		10.07	14.43	24.26	32.12	
5	应付账款周转天数		38.57	44.40	63.80	65.23	59
6	应付账款周转率		9.33	8.11	5.64	5.52	
7							
8	应付账款周转率=销售成本/应付账款						
9	应付账款周转天数=应付账款/(销售成本/360)						
10	将应付账款周转天数控制在59天						
11							

图 7-26

第二步：根据2003年销售净额及报表数据，计算销售百分比，预测2004年报表项目值，如图7-27所示。

	A	B	C	D	E
1	销售百分比法预测2004年财务报表			单位：百万元	
2					
3			利润表		
4		2003	销售百分比	2004年预测值	说明
5	销售净额	206.13	100.0%	257.66	较2003年增长25%
6	销售成本	177.27	86.00%	221.59	
7	毛利	28.86		36.08	
8	行政、销售与管理费用	22.67	11.00%	28.34	
9	利息支出	0.90	N	0.90	暂不变
10	税前利润	5.29		6.84	
11	所得税	2.12		2.73	税前利润×40%
12	税后利润	3.17		4.10	
13	股利	1.59		2.05	股利=税后利润×50%
14					

		资产负债表			
15					
16	现金与有价证券	4.12	N	12.88	销售净额的5%
17	应收账款	28.86	14.00%	36.08	
18	存货	22.67	11.00%	28.34	
19	预付费用	0.18		0.20	大致估算为0.2
20	固定资产净额	2.87		2.80	
21	资产合计	2.87		80.30	
22	流动负债：				
23	银行借款	0.50		0.50	不变
24	应付账款	33.12	16.07%	36.32	保证应付账款周转天数为59天的应付账款预测值
25	应付工资	0.18	0.09%	0.23	
26	长期负债即将到期部分	1.00		1.00	
27	长期负债	6.60		6.60	已扣除即将到期部分
28	负债合计	42.40		44.64	
29	普通股	1.50	N	1.50	不变
30	留存收益	15.80		17.85	年初+税后利润×50%
31	所有者权益合计	17.30		19.35	
32	权益合计	59.70		63.99	
33	外部融资需求量			16.30	
34					
35					

图 7-27

为了便于大家了解计算过程，特列出计算公式，如图7-28所示。

	A	B	C	D
1	销售百分比法预测2004年财务报表			单位：百万元
2				
3			利润表	
4		2003	销售百分比	2004年预测值
5	销售净额	206.13	=B5/$B$5	=B5+B5*25%
6	销售成本	177.27	=B6/$B$5	=D5*C6
7	毛利	=B5-B6		=D5-D6
8	行政、销售与管理费用	22.67	=B8/B5	=D5*C8
9	利息支出	0.9	N	0.9
10	税前利润	=B7-B8-B9		=D7-D8-D9
11	所得税	=B10*0.4		=D10*40%
12	税后利润	=B10-B11		=D10-D11
13	股利	=B12*0.5		=D12*50%
14				

		资产负债表		
15				
16	现金与有价证券	4.12	N	=D5*5%
17	应收账款	28.86	=B17/B5	=D5*C17
18	存货	22.67	=B18/B5	=D5*C18
19	预付费用	0.18		0.2
20	固定资产净额	2.87		2.8
21	资产合计	=SUM(B20:B20)		=SUM(D16:D20)
22	流动负债：			
23	银行借款	0.5		0.5
24	应付账款	33.12	=B24/B5	=D6/360*59
25	应付工资	0.18	=B25/B5	=D5*C25
26	长期负债即将到期部分	1		1
27	长期负债	6.6		6.6
28	负债合计	42.4		=SUM(D23:D27)
29	普通股	1.5	N	1.5
30	留存收益	15.8		=B30+D12*50%
31	所有者权益合计	=B29+B30		=SUM(D29:D30)
32	权益合计	=B28+B31		=D28+D31
33	外部融资需求量			=D21-D32
34				

图 7-28

第三步：计算外部融资需要量。

根据预测结果，要达到 ABC 公司预测的 2004 年对现金支出的要求，该公司的外部借款筹集资金金额将超过 16.30 百万元，这个金额还不包括 1 年内将要偿还的长期负债 1 百万元和短期借款 0.5 百万元，如果将这两项加上，ABC 公司 2004 年需要从外部筹集的资金将至少为 17.8 百万元。

7.7 模拟财务报表，编制财务计划

通过对 2004 年财务报表中生产经营计划中涉及的项目的预测，得出 2004 年 ABC 公司至少需要筹集 17.8 百万元的资金才能正常生产经营，这个金额与 2003 年企业的实际状况差距很大，ABC 公司以前也从来没有经历过这么大规模的筹资计划。接下来管理层准备编制财务计划，包括对模拟财务报表是否适用的判断、外部筹资需要量的估计是否过高的判断、对于利息费用的测算，如果模拟财务报表不适应，还要考虑调整经营计划以及外部筹资需要量。

假设 ABC 公司管理层想降低对外部资金需要量的依赖，有哪些可以实现的途径呢？

管理层可以考虑降低股利支付率，例如降为税后利润的 40%。

管理层可以考虑进一步降低销售成本，使销售成本占销售净额的百分比降为 85%；行政、销售与管理费用占销售净额的百分比降为 10%。

管理层可以考虑降低现金及有价证券的余额，使现金及有价证券占销售净额的百分比降为 4%。

管理层可以考虑加紧催收应收账款，使应收账款占销售净额的百分比降为 12%；降低存货资金的占用，使存货占销售净额的百分比降为 10%。

管理层还可以在信用购货方面略作改进，使应付账款周转天数稍微延长，假设为 62 天。

另外还要考虑外部筹资资金的利息费用的计算，因为随着外部筹资金额的增加，利息费用的支出也会相应加大，10% 的利息费用预示着每增加 1 百万元的银行借款，必须承诺向银行支付 10 万元的利息支出，真正能提供给企业使用的资金扣除利息费用将不足 1 百万元；同时 ABC 公司的税前利润将减少 10 万元，扣除所得税的影响，也会使税后利润减少 6 万元，也会影响留存收益的金额。

调整后的财务报表如图 7-29 所示。

经过上述调整，ABC 公司从外部的融资需要量将降低为 4.91 百万元。

	A	B	C	D	E	F
1	调整后的2004年预测财务报表			单位：百万元		
2						
3	利润表					
4		2003	销售百分比	2004年预测值	调整后百分比	调整后预测值
5	销售净额	206.13	100.00%	257.66		257.66
6	销售成本	177.27	86.00%	221.59	85%	219.01
7	毛利	28.86		36.08		38.65
8	行政、销售与管理费用	22.67	11.00%	28.34	10%	25.77
9	利息支出	0.90	N	0.90		0.90
10	税前利润	5.29		6.84		11.98
11	所得税	2.12		2.73		4.79
12	税后利润	3.17		4.10		7.19
13	股利	1.59		2.05	40%	2.88
14						

15	资产负债表				
16	现金与有价证券	4.12	N	12.88	4%	10.31
17	应收账款	28.86	14.00%	36.08	12%	30.92
18	存货	22.67	11.00%	28.34	11%	28.34
19	预付费用	0.18	N	0.20		0.20
20	固定资产净额	2.87		2.80		2.80
21	资产合计	2.87		80.30		72.57
22	流动负债：					
23	银行借款	0.50		0.50		0.50
24	应付账款	33.12	16.07%	36.32	62天	37.72
25	应付工资	0.18	0.09%	0.23		0.23
26	长期负债即将到期部分	1.00		1.00		1.00
27	长期负债	6.60		6.60		6.60
28	负债合计	42.40		44.64		46.05
29	普通股	1.50	N	1.50		1.50
30	留存收益	15.80		17.85	60%	20.11
31	所有者权益合计	17.30		19.35		21.61
32	权益合计	59.70		63.99		67.66
33	外部融资需求量			16.30		4.91
34						

图 7-29

7.8 利用 Excel 的人工重算功能计算利息费用并编制预测报表

前面我们在预测 ABC 公司的外部筹资需要量时，一直是假设利息费用不变，实际上当外部融资需要量增加时，利息费用也会相应增加。而如果利息费用变化，利润表中的税前利润、税后利润以及股利都会变动，相应地，资产负债表中的负债以及留存收益也会变动。当用 Excel 编制报表时，若不作调整，计算机将显示"循环引用"，当输入利息费用方程时会停顿。

第一步：为避免这种情况，需要将 Excel 转换到"人工重算"功能上。选择"工具"|"选项"|"重新计算"命令，选择"人工重算"单选按钮，设置反复计算的最大次数，例如在此设为 5；单击"确定"按钮，如图 7-30 所示。

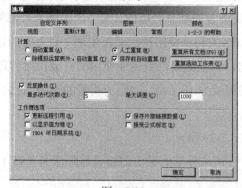

图 7-30

第二步：将 F9 单元的公式设置为"＝(F23＋F26＋F27＋F33)×10%"，使利息支出为短期借款、一年内到期的长期负债、长期负债以及外部筹资需要量的利息和，如图 7-31 所示。

第三步：按下 F9 键，计算机就开始进行人工重算，计算结果如图 7-31 所示。

	F9	▼	=	=(F23+F26+F27+F33)*10%		
	A	B	C	D	E	F	G
1	调整后的2004年预测财务报表			单位：百万元			需要进行利息费用计算的项目包括：短期借款、1年内到期的长期负债、长期负债以及外部筹资需要量的预测金额。
2							
3			利润表				
4		2003	销售百分比	2004年预测值	调整后百分比	调整后预测值	
5	销售净额	206.13	100.00%	257.66		257.66	
6	销售成本	177.27	86.00%	221.59	85%	219.01	
7	毛利	28.86		36.08		38.65	
8	行政、销售与管理费用	22.67	11.00%	28.34	10%	25.77	
9	利息支出	0.90	N	0.90		1.32	
10	税前利润	5.29		6.84		11.57	
11	所得税	2.12		2.73		4.63	
12	税后利润	3.17		4.10		6.94	
13	股利	1.59		2.05	40%	2.78	
14							
15			资产负债表				
16	现金与有价证券	4.12	N	12.88	4%	10.31	
17	应收账款	28.86	14.00%	36.08	12%	30.92	
18	存货	22.67	11.00%	28.34	11%	28.34	
19	预付费用	0.18	N	0.20		0.20	
20	固定资产净额	2.87		2.80		2.80	
21	资产合计	2.87		80.30		72.57	
22	流动负债：						
23	银行借款	0.50		0.50		0.50	
24	应付账款	33.12	16.07%	36.32	62天	37.72	
25	应付工资	0.18	0.09%	0.23		0.23	
26	长期负债即将到期部分	1.00		1.00		1.00	
27	长期负债	6.60		6.60		6.60	
28	负债合计	42.40		44.64		46.05	
29	普通股	1.50	N	1.50		1.50	
30	留存收益	15.80		17.85	60%	19.96	
31	所有者权益合计	17.30		19.35		21.46	
32	权益合计	59.70		63.99		67.51	
33	外部融资需求量			16.30		5.06	

图 7-31

编制完成的预测财务报表如图 7-32 所示。

	A	B	C
1		利润表	
2		2003年	2004年
3	销售净额	206.13	257.66
4	销售成本	177.27	219.01
5	毛利	28.86	38.65
6	行政、销售与管理费用	22.67	25.77
7	利息支出	0.9	1.32
8	税前利润	5.29	11.57
9	所得税	2.116	4.63
10	税后利润	3.174	6.94
11	股利	1.587	2.78
12			

		资产负债表	
13			
14		2003	2004年
15	现金与有价证券	4.12	10.31
16	应收账款	28.86	30.92
17	存货	22.67	28.34
18	预付费用	0.18	0.20
19	固定资产净额	2.87	2.80
20	资产合计	58.7	72.57
21	流动负债：		
22	银行借款	0.5	5.56
23	应付账款	33.12	37.72
24	应付工资	0.18	0.23
25	长期负债即将到期部分	1	1.00
26	长期负债	6.6	6.60
27	负债合计	41.4	51.11
28	普通股	1.5	1.50
29	留存收益	15.8	19.96
30	所有者权益合计	17.3	21.46
31	权益合计	58.7	72.57
32			

图 7-32

第 8 章

全面预算的编制

背景资料

A 公司是一家专门生产某种单一产品的制造企业,且生产该种产品只用一种直接材料,其财务部门打算编制 2004 年预算,该企业 2003 年资产负债表以及预算编制所需相关资料如下。

资料一:2003 年 12 月 31 日 A 企业的资产负债表如表 8-1 所示。

表 8-1　A 企业的资产负债表

元

资产负债表	
2003.12.31	
流动资产:	
银行存款	1 400.00
应收账款	9 500.00
原材料(5 元×250 公斤)	1 250.00
产成品(32 元×50 件)	1 600.00
合计	13 750.00
固定资产:	
土地	12 500.00
房屋与设备净值	31 000.00
合计	43 500.00
资产总计	**57 250.00**
流动负债:	
应付账款	5 020.00
股东权益:	
普通股股东	36 500.00
留存收益	15 730.00
权益合计	**57 250.00**

资料二：其他相关资料

(1) 假定该企业只生产一种产品，且生产该种产品只用一种直接材料。通过预测和协调过程，确定预算年度的全年销售量为 2 000 件，其中各季度的销售量分别为 400 件、500 件、600 件、500 件，销售单价为 44 元。

(2) 各项标准耗用量和标准价格如表 8-2 所示。

表 8-2　标准耗用量与标准价格

	标准耗用量	标准价格
直接材料	4 公斤/件	5 元/公斤
直接人工	5 小时/件	2 元/小时
变动制造费用：		
间接人工	5 小时/件	0.1 元/小时
间接材料	5 小时/件	0.12 元/小时
维修费	5 小时/件	0.06 元/小时
水电费	5 小时/件	0.12 元/小时
固定制造费用：		
管理人员工资		2 000 元
保险费		1 500 元
维修费		2 000 元
折旧		2 500 元
变动销售及管理费：		
销售佣金		0.8 元/件
交货运输费		0.7 元/件
固定销售及管理费：		
管理人员工资		3 000 元
租金		2 200 元

(3) 根据以往的经验并考虑预算期的特殊情况，预计每季度的销售在本季度收到的现金为本季销售额的 60%，其余 40% 的现金在下一季度收到。

(4) 根据以往的经验并考虑预算期的特殊情况，预计各季直接材料采购的现金支出为当季采购额的 60%，其余 40% 的现金在下一季度支付。

(5) 各季末产成品存货数量按下季度销售数量的 10% 计算。

(6) 直接材料存货数量按下季度生产用量的 10% 计算。

(7) 预计预算年度的下年度的第一季度和第二季度的销售量分别为 600 件和 800 件。

(8) 该企业日常期末现金结存应在 4 000～5 000 元之间。

由于预算尤其是全面预算的编制是一件工作量较大、较繁琐、非常容易出错的工作，因此预算在手工环境下的编制往往很困难，预算没有达到节约成本、有效配置资源、价值最大化的目标，反而增加了企业在预算编制方面的投入，导致一些企业知难而退。而 Excel 强大的制表和计算功能使以前在手工环境下的难题得到了很好的解决。本章主要以一家制造企业为例，对全面预算的具体编制加以说明。通过 Excel 表单元间的公式设置，实现各种业务预算的编制，预计利润表及一般资产负债表的编制。

本章主要内容

- 销售预算及销售现金收入预算的编制
- 生产预算的编制
- 直接材料预算及采购过程现金支出计划的编制
- 直接人工预算的编制
- 制造费用预算的编制
- 年末产成品存货预算的编制
- 销售及管理费用预算以及销售及管理费用现金支出计划的编制
- 资本支出预算的编制
- 现金预算表的编制
- 预计利润表(变动成本法下)的编制
- 预算会计分录的编制及预计资产负债表的编制

8.1 销售预算及销售现金收入预算的编制

在编制销售预算之前,应做好编制预算的准备工作,包括预算工作表格的设计、相关数据资料的录入等工作。Excel 提供了非常强大的表格设计计算和数据调用功能。我们知道预算的编制需要熟练掌握企业相关财务数据之间的关系,在编制预算时经常涉及一个数据在多张预算表中使用和一张表格调用多个数据的情况,并在制作数据预算表格时可以考虑将这些相关数据资料录入到一张工作表中,并将工作表命名为"相关数据资料"。这样,当编制预算需要用这些数据时;就采用 Excel 的数据调用功能,从"相关数据资料"工作表的相关单元格中取数;而如果我们要变动某一相关数据资料,就直接在"相关数据资料"工作表中作改动,那么调用这一数据的其他表格中的相关数据就会自动更新,不需要一一修改所有使用这一数据的工作表。

第一步:首先新设一个 Microsoft Excel 工作表,然后将其重命名为"第 8 章 全面预算的编制",双击图标打开工作表,如图 8-1 所示。

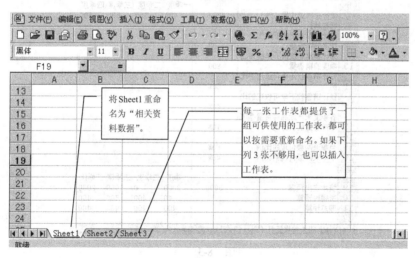

图 8-1

第二步:将 Sheet1 重命名为"相关数据资料",选择"插入"|"工作表"命令,根据需要插入多张工作表备用,如图 8-2 所示。

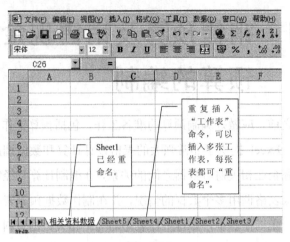

图 8-2

第三步：在"相关数据资料"工作表中录入 A 公司相关数据，如图 8-3 所示。

	A	B	C	D	E	F
1		相关数据资料				
2	上年期末应收账款	9,500				
3	上年期末应付账款	5,020				
4	期初产成品存量（件）	50				
5	期初原材料存量（公斤）	250				
6			一季度	二季度	三季度	四季度
7	预计全年销售量（件）	2000	400	500	600	500
8	销售单价	44				
9	预计预算年度的下年度第一季度的销售量	600				
10	预计预算年度的下年度第二季度的销售量	800				
11	预计销售款本季可收现的比例	60%				
12	预计销售款下季可收现的比例	40%				
13	各季度末产成品存货量是下季销售量的百分比	10%				
14						
15	当季采购额付现的比例	60%				
16	下季采购额付现的比例	40%				
17						
18			一季度	二季度	三季度	四季度
19	资本支出预算	5000	2000	0	1000	2000
20	所得税预算		40	400	700	400
21	股息预算		400	400	400	400
22						

图 8-3

第四步：在"2003 年资产负债表"工作表中将 A 公司 2003 年资产负债表的数据录入，如图 8-4 所示。

第五步：在"标准耗用量、价格"工作表中将各项标准耗用量和标准价格的数据录入，如图 8-5 所示。

	A	B
1	资产负债表	
2		2003.12.31
3	流动资产：	
4	现金	1,400.00
5	应收账款	9,500.00
6	原材料（5元×250公斤）	1,250.00
7	产成品（32元×50件）	1,600.00
8	合计	13,750.00
9	固定资产：	
10	土地	12,500.00
11	房屋与设备净值	31,000.00
12	合计：	43,500.00
13	资产总计	**57,250.00**
14	流动负债：	
15	应付账款	5,020.00
16	股东权益：	
17	普通股股东	36,500.00
18	留存收益	15,730.00
19	权益合计	**57,250.00**
20		
21		
22		

相关数据资料 / 2003年资产负债表 / 标准

图　8-4

	A	B	C	D	E	F
1	标准耗用量与标准价格					
2						
3		标准耗用量	标准价格			
4	直接材料	4公斤/件	5元/公斤	4	5	#VALUE!
5	直接人工	5小时/件	2元/小时	5	2	
6	变动制造费用：					
7	间接人工	5小时/件	0.1元/小时	5	0.1	
8	间接材料	5小时/件	0.12元/小时	5	0.12	
9	维修费	5小时/件	0.06元/小时	5	0.06	
10	水电费	5小时/件	0.12元/小时	5	0.12	
11	变动制造费用小计		0.4元/小时	5	0.4	
12	固定制造费用：					
13	管理人员工资		2500元		2500	
14	保险费		2000元		2000	
15	维修费		2500元		2500	
16	折旧		3000元		3000	
17	变动销售及管理费：					
18	销售佣金		0.8元/件		0.8	
19	交货运输费		0.7元/件		0.7	
20	固定销售及管理费：					
21	管理人员工资		3500元		3500	
22	租金		2700元		2700	
23						

相关数据资料 / 2003年资产负债表 / 标准耗用量与标准价格 / Sheet4 / Sheet5

图　8-5

在表 8-2 的数据基础上，为了便于数据的计算和调用，我们将标准耗用量、标准价格以数值形式列入 D、F 列(不包含单位等文字形式)，如图 8-6 所示。这样如果要在 F4 单元格中计算单位产品耗用的直接材料的金额，就可以先选中 F4 单元格，然后在编辑栏输入“＝D4×E4”，即可在 F4 单元格中显示数值，如图 8-7 所示。而如果在编辑栏中输入“＝B4×C4”，则显示“＃VALUE!”，表示使用了错误的参数或操作数，如图 8-8 所示。

	A	B	C	D	E	F
1	标准耗用量与标准价格					
2						
3		标准耗用量	标准价格			
4	直接材料	4公斤/件	5元/公斤	4	5	#VALUE!
5	直接人工	5小时/件	2元/小时	5	2	
6	变动制造费用：					
7	间接人工	5小时/件	0.1元/小时	5	0.1	
8	间接材料	5小时/件	0.12元/小时	5	0.12	
9	维修费	5小时/件	0.06元/小时	5	0.06	
10	水电费	5小时/件	0.12元/小时	5	0.12	
11	变动制造费用小计		0.4元/小时	5	0.4	
12	固定制造费用：					
13	管理人员工资		2500元		2500	
14	保险费		2000元		2000	
15	维修费		2500元		2500	
16	折旧		3000元		3000	
17	变动销售及管理费：					
18	销售佣金		0.8元/件		0.8	
19	交货运输费		0.7元/件		0.7	
20	固定销售及管理费：					
21	管理人员工资		3500元		3500	
22	租金		2700元		2700	

相关数据资料 / 2003年资产负债表 / 标准耗用量与标准价格 / Sheet4 / Sheet5

B、C 列数据带有单位，不便于计算引用

D、E 列数据不带有单位，与 B、C 列对应，用于计算引用

图　8-6

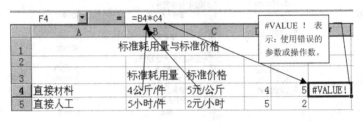

图 8-7

图 8-8

第六步：打开"销售预算"工作表，开始编制销售预算。销售预算是为销售活动编制的预算，是预算编制的起点。为了便于编制财务预算，应在编制销售预算的同时，编制现金收入计算表，用来反映销售所得现金数额。现金收入计算表应列示全年及各季的现金收入额。其中各季度的现金收入额由本季销售所得现金和本季收到上季销售所得现金两个部分组成。这个部分的现金收入应按照既定的当季销售额中现金收入所占比重进行计算。

各季度的销售量、销售单价在"相关数据资料"工作表中都有录入，在这里不要直接输入数值，而是设定公式从"相关数据资料"表中调用。具体操作步骤如下：

(1) 首先选中 B3 单元格，在编辑栏中输入"＝"，然后在工作表的下方显示工作表名称栏，通过单击◀▶按钮，移动工作表名称栏，找到"相关数据资料"栏，单击打开"相关数据资料"工作表。

(2) 选中"相关数据资料"工作表的 C7 单元格，再通过重复上述移动工作表名称栏的操作，回到"销售预算"工作表，此时 B3 单元格就显示"＝相关数据资料！C7"，表示该单元格的数据是从"相关数据资料"表"C7"单元格调用的，如图 8-9、图 8-10 所示。

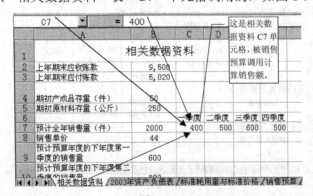

图 8-9

第 8 章　全面预算的编制

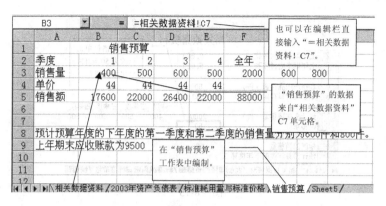

图　8-10

(3) 重复上述操作,将 B3:E4 单元格的数据都从"相关数据资料"表中调用过来,如图 8-11 所示。

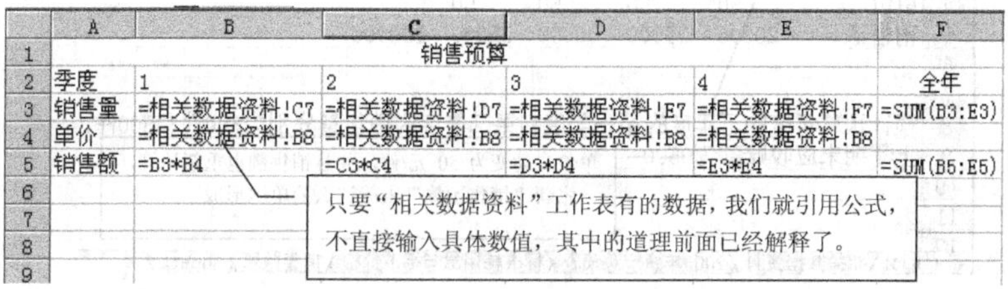

图　8-11

(4) 因为销售量和销售单价的数据已经调用过来了,所以每季度销售额的预算可以直接相乘,如图 8-12 所示。

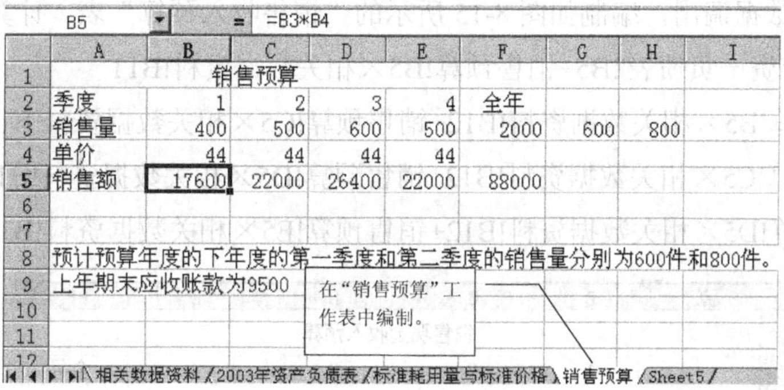

图　8-12

大家可以考虑:如果修改了"相关数据资料"表中的销售数量、销售单价的数值,结果会怎样?如图 8-13 所示。实际结果是所有调用"相关数据资料"表中"销售单价"进行编制的表格,都会因为"销售单价"的改动而自动重新计算结果,如图 8-14 所示。

241

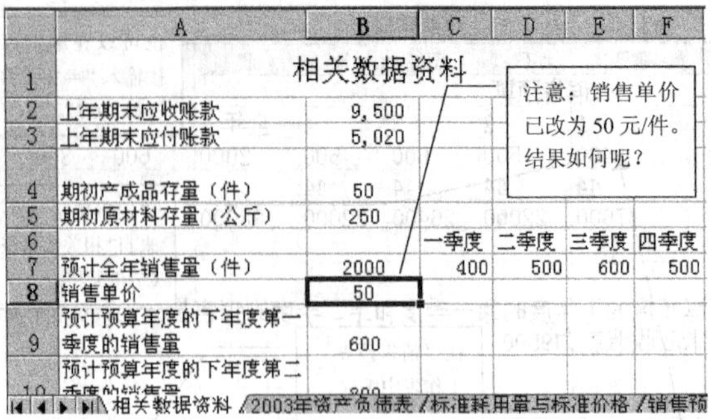

图 8-13

图 8-14

第七步：编制"销售现金收入预算"，每季度销售现金收入由两部分构成：60%本季度销售收入，本季度可以收到现金；还有就是上季度40%的销售收入，本季度才能收到现金。通过设定公式和数据调用，编制如图8-15所示的"销售收入预算"表。计算公式如下：

B3= '2003年资产负债表'!B5+销售预算!B5×相关数据资料!B11

C3=销售预算!B5×相关数据资料!B12+销售预算!C5×相关数据资料!B11

D3=销售预算!C5×相关数据资料!B12+销售预算!D5×相关数据资料!B11

E3=销售预算!D5×相关数据资料!B12+销售预算!E5×相关数据资料!B11

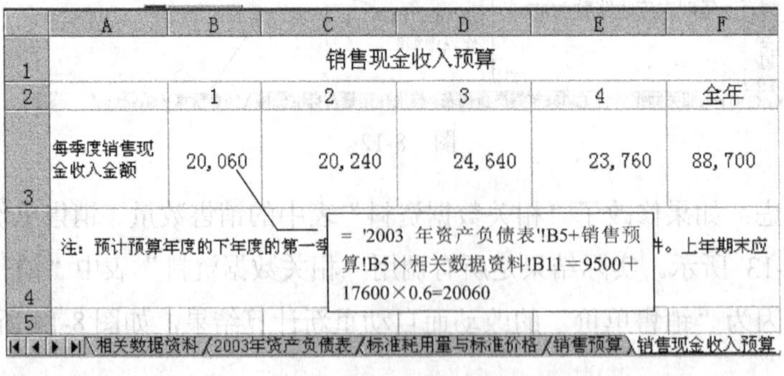

图 8-15

8.2 生产预算的编制

生产预算是根据预计销售量、考虑期初存货与预算期末的存货编制而成的，如图 8-16 所示。生产预算的计算公式为：

预算期生产量＝(预算期销售量＋期末产成品存货量)－期初产成品存货量

	A	B	C	D	E	F	G
1				生产预算			
2		1	2	3	4	预算年度的下一年的1季度	预算年度的下一年的2季度
3	销售量	400	500	600	500	600	800
4	加：期末存货量	50	60	50	60	80	
5	需求量	450	560	650	560	680	
6	减：期初存货量	50	50	60	50	60	
7	预算期生产量	400	510	590	510	620	
8							
9							
10	注：预计预算年度的下年度的第一季度和第二季度的销售量分别为600件。各季度末产成品存货量按下季销售量10%计算。						
11							
12	单元格	数值	公式				
13	B3	400	相关数据资料!C7（预算期1季度销售量）				
14	B4	400*10%	C3*相关数据资料!B13				
15	B5	450	B3+B4				
16	B6	50	相关数据资料!B4				
17	B7	400	B5-B6				
18	E4	600*10%	F3*相关数据资料!B13				
19	基础数据!B13	10%	各季度末产成品存货量是下季销售量的百分比10%				
20							
21							
	◀ ▶ ▶	\ 相关数据资料 \ 2003年资产负债表 \ 生产预算 \ 标准耗用量与标准价格 \ 销售预算					

图 8-16

8.3 直接材料预算及采购过程现金支出计划的编制

直接材料预算是为直接材料的采购活动编制的预算，编制直接材料预算的主要依据是预算期生产量、直接材料单位标准用量及标准价格，预算期生产量数据在"生产预算表"中，直接材料单位标准用量及标准价格数据在"相关数据资料"表中，可以直接调用。预算期直接材料的采购量的计算公式为：

预算期直接材料采购量＝(预算期生产量×直接材料单位标准耗用量
＋预算期末直接材料存货量)－预算期初直接材料存货量

直接材料预算表及计算公式表如图 8-17 所示。

	A	B	C	D	E	F	G
1	生产量数据来自"生产预算"表		直接材料预算				
2		1	2	3	4	1	
3	生产量	400	510	590	510	620	
4	单位标准耗量	4	4	4	4	4	
5	生产用量	1600	2040	2360	2040	2480	
6	期末存货量	204	236	204	248		全年合计数,用于编预算分录
7	需要量	1804	2276	2564	2288		
8	期初存货量	250	204	236	204		
9	采购量	1554	2072	2328	2084		
10	标准价格	5	5	5	5		
11	采购金额	7770	10360	11640	10420	40190	
12	期初原材料					1250	
13	期末原材料					1240	
14	期末结转(进产成品)					40200	
15							
16	单元格	计算结果		公式			
17	B3	400	生产预算!B7				
18	B4	4	标准耗用量与标准价格!D4（直接材料标准耗用量）				
19	B5	1600	B3*B4				
20	B6	2040*10%	C5*相关数据资料!B13				
21	B7	1804	B5+B6				
22	B8	250	相关数据资料!B5（期初原材料存量）				
23	B9	1554	B7-B8				
24	B10	5	标准耗用量与标准价格!E4（直接材料标准价格）				
25	B11	7770	B9*B10				

图 8-17

在采购过程中必然要发生现金支出，为了便于编制财务预算，应在编制"直接材料预算"的同时编制"材料采购现金支出预算"，如图 8-18 所示。

	A	B	C	D	E	F
1			材料采购现金支出预算			
2		1	2	3	4	全年
3	本季支付上季采购款	5020	3108	4144	4656	
4	本季支付本季采购款	4662	6216	6984	6252	
5	材料采购现金支出	9682	9324	11128	10908	41042
6						
7	单元格	数值	公式			
8	B3	5020	相关数据资料!B3（期初应付账款）			
9	B4	7770*60%	直接材料预算!B11*相关数据资料!B15			
10	B5	9682	B3+B4			
11	C3	7770*40%	直接材料预算!B11*相关数据资料!B16			
13	注：各季直接材料采购的现金支出为当季采购额的60%，其余40%的现金于下一季度支付。					

图 8-18

8.4 直接人工预算的编制

直接人工预算是为直接进行生产的工人的人工耗费编制的预算，编制直接人工预算的主要依据是预算期生产量、直接人工单位标准工时及标准工资率，预算期生产量数据在"生产预算表"中，直接人工单位标准工时及标准工资率数据在"相关数据资料"表中，可以直接调用。"直接人工预算"表如图8-19所示。

	A	B	C	D	E	F	G
1		直接人工预算					
2		1	2	3	4	全年	说明
3	生产量（件）	400	510	590	510	2010	数据来自生产预算表
4	单位标准工时（小时/件）	5	5	5	5		数据来标准耗用量、价格表
5	需用工时（小时）	2000	2550	2950	2550	10050	生产量*单位标准工时
6	标准工资率（元/小时）	2	2	2	2		数据来自标准耗用量、价格表
7	直接人工成本（元）	4000	5100	5900	5100	20100	需用工时×标准工资率
8	直接人工成本现金支出预算	4000	5100	5900	5100	20100	
9							
10	注：直接人工成本当季100%付现						
11							

图 8-19

8.5 制造费用预算的编制

制造费用是指生产成本中除了直接材料、直接人工以外的生产费用。制造费用预算是根据预算期全年及各季的生产量、各种标准耗用量和标准价格资料编制的。编制制造费用预算应该将制造费用分为变动制造费用和固定制造费用两大类，并分别进行编制。各项变动制造费用通常都有单位标准费用额(小时标准费用率或产品标准费用率)，用单位标准费用额乘以预算期产量或工时需用量就是各项变动制造费用预算额。各项变动制造费用合计就是变动制造费用预算总额。各项变动制造费用单位标准费用额之和，就是变动制造费用单位标准费用额，它是将全年的变动制造费用分配到各季度的依据，因而又称变动制造费用分配率。固定制造费用本例假定其在各季度平均分配，除固定制造费用中的折旧外，各项制造费用均需在当期支付现金。"制造费用预算"表如图8-20所示。

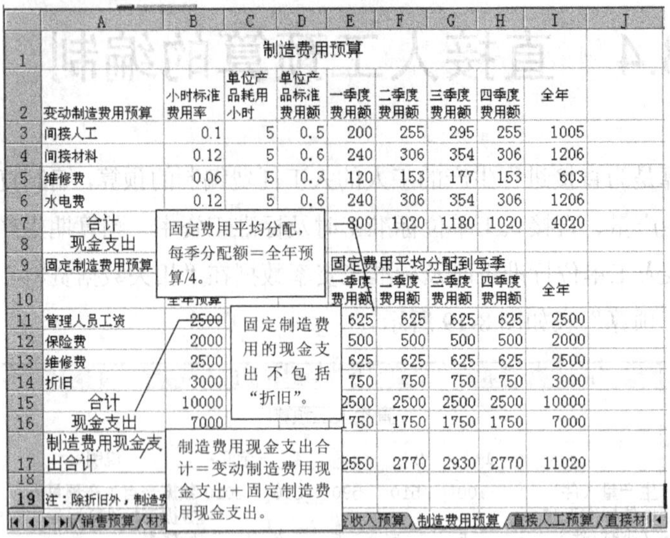

	A	B	C	D	E	F	G	H	I	J
1	制造费用预算									
2	变动制造费用预算	小时标准费用率	单位产品耗用小时	单位产品标准费用额	一季度费用额	二季度费用额	三季度费用额	四季度费用额	全年	
3	间接人工	0.1	5	0.5	200	255	295	255	1005	
4	间接材料	0.12	5	0.6	240	306	354	306	1206	
5	维修费	0.06	5	0.3	120	153	177	153	603	
6	水电费	0.12	5	0.6	240	306	354	306	1206	
7	合计				800	1020	1180	1020	4020	
8	现金支出									
9	固定制造费用预算				固定费用平均分配到每季					
10		全年预算			一季度费用额	二季度费用额	三季度费用额	四季度费用额	全年	
11	管理人员工资	2500			625	625	625	625	2500	
12	保险费	2000			500	500	500	500	2000	
13	维修费	2500			625	625	625	625	2500	
14	折旧	3000			750	750	750	750	3000	
15	合计	10000			2500	2500	2500	2500	10000	
16	现金支出	7000			1750	1750	1750	1750	7000	
17	制造费用现金支出合计				2550	2770	2930	2770	11020	
18										
19	注：除折旧外，制造费									

图 8-20

8.6 年末产成品存货预算的编制

年末产成品存货预算主要用来反映年末产成品存货成本，编制预算的目的是为编制利润计划和资产负债表作准备。编制年末产成品存货预算的主要依据是生产预算中的年末产成品存货数量和各项标准耗用量及标准价格。用各项标准耗用量和标准价格可以计算出产品的标准成本。在变动成本法下，产品的标准成本只包括直接材料、直接人工和变动制造费用；在全部成本法下，产品的标准成本还应包括固定制造费用。标准成本与年末产成品存货数量的乘积即为年末产成品成本。在使用标准成本法控制成本的企业里可以不编此预算，直接用标准成本和年末产成品存货数量计算填写利润计划和资产负债表的有关项目，如图 8-21 所示。

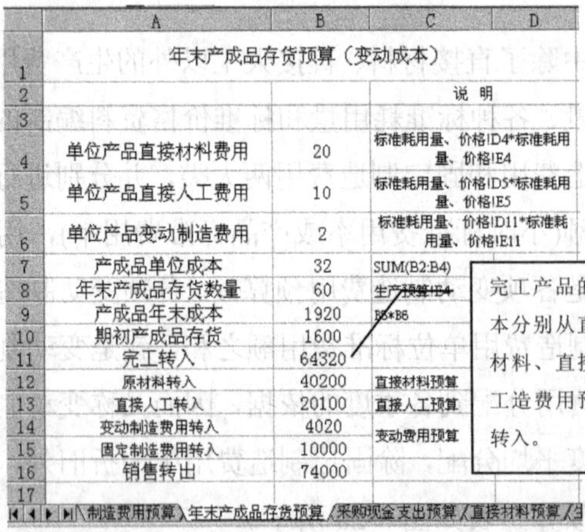

	A	B	C	D
1	年末产成品存货预算（变动成本）			
2			说 明	
3				
4	单位产品直接材料费用	20	标准耗用量、价格!D4*标准耗用量、价格!E4	
5	单位产品直接人工费用	10	标准耗用量、价格!D5*标准耗用量、价格!E5	
6	单位产品变动制造费用	2	标准耗用量、价格!D11*标准耗用量、价格!E11	
7	产成品单位成本	32	SUM(B2:B4)	
8	年末产成品存货数量	60	生产预算!B4	
9	产成品年末成本	1920	B5*B6	
10	期初产成品存货	1600		
11	完工转入	64320		
12	原材料转入	40200	直接材料预算	
13	直接人工转入	20100	直接人工预算	
14	变动制造费用转入	4020	变动费用预算	
15	固定制造费用转入	10000		
16	销售转出	74000		
17				

图 8-21

8.7 销售及管理费用预算和销售及管理费用现金支出计划的编制

销售及管理费用预算是为那些产品销售活动和一般行政管理活动以及有关的经营活动编制的预算。编制销售及管理费用预算的主要依据是预算期全年和各季度的销售量及各种有关的标准耗用量和标准价格资料。销售及管理费用应分为变动费用和固定费用两大类。其中：

各项变动费用预算额=销售量×单位标准费用额

本例假设全年固定销售及管理费用在各季度平均分配，假定各项销售及管理费用均需于当季支付现金。编制预算表所需销售量数据是从“相关数据资料”表中调用的，单位标准费用额数据是从“标准耗用量、价格”表中调用的。

销售及管理费用预算表如图 8-22 所示。图 8-23 列出了一季度和全年预算的计算公式。

数据引用自“相关数据资料”和“标准耗用量与标准价格”工作表。

	A	B	C	D	E	F	G
1			销售及管理费用预算				
2			一季度费用额	二季度费用额	三季度费用额	四季度费用额	全年
3	变动费用						
4	销售佣金		320	400	480	400	1600
5	交货运输费		280	350	420	350	1400
6	小计		600	750	900	750	3000
7							
8	固定费用		固定费用平均分配到每季				
9			一季度费用额	二季度费用额	三季度费用额	四季度费用额	全年
10	管理人员工资	3500	875	875	875	875	3500
11	租金	2700	675	675	675	675	2700
12	小计	6200	1550	1550	1550	1550	6200
13							
14	销售及管理费用现金支出合计		2150	2300	2450	2300	9200
15	注：假定各项销售及管理费用均需于当季支付现金；各项变动费用预算额=销售量*单位标准费用额；全年固定销售及管理费用在各季度平均分配。						
16							

标准耗用量、价格 / 直接人工预算 / 销售及管理费用预算 / 销售预算 / 销售现金收入预算

图　8-22

这里仅列出一季度费用预算的计算调用公式，其他3个季度计算方法相同。

	A	B	C	G
1			销售及管理费用预算	
2			一季度费用额	全年
3	变动费用			
4	销售佣金		=相关数据资料!C7*标准耗用量与标准价格!E1	=SUM(C4:F4)
5	交货运输费		=相关数据资料!C7*标准耗用量与标准价格!E1	=SUM(C5:F5)
6	小计		=SUM(C4:C5)	=SUM(G4:G5)
7				
8	固定费用		固定费用平均分配到每季	
9			一季度费用额	全年
10	管理人员工资	=标准耗用量与标准价格!E2	=$B10/4	=SUM(C10:F10)
11	租金	=标准耗用量与标准价格!E2	=$B11/4	=SUM(C11:F11)
12	小计	=SUM(B10:B11)	=SUM(C10:C11)	=SUM(C12:F12)
13				
14	销售及管理费用现金支出合计		=C6+C12	=SUM(C14:F14)
15	注：假定各项销售及管理费用均需于当季支付现金；各项变动费用预算额=销售量*单位标准费用额；全年固定销售及管理费用在各季度平均分配。			

资本支出预算 / 2003年资产负债表 / 直接人工预算 / 销售及管理费用预算 / 销售预算 / 销售现金

图　8-23

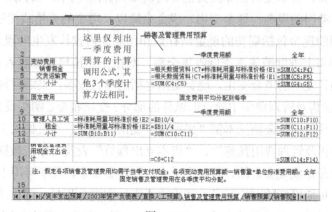

8.8 资本支出预算的编制

资本支出预算是为购置固定资产、无形资产等活动编制的预算。编制资本支出预算的主要根据是长期投资决策的结果。本例假定根据长期投资决策的结果：预算年度的资本性支出为 5 000 元，全部为现金支出。其中于第 1 季度支出 2 000 元，第 3 季度支出 1 000 元，第 4 季度支出 2 000 元。资本支出预算表如图 8-24 所示。

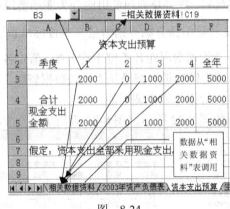

图　8-24

8.9 现金预算表的编制

现金预算是反映预算期现金收入、现金支出和资本融通的预算。编制现金预算的主要依据是涉及现金收入和现金支出的销售预算、直接材料预算、直接人工预算、制造费用预算、销售及管理费用预算、资本支出预算及其他专门决策预算(本例不涉及)等。现金预算表的结构包括 4 部分：可动用的现金、现金支出、现金余缺以及现金的筹措或偿还。

其中，可动用的现金包括期初的现金结存数和预算期内预计发生的现金收入(本例指本季度销售收现金额和上季度销售本季度收现金额，数据见"销售现金收入预算"表)。现金支出指预算期内预计发生的现金支出，现金支出包括的项目很多，采购材料、支付直接人工工资、制造费用、销售及管理费用中除折旧以外的部分、交纳税金、购买设备和支付股息等，都需要支出现金，具体支出金额见本例"采购现金支出预算"、"直接人工预算"、"制造费用预算"、"销售及管理费用预算"、"资本支出预算"表及"相关数据资料"表。现金的收支相抵后的余额形成现金余缺，若收大于支，则现金多余，除了可用于偿还银行借款之外，还可购买用于短期投资的有价证券；若收小于支，则现金不足，需设法筹措资金。本例假定 A 企业每季度末至少备有现金结存 4 000～5 000 元。现金预算表如图 8-25 所示，计算公式如图 8-26、图 8-27 所示。

	A	B	C	D	E	F
1			现金预算	期末现金余额等于下期初现金余额。		
2	季度	1	2	3	4	
3	期初现金余额	1,400	4,638	4,584	4,716	
4	销售现金收入	20,060	20,240	24,640	23,760	
5	可动用现金合计	21,460	24,878	29,224	28,476	
6	直接材料	9,682	9,324	11,128	10,908	
7	直接人工	4,000	5,100	5,900	5,100	
8	制造费用	2,550	2,770	2,930	2,770	
9	销售与管理费用	2,150	2,300	2,450	2,300	全年
10	所得税	40	400	700	400	1,540
11	资本性支出	2,000	-	1,000	2,000	5,000
12	股息	400	400	400	400	1,600
13	现金支出合计	20,822	20,294	24,508	23,878	
14	现金余缺	638	4,584	4,716	4,598	
15	借入现金	4,000				
16	归还借款				4,000	根据余缺情况作出筹资决策。
17	支付借款利息				240	
18	期末现金余额	4,638	4,584	4,716	358	
19						
20	注：要求期末现金余额为4000～5000元之间。年初借入一年期年利率6%的短期借款，年末一次还本付息。					

图 8-25

	A	B	C
1			现金预算
2	季度	1	2
3	期初现金余额	='2003年资产负债表'!B4	=B18
4	销售现金收入	=销售现金收入预算!B3	=销售现金收入预算!C3
5	可动用现金合计	=SUM(B3:B4)	=SUM(C3:C4)
6	直接材料	=采购现金支出预算!B5	=采购现金支出预算!C5
7	直接人工	=直接人工预算!B8	=直接人工预算!C8
8	制造费用	=制造费用预算!E17	=制造费用预算!F17
9	销售与管理费用	=销售及管理费用预算!C14	=销售及管理费用预算!D14
10	所得税	=相关数据资料!D20	=相关数据资料!D20
11	资本性支出	=相关数据资料!C19	=相关数据资料!D19
12	股息	=相关数据资料!C21	=相关数据资料!D21
13	现金支出合计	=SUM(B6:B12)	=SUM(C6:C12)
14	现金余缺	=B5-B13	=C5-C13
15	借入现金	4000	
16	归还借款		
17	支付借款利息		
18	期末现金余额	=B14+B15-B16-B17	=C14+C15-C16-C17

图 8-26

	A	B	C	D	E	F
1			现金预算(续)			
2	季度	3	4			
3	期初现金余额	=C18	=D18			
4	销售现金收入	=销售现金收入预算!D3	=销售现金收入预算!E3			
5	可动用现金合计	=SUM(D3:D4)	=SUM(E3:E4)			
6	直接材料	=采购现金支出预算!D5	=采购现金支出预算!E5			
7	直接人工	=直接人工预算!D8	=直接人工预算!E8			
8	制造费用	=制造费用预算!G17	=制造费用预算!H17			
9	销售与管理费用	=销售及管理费用预算!E14	=销售及管理费用预算!F14	全年		
10	所得税	=相关数据资料!E20	=相关数据资料!F20	=SUM(B10:E10)		
11	资本性支出	=相关数据资料!E19	=相关数据资料!F19	=SUM(B11:E11)		
12	股息	=相关数据资料!E21	=相关数据资料!F21	=SUM(B12:E12)		
13	现金支出合计	=SUM(D6:D12)	=SUM(E6:E12)			
14	现金余缺	=D5-D13	=E5-E13			
15	借入现金					
16	归还借款		=B15			
17	支付借款利息		=B15*相关数据资料!B24			
18	期末现金余额	=D14+D15-D16-D17	=E14+E15-E16-E17			

图 8-27

现金预算的编制公式如下：

可动用的现金＝期初现金余额＋销售现金收入

现金支出＝直接材料现金支出＋直接人工现金支出＋制造费用现金支出
＋销售及管理费用现金支出＋所得税支出＋资本性支出＋股息支出

现金余缺＝可动用的现金－现金支出

期末现金余额＝现金余缺＋借入现金－归还借款－归还借款利息

其中：

(1) 第1季度期初现金余额数据来自"2003年资产负债表"，其他3个季度的期初现金余额分别是前一季度的期末现金余额。

(2) 销售现金收入数据来自"销售预算"工作表，直接材料现金支出数据来自"采购现金支出预算"工作表，直接人工现金支出数据来自"直接人工预算"工作表，制造费用现金支出数据来自"制造费用预算"工作表，销售及管理费用现金支出数据来自"销售及管理费用预算"工作表。

(3) 所得税、资本性支出、股息支出，本例没有说明数据的产生过程，假设已经过专门决策，有关数据也录入到"相关数据资料"工作表中。有一个好处是，如果预算数据有变化，只需要修改"相关数据资料"表中的相应数据，Excel会按照修改过的数据重新计算结果，使预算的编制变得灵活省力。

(4) 由于本例假定A企业每季度末至少备有4 000～5 000元的现金结存，而第1季度预算的"现金余缺"仅378元，所以应相应作出筹资决策，借入4 000元1年期利率为6%的短期借款，年末到期一次还本付息。第2、3季度的现金余额达到企业的最低现金结存金额，不需要进行筹资决策。第4季度末，偿还了第1季度借入的4 000元的本金和利息后，现金余额又达不到企业的最低现金结存金额，在下一年编制现金预算时也要考虑筹资决策问题。

(5) 因为本例中A公司预算期初没有银行借款，所以没有利息费用，预算期因为要求期末现金余额在4 000～5 000元之间，所以根据一季度现金余缺在年初应借入4 000元，年利率为6%的一年期短期借款，年末一次还本付息。这样，在编制现金预算时，要考虑年末还本付息的现金支出。可以考虑，如果这笔4 000元的短期借款要求按季付息，年末还本，结果会如何？如果是那样，编制现金预算时则要考虑每季的利息费用这笔现金支出了，如图8-28所示。

	A	B	C	D	E	F
1			现金预算			
2	季度	1	2	3	4	
3	期初现金余额	1,400	4,578	4,464	4,536	
4	销售现金收入	20,060	20,240	24,640	23,760	
5	可动用现金合计	21,460	24,818	29,104	28,296	
6	直接材料	9,682	9,324	11,128	10,908	
7	直接人工	4,000	5,100	5,900	5,100	
8	制造费用	2,550	2,770	2,930	2,770	
9	销售与管理费用	2,150	2,300	2,450	2,300	全年
10	所得税	40	400	700	400	1,540
11	资本性支出	2,000	-	1,000	2,000	5,000
12	股息	400	400			1,600
13	现金支出合计	20,822	20,294	24,508	23,878	
14	现金余缺	638	4,524	4,596	4,418	
15	借入现金	4,000				
16	归还借款				4,000	
17	支付借款利息	60	60	60	60	利息按季支付，年末还本。
18	期末现金余额	4,578	4,464	4,536	358	
19						
20	注：要求期末现金余额为4000～5000元之间。年初借入一年期年利率6%的短期借款，按季付息，年末还本。					
21						

图 8-28

8.10 预计利润表(变动成本法下)的编制

现列出一季度预计利润表(变动成本法下)及其计算公式,如图 8-29、图 8-30 所示。

	A	B	C	D	E	F
1	预计利润表(变动成本法)					
2		1	2	3	4	全年
3	销售收入	17,600	22,000	26,400	22,000	88,000
4	减:产品变动成本	12,800	16,000	19,200	16,000	64,000
5	减:变动销售与管理费用	600	750	900	750	3,000
6	贡献毛益	4,200	5,250	6,300	5,250	21,000
7	减:固定制造费用	2,500	2,500	2,500	2,500	10,000
8	减:固定销售与管理费用	1,550	1,550	1,550	1,550	6,200
9	营业利润	150	1,200	2,250	1,200	4,800
10	利息费用	60	60	60	60	240
11	税前利润	90	1,140	2,190	1,140	4,560
12	所得税	40	400	700	400	1,540
13	税后利润	50	740	1,490	740	3,020
14	股息	400	400	400	400	1,600
15	留存收益					1,420

图 8-29

	A	B
1	预计利润表(变动成本法)计算公式	
2		
3	销售收入	=销售预算!B5
4	减:产品变动成本	='销售成本(变动)预算'!B5
5	减:变动销售与管理费用	=销售及管理费用预算!C6
6	贡献毛益	=B3-B4-B5
7	减:固定制造费用	=制造费用预算!E15
8	减:固定销售与管理费用	=销售及管理费用预算!C12
9	营业利润	=B6-B7-B8
10	利息费用	=基础数据!C22*基础数据!B24*3/12
11	税前利润	=B9-B10
12	所得税	=基础数据!C20
13	税后利润	=B11-B12
14	股息	=基础数据!C21
15	留存收益	

图 8-30

8.11 预算会计分录的编制及预计资产负债表的编制

最后我们来完成预计资产负债表的编制工作。资产负债表要求会计平衡,其他预算的编制对平衡都没有资产负债表那么严格,在对各种业务预算处理的过程中,稍有疏漏可能就会导致编制的预计资产负债表不平衡,而且又很难找到错误。下面介绍一种 Excel 环境下编制资产负债预算的方法。这种方法的基本思路是把每一个业务预算都当做一项业务的发生,利用复式记账的方法,制作模拟的"预算凭证",最后根据年初的资产负债表和这些模拟的"预算凭证"编制年末预计的资产负债表。方法如下。

第一步:打开"预算会计分录"工作表,首先将 2003 年年初资产负债的数据录入,然后根据各种业务预算、现金收支预算和利润预算制作模拟"预算凭证"。

第二步:编制预算会计分录。

(1) 销售预算分录

数据如图 8-31、图 8-32 所示。

	销售预算				
季度	1	2	3	4	全年
销售量	400	500	600	500	2000
单价	44	44	44	44	
销售额	17600	22000	26400	22000	88000

图 8-31

	销售现金收入预算				
	1	2	3	4	全年
每季度销售现金收入金额	20,060	20,240	24,640	23,760	88,700

图 8-32

根据此预算可制作如下的模拟"预算凭证"。

借：银行存款　　88 700　　　（数据来自"销售现金收入预算"工作表）

　　应收账款　　 8 800　　　（88 000+9 500－88 700=8 800）

　贷：产品销售收入　88 000　（数据来自"销售预算"工作表）

　　　应收账款　　　 9 500　（此应收账款为年初余额，数据来自"2003年资产负债表"）

(2) 采购预算分录

数据如图 8-33 所示。

	A	B	C	D	E	F
1		直接材料预算				
2		1	2	3	4	1
3	生产量	400	510	590	510	620
4	单位标准耗量	4	4	4	4	
5	生产用量	1600	2040	2360	2040	2480
6	期末存货量	204	236	204	248	
7	需要量	1804	2276	2564	2288	
8	期初存货量	250	204	236	204	
9	采购量	1554	2072	2328	2084	
10	标准价格	5	5	5	5	
11	采购金额	7770	10360	11640	10420	40190
12	期初原材料					1250
13	期末原材料					1240
14	期末结转(进产成品)					40200

图 8-33

借：原材料　　　40 190　　（数据来自"直接材料预算"工作表）

　　应付账款　　 5 020　　（数据来自"2003年资产负债表"）

　贷：银行存款　　41 042　（数据来自"采购现金支出预算"工作表）

　　　应付账款　　 4 168　（40 190＋5 020－41 042 =4 168）

(3) 直接材料、直接人工、制造费用、产成品预算分录

数据如图 8-34 所示。

年末产成品存货数量	60
产成品年末成本	1920
期初产成品存货	1600
完工转入	64320
原材料转入	40200
直接人工转入	20100
变动制造费用转入	4020
固定制造费用转入	10000
销售转出	74000

图 8-34

借：产成品	40 200	(数据来自"年末产成品存货预算"工作表)
贷：原材料	40 200	(数据来自"直接材料预算"工作表)
借：产成品	20 100	(数据来自"年末产成品存货预算"工作表)
贷：银行存款	20 100	
借：产成品	4 020	(变动制造费用)
产成品	10 000	(固定制造费用)
贷：银行存款	11 020	
房屋设备净值	3 000	(折旧冲减房屋设备净值)
借：产品销售成本	64 000	(数据来自"年末产成品存货预算"工作表)
贷：产成品	64 000	
借：产品销售成本	10 000	(数据来自"年末产成品存货预算"工作表)
贷：产成品	10 000	

(4) 销售及管理费用预算分录

借：销售及管理费用(变动)	3 000	(数据来自"销售及管理费用"工作表)
销售及管理费用 (固定)	6 200	
贷：银行存款	9 200	

(5) 资本支出预算分录

| 借：房屋设备净值 | 5 000 | (数据来自"资本支出预算"工作表) |
| 　　贷：银行存款 | 5 000 | |

(6) 现金收支预算分录

借：财务费用	240	
所得税	1 540	
利润分配(股息)	1 600	
贷：银行存款	3 380	

(7) 结转留存收益

借：产品销售收入	88 000	(数据来自"预计利润表"工作表)
贷：产品销售成本	74 000	
销售及管理费用(变动)	3 000	
销售及管理费用 (固定)	6 200	
财务费用	240	
所得税	1 540	
利润分配(股息)	1 600	
留存收益	1 420	

将"预算会计分录"录入"预算会计分录"工作表中，一定要注意：所有数据应从最初录入或最初计算形成的工作表的相应单元格调用中，这样，即使有些数据发生变动，会计分

录里的金额也会相应调整，不用重新输入，或者由于输入过程的疏漏而导致报表不平衡。

“预算会计分录”工作表中的输入结果如图 8-35 所示，输入公式如图 8-36 所示。

	A	B	C	D
13				
14	业务名称	科目名称	借方发生额	贷方发生额
15	销售预算	银行存款	88700	
16		应收账款	8800	
17		产品销售收入		88000
18		应收账款		9,500.00
19	采购预算	原材料	40190	
20		应付账款	5,020.00	
21		银行存款		41042
22		应付账款		4168
23	直接材料预算	产成品	40200	
24		原材料		40200
25	直接人工预算	产成品	20100	
26		银行存款		20100
27	制造费用预算	产成品	4020	
28		产成品	10000	
29		银行存款		11020
30		房屋及设备净值		3000
31	销售与管理费用预算	销售及管理费用	3000	
32		销售及管理费用	6200	
33		银行存款		9200
34	资本支出	房屋及设备净值	5000	
35		银行存款		5000
36	结转销售成本	产品销售成本	74000	
37		产成品		74000
38	现金收支预算	财务费用	240	
39		银行存款		240
40		所得税	1540	
41		银行存款		1540
42		利润分配	1600	
43		银行存款		1600
44	结转利润	产品销售收入	88000	
45		产品销售成本		74000
46		销售及管理费用费用		9200
47		财务费用		240
48		所得税		1540
49		利润分配		1600
50		留存收益		1420
51		合计	396610	396610
52				

图 8-35

	A	B	C	D
13				
14	业务名称	科目名称	借方发生额	贷方发生额
15	销售预算	银行存款	=销售现金收入预算!F3	
16		应收账款	=D17+D18-C15	
17		产品销售收入		=销售预算!F5
18		应收账款		='2003年资产负债表'!B5
19	采购预算	原材料	=直接材料预算!F11	
20		应付账款	='2003年资产负债表'!B15	
21		银行存款		=采购现金支出预算!F5
22		应付账款		=C19+C20-D21
23	直接材料预算	产成品	=直接材料预算!F14	
24		原材料		=直接材料预算!F14
25	直接人工预算	产成品	=直接人工预算!F8	
26		银行存款		=直接人工预算!F8
27	制造费用预算	产成品	=制造费用预算!I7	
28		产成品	=制造费用预算!I16	
29		银行存款		=制造费用预算!I19
30		房屋与设备净值		=制造费用预算!I15
31	销售与管理费用预算	销售及管理费用	=销售及管理费用预算!G6	
32		销售及管理费用	=销售及管理费用预算!G12	
33		银行存款		=C31+C32
34	资本支出	房屋与设备净值	5000	
35		银行存款		5000
36	结转销售成本	产品销售成本	=年末产成品存货预算!B15	
37		产成品		=年末产成品存货预算!B15
38	现金收支预算	财务费用	=现金预算!E17	
39		银行存款		=C38
40		所得税	=现金预算!F10	
41		银行存款		=C40
42		利润分配	=现金预算!F12	
43		银行存款		=C42
44	结转利润	产品销售收入	=D17	
45		产品销售成本		=C36
46		销售及管理费用		=C31+C32
47		财务费用		=C38
48		所得税		=C40
49		利润分配		=C42
50		留存收益		=C44-D45-D46-D47-D48-D4
51		合计	=SUM(C15:C50)	=SUM(D15:D50)
52				

/生产预算/Sheet1/基础数据/2003年资产负债表/预计资产负债表/预算会计分录

图 8-36

第三步：利用 SUMIF()函数计算各报表项目的期末余额。

(1) 在“预计资产负债表”中先将“2003 年资产负债表”的数据粘贴过来，如图 8-37 所示。

	A	B	C
1	资产负债表		
2		2003.12.31	2004.12.31（预计）
3	流动资产：		
4	银行存款	1,400.00	
5	应收账款	9,500.00	
6	原材料（5元×250公斤）	1,250.00	
7	产成品（32元×50件）	1,600.00	
8	合计	13,750.00	
9	固定资产：		
10	土地	12,500.00	
11	房屋与设备净值	31,000.00	
12	合计：	43,500.00	
13	资产总计	57,250.00	
14	流动负债：		
15	应付账款	5,020.00	
16	股东权益：		
17	普通股股东	36,500.00	
18	留存收益	15,730.00	
19	权益合计	57,250.00	
20			
21			

/基础数据/预计资产负债表/预算会计分录/现金预算/预

图 8-37

第8章 全面预算的编制

(2) 如图 8-38 所示，选中 C4 单元格，计算 2004 年"银行存款"余额。在 C4 单元格输入"=B4＋SUMIF(预算会计分录!$B$15:$B$50,A4,预算会计分录!$C$15:$C$50)－SUMIF(预算会计分录!B15$B$50,A4,预算会计分录!D15$D$50)"，即可在 C4 单元格中得到 2004 年"银行存款"预算余额。

(3) 通过拖曳复制或粘贴复制的方式，将 C4 单元的公式分别复制到 C5、C6、C7、C10、C11 单元中。

(4) 因为负债和所有者权益项目借贷方的加减关系和资产相反，所以选中 C15 单元格后应输入公式"=D15－SUMIF(预算会计分录!$B$15:$B$50,A15,预算会计分录!$C$15:$C$50)＋SUMIF(预算会计分录!B15$B$50,A15,预算会计分录!D15$D$50)"，如图 8-38 所示。

需要注意的是：会计分录中的"会计科目"名称一定要和资产负债表中的"会计科目"名称保持一致，否则报表就有可能不平衡。

第四步：现在来检验"相关数据资料"、"标准用量与标准价格"改动后，所有预算表格的自动计算生成功能。现假设预算年度的全年销售量为 2 200 件，其中各季度的销售量分别为 400 件、600 件、700 件、500 件，销售单价为 50 元，预计每季度的销售在本季度收到的现金为本季销售额的 80%，其余 20% 的现金在下一季度收到，预计各季直接材料采购的现金支出为当季采购额的 50%，其余 50% 的现金在下一季度支付。我们在"相关数据资料"表中对这一信息做了改动，如图 8-39 所示。

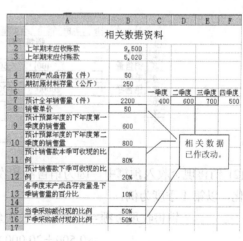

图 8-38   图 8-39

我们也对"标准用量、价格"中的一些数据作了改动，现假设直接人工标准价格为 0.2 元/小时，变动维修费标准价格为 0.1 元/小时，全年管理人员工资为 3 500 元，如图 8-40 所示。

	A	B	C	D	E
1		标准耗用量与标准价格			
2					
3		标准耗用量	标准价格		
4	直接材料	4公斤/件	5元/公斤	4	5
5	直接人工	5小时/件	2元/小时	5	2
6	变动制造费用:				
7	间接人工	5小时/件	0.1元/小时	5	0.2
8	间接材料	5小时/件	0.12元/小时	5	0.12
9	维修费	5小时/件	0.06元/小时	5	0.1
10	水电费	5小时/件	0.12元/小时	5	0.12
11	变动制造费用小计		0.4元/小时	5	0.54
12	固定制造费用:				
13	管理人员工资		2500元		3500
14	保险费		2000元		2000
15	维修费		2500元		2500
16	折旧		3000元		3000
17	变动销售及管理费:				
18	销售佣金		0.8元/件		0.8
19	交货运输费		0.7元/件		0.7
20	固定销售及管理费:				
21	管理人员工资		3500元		3500
22	租金		2700元		2700

相关数据已作了改动。

图 8-40

第五步：接下来的工作，只需要单击每一张工作表的图标，新的改动过的预算表已经生成。大家可以对照前面的运算表进行验证。

(1) 销售预算中第 2、3 季度销售量和单价进行了改动，销售额也相应变动，如图 8-41 所示。

	A	B	C	D	E	F
1		销售预算				
2	季度	1	2	3	4	全年
3	销售量	400	600	700	500	2200
4	单价	50	50	50	50	
5	销售额	20000	30000	35000	25000	110000
6						
7			计算结果自动生成。			

图 8-41

(2) 销售现金收入预算中，因为销售额和收现比例变动，所以预算期 4 个季度的预算都有变化，以第 1 季度为例：

销售收现金额＝年初应收账款余额＋第 1 季度销售额×80%
　　　　　＝9 500＋20 000×80%＝25 500

如图 8-42 所示。

	销售现金收入预算				
	1	2	3	4	全年
每季度销售现金收入金额	25 500	28 000	34 000	27 000	114 500

图 8-42

(3) 生产预算表的变动是由于第 2、3 季度销售量的变化引起的，如图 8-43 所示。

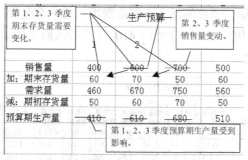

图 8-43

(4) 直接材料预算的变动是由于第 1、2、3 季度生产预算的变动引起的，如图 8-44 所示。

直接材料预算					
	1	2	3	4	1
生产量	410	610	680	510	620
单位标准耗量	4	4	4	4	4
生产用量	1640	2440	2720	2040	2480
期末存货量	244	272	204	248	
需要量	1884	2712	2924	2288	
期初存货量	250	244	272	204	
采购量	1634	2468	2652	2084	
标准价格	5	5	5	5	
采购金额	8170	12340	13260	10420	44190
期初原材料					1250
期末原材料					1240
期末结转(进产成品)					44200

图 8-44

(5) 材料采购现金支出预算的变动是由于第 1、2、3 季度采购金额以及材料采购付现比例的变动引起的，以第 2 季度为例：

本季度支付上季度采购款＝上季度预算采购金额×50%=8 170×50%=4 085

本季度支付本季度采购款＝本季度预算采购金额×50%=12 340×50%=6 170

结果如图 8-45 所示。

材料采购现金支出预算					
	1	2	3	4	全年
本季支付上季采购款	5020	4085	6170	6630	
本季支付本季采购款	4085	6170	6630	5210	
材料采购现金支出	9105	10255	12800	11840	44000

图 8-45

(6) 制造费用预算的变动是由于第 1、2、3 季度的生产量以及变动制造费用预算中的间接人工和维修费的小时标准费用率、固定制造费用的全年管理人员工资发生了变动引起的。

如图 8-46 所示。

现以第一季度为例，第一季度间接人工制造费用＝第一季度生产量×间接人工小时标准费用率×单位产品耗用销售＝410×0.2×5＝410(生产量由原来的 400 变为 410，小时标准费用率由原来的 0.1 变为 0.2)。

制造费用预算								
变动制造费用预算	小时标准费用率	单位产品耗用小时	单位产品标准费用额	一季度费用额	二季度费用额	三季度费用额	四季度费用额	全年
间接人工	0.2	5	1	410	610	680	510	2210
间接材料	0.12	5	0.6	246	366	408	306	1326
维修费	0.1	5	0.5	205	305	340	255	1105
水电费	0.12	5	0.6	246	366	408	306	1326
合计				1107	1647	1836	1377	5967
现金支出								
固定制造费用预算				固定费用平均分配到每季				
	全年预算			一季度费用额	二季度费用额	三季度费用额	四季度费用额	全年
管理人员工资	3500			875	875	875	875	3500
保险费	2000			500	500	500	500	2000
维修费	2500			625	625	625	625	2500
折旧	3000			750	750	750	750	3000
合计	11000			2750	2750	2750	2750	11000
现金支出	8000			2000	2000	2000	2000	8000
制造费用现金支出合计				3107	3647	3836	3377	13967

图 8-46

(7) 年末产成品存货预算的变动是由于单位产品变动制造费用，以及完工产品的原材料、直接人工和制造费用数据发生了变动，如图 8-47 所示。

年末产成品存货预算（变动成本）		
		说明
单位产品直接材料费用	20	标准耗用量、价格!D4*标准耗用量、价格!E4
单位产品直接人工费用	10	标准耗用量、价格!D5*标准耗用量、价格!E5
单位产品变动制造费用	2.7	标准耗用量、价格!D11*标准耗用量、价格!E11
产成品单位成本	32.7	SUM(B2:B4)
年末产成品存货数量	60	生产预算!E4
产成品年末成本	1962	B5*B6
期初产成品存货	1600	
完工转入	72267	
原材料转入	44200	直接材料预算
直接人工转入	22100	直接人工预算
变动制造费用转入	5967	变动费用预算
固定制造费用转入	11000	
销售转出	82905	

图 8-47

(8) 销售及管理费用的变动是由第 2、3 季度的销售量变动引起的，如图 8-48 所示。

(9) 销售成本预算的变动是由于第 2、3 季度的销售量、变动制造成本单价变动以及固定制造费用中固定管理人员工资变动引起的，如图 8-49 所示。

销售及管理费用预算

		一季度费用额	二季度费用额	三季度费用额	四季度费用额	全年
变动费用						
销售佣金		320	480	560	400	1760
交货运输费		280	420	490	350	1540
小计		600	900	1050	750	3300
固定费用		固定费用平均分配到每季				
		一季度费用额	二季度费用额	三季度费用额	四季度费用额	全年
管理人员工资	3500	875	875	875	875	3500
租金	2700	675	675	675	675	2700
小计	6200	1550	1550	1550	1550	6200
销售及管理费用现金支出合计		2150	2450	2600	2300	9500

注：假定各项销售及管理费用均需于当季支付现金；各项变动费用预算额＝销售量*单位标准费用额；全年固定销售及管理费用在各季

第 2、3 季度的销售量变动，导致变动费用发生变动。

第 2、3 季度销售及管理费用因此发生变动。

图 8-48

销售成本预算（变动成本法）

季度	1	2	3	4	全年
销售量	400	600	700	500	
变动制造成本单价	32.7	32.7	32.7	32.7	
变动制造成本	13080	19620	22890	16350	71940
变动销售及管理费用	600	900	1050	750	33
变动成本小计	13680	20520	23940	17100	752
固定制造费用	2750	2750	2750	2750	110
固定销售及管理费用	1550	1550	1550	1550	62
固定成本小计	4300	4300	4300	4300	172
合计	17980	24820	28240	21400	92440

第 2、3 季度销售预算变动。

单价变动。

固定制造费用变动是由于固定管理人员工资变动。

销售量、单价变动导致变动制造成本变动。

销售量变动导致变动销售及管理费用变动。

图 8-49

(10) 由于上述预算数据的变动，现金预算的数据发生了较大的变化，其中由于销售单价从 44 元变动为 50 元，使原来比较紧张的现金收支状况发生改观，A 公司第 1 季度的现金余额就超过了预算要求的 4 000～5 000 元之间，如图 8-50 所示。

这样的一种变化使得 A 公司必须重新调整它的所得税预算和资本支出预算。本例假定这两个预算是 A 公司的专门预算决策，没有做出调整，但原理是一样的。如果根据目前 A 公司的现金预算情况，假定 2004 年 4 个季度的所得税预算支出为 60、1 600、2 200 和 1 000 元，则首先修改“相关数据资料”表中相应的所得税数据，如图 8-51 所示。

现金预算

季度	1	2	3	4
期初现金余额	1,400	5,998	10,746	16,610
销售现金收入	25,500	28,000	34,000	27,000
可动用现金合计	**26,900**	**33,998**	**44,746**	**43,610**
直接材料	9,105	10,255	12,800	11,840
直接人工	4,100	6,100	6,800	5,100
制造费用	3,107	3,647	3,836	3,377
销售与管理费用	2,150	2,450	2,600	2,300
所得税	40	400	700	400
资本性支出	2,000	-	1,000	2,000
股息	400	400	400	400
现金支出合计	**20,902**	**23,252**	**28,136**	**25,417**
现金余缺	**5,998**	**10,746**	**16,610**	**18,193**
借入现金				
归还借款				-
支付借款利息				-
期末现金余额	**5,998**	**10,746**	**16,610**	**18,193**

注：要求期末现金余额为4000—5000元之间。年初借入一年期年利率6%的短期借款，年末一次还本付息。

图 8-50

		一季度	二季度	三季度	四季度
资本支出预算		2000	0	1000	2000
所得税预算	5000	60	1600	2200	1000
股息预算		400	400	400	400
借入现金		0	0	0	0
归还借款		0	0	0	0
支付借款利息	6%	0	0	0	0

（所得税预算已调整）

图 8-51

调整了所得税后的现金预算如图 8-52 所示。

现金预算

季度	1	2	3	4
期初现金余额	1,400	5,978	9,526	13,890
销售现金收入	25,500	28,000	34,000	27,000
可动用现金合计	**26,900**	**33,978**	**43,526**	**40,890**
直接材料	9,105	10,255	12,800	11,840
直接人工	4,100	6,100	6,800	5,100
制造费用	3,107	3,647	3,836	3,377
销售与管理费用	2,150	2,450	2,600	2,300
所得税	60	1,600	2,200	1,000
资本性支出	2,000	-	1,000	2,000
股息	400	400	400	400
现金支出合计	**20,922**	**24,452**	**29,636**	**26,017**
现金余缺	**5,978**	**9,526**	**13,890**	**14,873**
借入现金				
归还借款				
支付借款利息				
期末现金余额	**5,978**	**9,526**	**13,890**	**14,873**

（所得税已调整。）（期末现金余额变动。）

注：要求期末现金余额为4000～5000元之间。年初借入一年期年利率6%的短期借款，年末一次还本付息。

图 8-52

A 公司还可以继续调整资本支出预算，本例略。

(11) 在上述预算调整的基础上，预算会计分录自动调整生成，如图 8-53 所示。

业务名称	科目名称	借方发生额	贷方发生额
销售预算	银行存款	114500	
	应收账款	5000	
	产品销售收入		110000
	应收账款		9500
采购预算	原材料	44190	
	应付账款	5,020.00	
	银行存款		44000
	应付账款		5210
直接材料预算	产成品	44200	
	原材料		44200
直接人工预算	产成品	22100	
	银行存款		22100
制造费用预算	产成品	5967	
	产成品	11000	
	银行存款		13967
	房屋与设备净值		3000
销售与管理费用预算	销售及管理费用	3300	
	销售及管理费用	6200	
	银行存款		9500
资本支出	房屋与设备净值	5000	
	银行存款		5000
结转销售成本	产品销售成本	82905	
	产成品		82905
现金收支预算	财务费用	0	
	银行存款		0
	所得税	4860	
	银行存款		4860
	利润分配	1600	
	银行存款		1600
结转利润	产品销售收入	110000	
	产品销售成本		82905
	销售及管理费用		9500
	财务费用		0
	所得税		4860
	利润分配		1600
	留存收益		11135
合计		465842	465842

图 8-53

(12) 预计利润表(变动成本法下)如图 8-54 所示。

预计利润表（变动成本法）					
	1	2	3	4	全年
销售收入	20,000	30,000	35,000	25,000	110,000
减：产品变动成本	13,080	19,620	22,890	16,350	71,940
减：变动销售与管理费用	600	900	1,050	750	3,300
贡献毛益	6,320	9,480	11,060	7,900	34,760
减：固定制造费用	2,750	2,750	2,750	2,750	11,000
减：固定销售与管理费用	1,550	1,550	1,550	1,550	6,200
营业利润	2,020	5,180	6,760	3,600	17,560
利息费用	–	–	–	–	–
税前利润	2,020	5,180	6,760	3,600	17,560
所得税	60	1,600	2,200	1,000	4,860
税后利润	1,960	3,580	4,560	2,600	12,700
股息	400	400	400	400	1,600
留存收益					11,100

图 8-54

(13) 预计资产负债表自动生成,如图 8-55 所示。

资产负债表		
	2003.12.31	2004.12.31(预计)
流动资产:		
银行存款	1,400.00	14,873.00
应收账款	9,500.00	5,000.00
原材料	1,250.00	1,240.00
产成品	1,600.00	1,962.00
合计	13,750.00	23,075.00
固定资产:		
土地	12,500.00	12,500.00
房屋与设备净值	31,000.00	33,000.00
合计:	43,500.00	45,500.00
资产总计	**57,250.00**	68,575.00
流动负债:		
应付账款	5,020.00	5,210.00
股东权益:		
普通股股东	36,500.00	36,500.00
留存收益	15,730.00	26,865.00
权益合计	**57,250.00**	68,575.00

图 8-55